Premio FURLA

The Spirit in any condition does not burn

Premio FURLA

Giovani artisti italiani
Young Italian Artists

A cura di / edited by
Laura Barreca
Caroline Corbetta
Francesco Manacorda
Alessandro Rabottini
Andrea Viliani

CHARTA

Progetto grafico / Design
Daniela Meda, Gabriele Nason

Giorgio Andreotta Calò (pp. 44-55)
Meris Angioletti (pp. 66-77)
Giulia Piscitelli (pp. 90-99)
Alberto Tadiello (pp. 110-117)
Ian Tweedy (pp. 128-137)

Coordinamento redazionale
Editorial Coordination
Filomena Moscatelli

Redazione / Copyediting
Federica Cimatti
Emily Ligniti

Traduzione / Translation
Alta L. Price
Valeria Chiodetti

Copy e Ufficio stampa
Copywriting and Press Office
Silvia Palombi Arte&Mostre, Milano

Direttore editoriale USA
US Editorial Director
Francesca Sorace

Promozione e Web
Promotion and Web
Monica D'Emidio

Distribuzione / Distribution
Antonia De Besi

Amministrazione / Administration
Grazia De Giosa

Magazzino e Spaccio
Warehouse and Outlet
Roberto Curiale

Copertina / Cover
Marina Abramović, *Looking at the Waterfall*, 2008
stampa cromogenica in bianco e nero /
black & white chromogenic print
111,7 x 140 cm + 20 cm (margine
bianco / white border)
Photo: Attilio Maranzano
Courtesy l'artista / Courtesy
the artist

Referenze fotografiche
Photo Credits
Vedi didascalie / Next to the images

Ci scusiamo se per cause indipendenti
dalla nostra volontà abbiamo omesso
alcune referenze fotografiche.
We apologize if, due to reasons wholly
beyond our control, some of the photo
sources have not been listed.

Nessuna parte di questo libro può
essere riprodotta o trasmessa in
qualsiasi forma o con qualsiasi mezzo
elettronico, meccanico o altro senza
l'autorizzazione dei proprietari dei
diritti e dell'editore.
No part of this publication may be
reproduced, stored in a retrieval
system or transmitted in any form or
by any means without the prior
permission in writing of copyright
holders and of the publisher.

Edizioni Charta srl
Milano
via della Moscova, 27 - 20121
Tel. +39-026598098/026598200
Fax +39-026598577
e-mail: edcharta@tin.it

Charta Books Ltd.
New York City
Tribeca Office
Tel. +1-313-406-8468
e-mail:
international@chartaartbooks.it

www.chartaartbooks.it

Printed in Italy

Premio FURLA
Settima edizione 2009
Seventh edition 2009

**The Spirit in any condition does
not burn**
Giovani Artisti Italiani
Young Italian Artists

FONDAZIONE FURLA

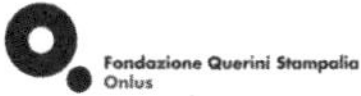

Fondazione Querini Stampalia
Onlus

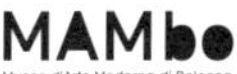

MAMbo
Museo d'Arte Moderna di Bologna

UniCredit Group

In collaborazione con
In collaboration with

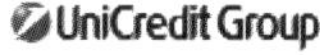

IVIAFARINI

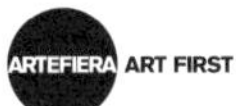

ARTEFIERA ART FIRST

Curatore e ideatore del Premio
Curator and Prize Founder
Chiara Bertola

Comitato scientifico
Scientific Committee
Chiara Bertola
Giacinto Di Pietrantonio
Walter Guadagnini
Gianfranco Maraniello
Pier Luigi Sacco

Curatori selezionatori
Disignating Curators
Laura Barreca - Pelin Uran
Caroline Corbetta - Daniel Birnbaum
Francesco Manacorda - Raimundas
Malasauskas
Alessandro Rabottini - Yilmaz Dziewior
Andrea Viliani - Chus Martínez

Giuria Internazionale
International Jury
Marina Abramović
Alessio Antoniolli
Zdenka Badovinac
Roberto Daolio
Hans Ulrich Obrist

Progetto grafico e artista madrina
del Premio
Design and Prize Godmother
Marina Abramović

Artisti finalisti / Finalist Artists
Giorgio Andreotta Calò
Merls Angioletti
Giulia Piscitelli
Alberto Tadiello
Ian Tweedy

Coordinamonto organizzativo
Managing Coordination
Dora De Diana

Segreteria organizzativa
e redazione catalogo
Secretariat and catalogue editing
Anna Fantelli
con / with Alessandra Lazzarin

Catalogo a cura di
Catalogue edited by
Laura Barreca
Caroline Corbetta
Francesco Manacorda
Alessandro Rabottini
Andrea Viliani

Partner di comunicazione
e ufficio stampa
Communication partner
and Press Office
Studio Pesci, Bologna

con la collaborazione di
with the collaboration of
Carla Baita, FURLA, Milano
Sara Bossi, Fondazione Querini
Stampalia, Venezia
Lara Facco e / and Elisa Maria
Cerra, MAMbo, Bologna
Francesca Palermo Patera,
UniCredit Group

Grafica e allestimenti
Design and Exhibition Design
Agenzia del Contemporaneo srl

Esposizione dei cinque progetti
finalisti / Exhibition of the five
selected projects
Bologna, Arte Fiera
23-26 gennaio / January 2009

Uno speciale ringraziamento a
Special thanks to
Marigusta Lazzari
Maria Carolina Profilo
Catterina Seia
per aver contribuito con il loro
costante e attento supporto al
nuovo format del Premio / for
having contributed, with their
constant and attentive support, to
the Premio's new format

Assistenti di direzione
Director's Assistants
Eva Fuchs
Carlotta Guerra

Dipartimento curatoriale
Curatorial Department
Uliana Zanetti (Coordinamento /
Coordination)
Alessia Masi, Francesca Rebecchi
(Pubblicazioni / Publications)
Andrea Viliani (Curatore / Curator)
Giulia Pezzoli (Assistente curatoriale
/ Curator's Assistant)
Anna Rossi (Coordinamento ufficio
allestimenti / Coordination
Installation Department)
Sabrina Samorì

Amministrazione / Administration
Annalisa Fontana (Coordinamento /
Coordination)
Elisa Cavalcaselle
Monica Guidi
Gabriella Iachini

Ufficio tecnico / Technical Department
Fabio Scarpulla

Pubbliche relazioni / Public Relations
Patrizia Minghetti

Ufficio comunicazione e marketing
Communication and Marketing
Department
Elisa Maria Cerra (Ufficio stampa /
Press Office)
Lara Facco (Comunicazione /
Communications)
Eleonora Concetti (Servizi multimediali /
Multimedia Facilities)

Biblioteca / Library
Angela Pelliccioni
Serenella Sacchetti
Maria Grazia Puca

Registrar
Barbara Secci

Dipartimento educativo
Educational Department
Veronica Ceruti (Coordinamento /
Coordination)
Cristina Francucci (Responsabile
Scientifico / Academic Supervisor)
Anna Caratini

Elisa Schiavina
Silvia Spadoni

Corporate Identity
Navone Associati, Milano

MAMbo è sostenuto da
MAMbo is supported by

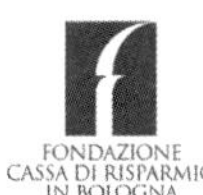

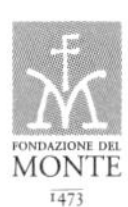

e con il contributo di
and with the contribution of

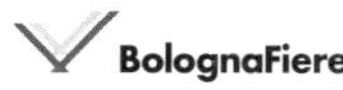

UniCredit Group

Amministratore Delegato
Managing Director
Alessandro Profumo

Si ringraziano / Thanks to
Antonella Massari
Jean Claude Mosconi
Catterina Seia

Il Premio FURLA giunge quest'anno alla settima edizione con una veste rinnovata e sempre più
diretta al sostegno della creatività.
Lo promuovono Fondazione FURLA, Fondazione Querini Stampalia, MAMbo - Museo d'Arte Moderna
di Bologna e UniCredit Group; realtà diverse che dialogano per fare "sistema" convogliando le proprie,
specifiche, competenze verso un obiettivo comune: sostenere la ricerca artistica contemporanea del
nostro paese. Grazie a questa affinità di intenti e di valori il Premio FURLA si è consolidato negli anni
come uno dei concorsi d'eccellenza in Italia; molti degli artisti che lo hanno vinto o che sono stati
segnalati tra i finalisti hanno avuto importanti riconoscimenti e occasioni di visibilità e di
perfezionamento per la propria carriera.
Un Premio longevo e di successo, dunque, che ha ancora ambizione ad ampliare il proprio raggio
d'azione, a evolversi per adattarsi a nuove esigenze: la struttura del FURLA in questa edizione
coinvolge tutti i livelli del sistema artistico – produzione, formazione, promozione – e contribuisce ad
approfondire anche il lavoro curatoriale come laboratorio fondamentale di confronto e riflessione,
in primis per gli stessi artisti.
Grazie al contributo della Fondazione FURLA il vincitore potrà produrre la propria opera, che verrà
presentata nel contesto della Biennale di Venezia 2009 alla Fondazione Querini Stampalia, e verrà poi
destinata alla fruizione pubblica attraverso la concessione in deposito al MAMbo, museo partner di
UniCredit per la promozione della giovane arte italiana.
Ma la valorizzazione della creatività italiana passa attraverso anche la catalizzazione dello sguardo
internazionale sul nostro paese e i suoi protagonisti: questo l'obiettivo dell'importante coinvolgimento
di figure di spicco dell'arte internazionale in occasione della selezione degli artisti e dell'opera
vincitrice; questo lo scopo della residenza dell'artista presso il prestigioso centro Gasworks di Londra
e la scelta di Marina Abramović quale artista madrina.
Interessante novità del Premio in questa edizione è l'organizzazione della tavola rotonda che si terrà
nel contesto di Arte Fiera, quale momento di confronto tra i protagonisti della presente edizione e di
riflessione sul ruolo del curatore e sulla progettualità alla base del Premio.
Il FURLA ha potuto contare sull'apporto di partner importanti quali Viafarini, centro di
documentazione sull'arte contemporanea, che gestisce l'archivio di tutti i materiali del Premio
e organizza la residenza all'estero del vincitore, e Arte Fiera di Bologna, che ha reso possibile
l'esposizione dei progetti degli artisti e la realizzazione del convegno nell'ambito di questo importante
appuntamento tra chi produce, chi teorizza e il mercato.
Un sostegno autentico alla creatività passa sempre attraverso il dialogo tra diversi attori e realtà:
è convogliando le energie che si ottengono grandi risultati.

Giovanna Furlanetto
Presidente della Fondazione FURLA

Marino Cortese
Presidente della Fondazione Querini Stampalia, Venezia

Lorenzo Sassoli de Bianchi
Presidente del MAMbo - Museo d'Arte Moderna di Bologna

Antonella Massari
Head of Group Identity & Communications, UniCredit Group

This year the Premio FURLA has reached its seventh edition, with a new look but increasingly involved in supporting creativity. The promoters are the Fondazione FURLA, Fondazione Querini Stampalia, MAMbo - Museo d'Arte Moderna di Bologna, and UniCredit Group, diverse organizations that dialogue to create a system by uniting their own specific areas of expertise aimed at an objective they have in common: to support contemporary artistic practice in our country. Thanks to these shared intentions and values, over the years the Premio FURLA has become one of the most prominent art competitions in Italy; many of the artists who were awarded or selected as finalists have won prestigious prizes, gained considerable exposure, and been given the opportunity to develop their careers even further.

A long-lasting and successful award, therefore, that still strives to broaden its horizons and evolve so as to adapt to new needs: the structure of the Premio FURLA in this edition involves all levels of the art system—production, training, promotion—and contributes to analyzing curatorial work as a fundamental opportunity for confrontation and reflection, especially for the artists themselves. Thanks to the contribution of the Fondazione FURLA, the winning artist will be able to create his own work, which will be presented during the 2009 Venice Biennale at the Fondazione Querini Stampalia, and will then be available for public display at MAMbo, UniCredit's museum partner in promoting young Italian art.

However, the enhancement of Italian creativity also involves how international figures view our country and its protagonists: this is the objective of the important participation of prominent players on the international art scene during the selection of the artists and the winning work; this is also the goal of the artist's residency at the prestigious Gasworks in London and the choice of Marina Abramovic as the godmother-artist.

An interesting novelty of the Premio this year is the creation of a round table that will be held during Arte Fiera, providing the protagonists of this edition an opportunity to confront one another and reflect upon the role of curators as well as the structure of the Premio.

The Premio FURLA has relied upon the support of important partners such as Viafarini, a contemporary art documentation center, which manages the archive of all the materials of the Premio and organizes the winning artist's residency abroad, and Arte Fiera in Bologna, which has made possible the display of the artist's projects and the realization of the round table during this key yearly event for the art market and for those who create and theorize on art.

A sincere support of creativity always entails the communication of different players and realities: it is by joining these forces that great results are achieved.

Giovanna Furlanetto
President Fondazione FURLA

Marino Cortese
President Fondazione Querini Stampalia, Venice

Lorenzo Sassoli de Bianchi
President MAMbo - Museo d'Arte Moderna di Bologna

Antonella Massari
Head of Group Identity & Communications, UniCredit Group

PREMIO FURLA
Settima edizione 2009 - Regolamento

Obiettivo

Fondazione FURLA di Bologna, Fondazione Scientifica Querini Stampalia Onlus di Venezia, MAMbo - Museo d'Arte Moderna di Bologna, e UniCredit Group organizzano la settima edizione del Premio FURLA con lo scopo di valorizzare e sostenere gli artisti emergenti che vivono e lavorano in Italia. Il Premio si basa su un accurato meccanismo di selezione che permette di restituire una significativa panoramica del fare contemporaneo in Italia.

Il Premio ha cadenza biennale ed è concepito esclusivamente a invito (senza limitazione di età e di tecnica artistica).

Criteri di selezione e premiazione

Cinque curatori italiani segnalati dal comitato scientifico invitano cinque curatori stranieri, formando così cinque coppie di giurati. Ciascuna coppia, al termine di una accurata ricognizione sul territorio nazionale, propone il nome di un artista che viene invitato a partecipare al Premio con un progetto originale.

La giuria internazionale, a suo insindacabile giudizio, sceglie il vincitore del Premio.

I progetti dei cinque artisti selezionati sono esposti in uno spazio dedicato ad Arte Fiera 2009 di Bologna. Nel corso di Arte Fiera viene altresì organizzata una tavola rotonda sul tema della cura dell'arte e del progetto d'artista con la partecipazione dei componenti le giurie e il comitato scientifico.

Il volume/diario di viaggio testimonia e racconta il lavoro delle cinque coppie di curatori e presenta i cinque progetti d'artista.

Il Premio

Il vincitore del Premio trascorrerà un periodo di tre mesi nella residenza per artisti presso il Gasworks di Londra. L'organizzazione della residenza è a cura di Viafarini.
Al vincitore del Premio verrà assegnata una somma per la produzione dell'opera, finanziata da Fondazione FURLA.

L'opera verrà acquistata da Fondazione FURLA che la collocherà in deposito presso il MAMbo - Museo d'Arte Moderna di Bologna.

L'opera del vincitore verrà presentata ed esposta al MAMbo.

A Venezia, durante la Biennale Arti Visive, sarà organizzato un evento-conferenza stampa in cui si presenteranno il Premio e il vincitore dell'edizione 2009.

L'immagine grafica

A ogni edizione corrisponde una diversa immagine grafica, ideata di volta in volta da un artista di fama internazionale che partecipa ai lavori della giuria. In questi anni si sono succeduti Joseph Kosuth, Ilya Kabakov, Lothar Baumgarten, Michelangelo Pistoletto, Kiki Smith e Mona Hatoum.
Per l'edizione 2009 l'artista è Marina Abramović.

PREMIO FURLA
Seventh Edition 2009 - Rules

Goals

Fondazione FURLA, Bologna; Fondazione Scientifica Querini Stampalia Onlus, Venice; MAMbo - Museo d'Arte Moderna di Bologna, and the UniCredit Group are organizing the seventh edition of the Premio FURLA; this has the goal of increasing appreciation of emerging artists who live and work in Italy as well as providing them with continuing support. The Premio starts from a selection process aimed at giving a significant overview of contemporary Italian art.

The Premio is a biennial event and is offered only on invitation (with no limits of age or artistic technique).

Selection and Awarding Rules

Five Italian curators, indicated by the scientific committee, invite five foreign curators in order to create five pairs of jury members. Each couple, after carefully scouting the entire nation, propose the name of an artist who will be asked to participate with a new project.

The international jury's judgement and its choice of the competition winner are irrevocable.

The projects by the five selected artists will be shown in a special exhibition area at Arte Fiera 2009 in Bologna. During the fair there will also be organized a forum to discuss the theme of art curating and the artist's project plan. The members of the juries and of the technical committee will take part.

The volume/logbook documents the work of the five pairs of curators and the five selected artists' projects.

The Premio

The prize-winner will spend a three months' artist's residency at Gasworks in London. Viafarini will administrate this residency.

The prize-winner will also be awarded a sum for the production of a work. The production of this work will be financed by the Fondazione FURLA.

The work will be acquired by the Fondazione FURLA which will have it displayed, on loan, in MAMbo - Museo d'Arte Moderna di Bologna.

The winner's work will be presented and exhibited at MAMbo.

During the Venice Biennale a press conference/event will be organized during which will be presented the Premio, and the 2009 winner.

The Design

Each edition has a different design, created specifically by an internationally known artist who will also be part of the jury. Over the past years these artists have included Joseph Kosuth, Ilya Kabakov, Lothar Baumgarten, Michelangelo Pistoletto, Kiki Smith, and Mona Hatoum.
For the 2009 edition the artist is Marina Abramović.

Sommario

14 Marina Abramović: *The Spirit in any condition does not burn*
Chiara Bertola

16 Nuove idee per il Premio FURLA
*Chiara Bertola, Giacinto Di Pietrantonio, Walter Guadagnini,
Gianfranco Maraniello, Pier Luigi Sacco*

Andrea Viliani e Chus Martínez - Giorgio Andreotta Calò
30 The Italian Reader
*Andrea Viliani, Giorgio Andreotta Calò, Claire Fontaine,
Chus Martínez*
32 Senza titolo (lettera ad A.)
Claire Fontaine
44 Giorgio Andreotta Calò

Francesco Manacorda e Raimundas Malasauskas - Meris Angioletti
58 Conversazione sui premi
Francesco Manacorda, Raimundas Malasauskas
66 Meris Angioletti

Laura Barreca e Pelin Uran - Giulia Piscitelli
80 Sud Side Story
Laura Barreca, Pelin Uran
90 Giulia Piscitelli

Caroline Corbetta e Daniel Birnbaum - Alberto Tadiello
102 Una giornata particolare (Daniel Birnbaum a Milano)
Caroline Corbetta
110 Alberto Tadiello

Alessandro Rabottini e Yilmaz Dziewior - Ian Tweedy
120 In quel punto della città dove è difficile fermarsi:
una perlustrazione della giovane creatività italiana
a fianco di Yilmaz Dziewior
Alessandro Rabottini
128 Ian Tweedy

138 Note biografiche dei curatori e degli artisti

165 Italian Area
166 Gasworks

Contents

15 Marina Abramović: *The Spirit in any condition does not burn*
Chiara Bertola

22 New Ideas for the Premio FURLA
Chiara Bertola, Giacinto Di Pietrantonio,
Walter Guadagnini, Gianfranco Maraniello, Pier Luigi Sacco

Andrea Viliani and Chus Martínez - Giorgio Andreotta Calò
36 The Italian Reader
Andrea Viliani, Giorgio Andreotta Calò, Claire Fontaine,
Chus Martínez
39 Untitled (Letter to A.)
Claire Fontaine
44 Giorgio Andreotta Calò

Francesco Manacorda and Raimundas Malasauskas - Meris Angioletti
62 A Conversation about Prizes
Francesco Manacorda, Raimundas Malasauskas
66 Meris Angioletti

Laura Barreca and Pelin Uran - Giulia Piscitelli
86 Sud Side Story
Laura Barreca, Pelin Uran
90 Glulla Piscitelli

Caroline Corbetta and Daniel Birnbaum - Alberto Tadiello
106 A Strange and Special Day (Daniel Birnbaum in Milan)
Caroline Corbetta
110 Alberto Tadiello

Alessandro Rabottini and Yilmaz Dziewior - Ian Tweedy
124 In that Point of the City Where It's Hard to Stop:
A Survey of Young Italian Creativity alongside Yilmaz Dziewior
Alessandro Rabottini
128 Ian Tweedy

138 Curators' and Artists' Biographical Notes

165 Italian Area
166 Gasworks

Marina Abramović: *The Spirit in any condition does not burn*

Chiara Bertola

L'immagine che Marina Abramović dedica al Premio FURLA 2009 documenta un viaggio fatto nel Laos nel 2008, dove l'artista, anni prima, aveva girato un video riguardante la guerra e la violenza che stava allora dilaniando il paese: *8 Lessons on Emptiness with a Happy End* (2006). Nel video Marina ricreava scene di guerra con al centro i bambini, un modo per denunciare quanto la violenza del conflitto si trasmettesse fino alle generazioni più giovani. Questo video ha un particolare significato per l'artista perché si riferisce al suo incontro con le ragioni spirituali della tradizione buddista da cui ha appreso il significato del concetto di "vuoto". A proposito dell'immagine della cascata Marina Abramović spiega: "Ci sono due ordini di significato: il primo si riferisce al danno, al male e se tu sei come l'acqua niente può danneggiarti: tutto passa attraverso di te ma tu non assorbi niente proprio perché tu sei transitorio. Noi siamo degli esseri transitori su questo pianeta – e questo è il significato positivo. Il secondo significato è che la guerra e la violenza portano le persone dentro il vuoto spirituale e questo in senso negativo". Marina imprime su quella cascata, forza che rischia di travolgere tutto e creare il vuoto spirituale, le parole *The Spirit in any condition does not burn*, la frase/titolo che ha formulato per il Premio FURLA 2009. L'essere umano, se lo persegue con l'esercizio, può diventare come l'acqua e dall'acqua trarre la forza di trasformazione dell'energia da negativa in positiva.

Le frase incisa verticalmente sulla cascata, però, mette in evidenza anche un'altra verità, che risulta pregnante soprattutto in un momento di crisi come quello attuale. Ricorda che quando lo spirito esiste e arde, difficilmente le avversità della vita riescono a consumarlo o a distruggerlo. Anzi, esso si alimenta e diventa sempre più forte come l'acqua che scende rapida dalle rocce e produce energia. È in questa direzione che l'artista invita tutti noi a proseguire, alimentando e attingendo alle riserve spirituali interiori più che a quelle esteriori e materiali. Viene da aggiungere, cogliendo la potenza della natura in quell'immagine, che proprio dall'universo naturale l'uomo può trarre la forza e l'energia spirituale che gli sono più che mai necessari.

Marina Abramović: *The Spirit in any condition does not burn*

Chiara Bertola

The image Marina Abramović has given to the Premio FURLA 2009 documents a voyage to Laos in 2008, where a few years before the artist had made a video on the war and violence that was tearing the country apart: *8 Lessons on Emptiness with a Happy End* (2006). In the video, Marina recreated war scenes with infants and children at the center—a way of denouncing how wartime violence is ultimately transmitted to the youngest generations. This video has particular significance for the artist because it deals with her encounter with the spiritual underpinnings of the Buddhist tradition, from which she came to understand the conceptual significance of the "void," or emptiness. On this waterfall image Marina Abramović explains: "There are two levels of meaning: the first regards harm—evil—and if you are like water, nothing can hurt you. Everything passes through you, but you don't absorb anything at all, because you're transitory. We are all transitory beings on this planet, and this is the positive meaning. The second level of meaning is that war and violence force people into a spiritual emptiness, and in that sense it's negative." Marina imprints the words *The Spirit in any condition does not burn* upon the waterfall   a force that runs the risk of overwhelming everything and creating a spiritual void. Her phrase, *The Spirit in any condition does not burn*, is the title she has formulated for the 2009 Premio FURLA. By following this exercise, a human being can become like water, and from water can draw the transformational strength of energy shifting from negative to positive.
This phrase carved into the vertical stripe of the waterfall, however, also points to another truth—a truth that is equally laden with meaning, above all in a time of crisis like the present. It reminds us that when the spirit exists and burns bright, even the adversities of life will have a hard time consuming or destroying it. Rather, the spirit gains nourishment from them and grows ever stronger—like water falling so steeply from a cliff, producing energy. It is in this direction that the artist invites us all to move, fostering and drawing upon our inner spiritual reserves more than relying upon exterior material things. One could add to this, based on the strength of nature represented by this image, that it is precisely from the natural world that humans can ultimately gain the strength and spiritual energy that are more necessary now than ever before.

Nuove idee per il Premio FURLA

Dialogo tra Chiara Bertola, Giacinto Di Pietrantonio,
Walter Guadagnini, Gianfranco Maraniello, Pier Luigi Sacco

Un premio come organismo che cresce

Chiara Bertola: Il nuovo format che abbiamo pensato insieme per il Premio FURLA completa finalmente il disegno che in questi anni lentamente si era ipotizzato e sperato. Se uno degli obiettivi conseguiti era quello di riuscire a condividere lo sforzo con altre istituzioni e partner economici in modo da creare un piccolo sistema che si rafforzasse nel tempo, l'altro obiettivo, raggiunto, era quello di voler seguire e condividere con l'artista il più possibile le fasi necessarie al processo di creazione e produzione dell'opera. Ho sempre immaginato il Premio come un qualcosa che fosse attivo su più livelli e in questa edizione posso dire che, insieme, ci siamo riusciti: dalla formazione alla produzione, dal rapporto con i curatori, a quello con il museo.

Mi sembra che la forza del Premio FURLA sia da cercare in quel suo provare a modificarsi sempre per migliorarsi, nell'aggiustare il tiro accogliendo le critiche e i suggerimenti emersi dopo ogni edizione. Così è cresciuto come un organismo o come una casa che ha dovuto fare attenzione a mettere ogni mattone necessario per la sua costruzione, uno dopo l'altro e uno sull'altro… e se ha incontrato il consenso di molti in Italia e all'estero è perché è sempre stato un evento che si è messo dalla parte degli artisti italiani e che si è posto anche come obiettivo quello di offrire loro un confronto con l'estero. Per questo motivo il Premio è stato trasformato in una residenza all'estero e le giurie sono state fin dall'inizio sempre internazionali. Mi sembra quindi che la strada da seguire in Italia – soprattutto in un periodo di crisi come questo, in cui le risorse destinate alla cultura tenderanno a diminuire sempre di più – sia quella della collaborazione e condivisione istituzionale, non solo per mettere insieme un budget, ma anche quella della discussione delle idee che formano e nutrono il progetto originario. In questo solco è nata l'esigenza di dare più spazio alla teoria e alla riflessione, nei giorni della premiazione durante Arte Fiera, con l'ideazione di una tavola di discussione in cui si metteranno al centro i temi che caratterizzano quest'anno l'edizione del Premio: il ruolo del curatore e l'idea di progetto d'artista.

Pier Luigi Sacco: In un panorama internazionale così ricco di premi importanti, trovare uno spazio e costruirsi una propria identità non era facile. Io credo che questa continua evoluzione del Premio FURLA, per quanto disdicevole agli occhi di un marketing manager che sarebbe preoccupato più che altro della riconoscibilità del prodotto attraverso caratteristiche che restano costanti nel tempo e si imprimono nella percezione delle persone, sia in realtà, almeno in questa fase di esplorazione e sperimentazione, un punto di forza. In Italia, dopo tanti anni in cui c'era stato scarso interesse nel sostegno ai giovani artisti, è montata d'improvviso un'enorme attenzione, grazie anche allo stesso Premio FURLA, che, in questo senso, ha svolto una funzione pionieristica. Ma ora esiste proprio il rischio contrario: quello del volontarismo approssimativo, del fare le cose perché vanno di moda, senza pensare, copiando senza fantasia modelli visti altrove. Questa evoluzione del Premio FURLA è invece frutto di una precisa riflessione sui meccanismi del sistema dell'arte, e dei modi in cui si stanno evolvendo in questi anni. Il cambiamento della formula del Premio riflette una volontà di tenersi agganciati a questa dinamica di cambiamento, e se possibile di anticiparla efficacemente, dando ai nostri giovani artisti le opportunità e gli strumenti più adatti per valorizzare al meglio il proprio lavoro.

Giacinto Di Pietrantonio: Sono cambiamenti che si sono resi necessari proprio perché il Premio fosse un'opportunità per lo sviluppo del lavoro degli artisti e non solo il riconoscimento di uno status quo. Ancora, la residenza è quella parte necessaria che apre l'arte e gli artisti alla circolazione, allo scambio inevitabile in tempi di globalizzazione. Infatti, spostare l'attenzione sul piano della progettualità vuol dire rivolgersi all'aspetto della ricerca e non solo confermare quello che già c'è, in quanto pensiamo che l'arte sia uno strumento per leggere la realtà che è sempre in continua evoluzione.

Gianfranco Maraniello: Continuo a pensare che una delle virtù del Premio FURLA consista proprio nella capacità di dare luogo a discussioni, verifiche, eventi e, in generale, a una mappatura della scena emergente dell'arte italiana e, implicitamente, dei suoi problemi. La sua formula, con la consapevolezza di un necessario continuo aggiornamento, non è mai stata incentrata sull'unica figura di un artista vincitore o sul consolidamento di un singolo percorso di ricerca. Tale impostazione si conferma negli adeguamenti che avete rimarcato, e il Premio risulta interessante perché in tal modo vale come strumento critico, sintomo e stimolo anziché patetica celebrazione in un sistema in cui c'è ancora troppo da fare rispetto agli obiettivi che il professionismo del mondo dell'arte deve proporsi.

Walter Guadagnini: Mi piace sottolineare in questa direzione anche il coinvolgimento di un'impresa come UniCredit in una veste praticamente inedita in Italia, vale a dire come soggetto attivo nell'elaborazione della fisionomia complessiva del Premio, ovviamente nel pieno rispetto dei ruoli di ognuno degli attori in scena. La capacità del Premio FURLA di comprendere quali siano le potenzialità di un soggetto imprenditoriale – la sua capacità, ad esempio, di mettere a disposizione competenze organizzative e di networking – ne sottolinea ulteriormente la vocazione innovativa, in un paese in cui troppo spesso l'impresa viene percepita come pura fonte di sostegno economico, e in cui le imprese stesse faticano a uscire da questa logica. Penso che questo accada perché è la natura stessa del Premio – nato dall'unione delle competenze e degli entusiasmi di un'azienda e di un'istituzione culturale – a indicare la via di un lavoro di sistema, e non frammentario, in cui ognuno apporta le proprie specificità che non si sommano, ma si moltiplicano esponenzialmente. Proviamo a mettere in fila i nomi di quanti sono coinvolti nella complessa regia e realizzazione di questa edizione, curatori, istituzioni pubbliche e private italiane ed estere, imprese: tanti soggetti, e per una volta la sensazione non è quella dell'italico carrozzone, ma di una rete che inizia a funzionare, e non mi pare poco. In questo senso ciò che emerge non è solo la figura del vincitore o dei segnalati, ma la vera e propria mappa di un paese, e questa mappa viene rappresentata a una platea internazionale: vogliamo chiamarla responsabilità sociale...?

Progettare per gli artisti

Chiara Bertola: Un punto di crescita importante per il Premio è stato l'assegnarlo sulla base di un nuovo progetto chiesto ai cinque artisti finalisti. In questo caso il Premio ha centrato un'esigenza che, molto spesso, si sente mancare nel sistema italiano: la possibilità per gli artisti di progettare e di avere nuove produzioni. Inoltre l'opera, acquistata dalla neonata Fondazione FURLA, verrà esposta nella collezione del MAMbo. Anche questi sono passaggi fondamentali garantiti dal Premio all'interno dell'iter artista-produzione-acquisto-esposizione museale.

Ma che cosa significa progettare, sia in termini culturali per un'istituzione, che in quelli creativi per un artista? Progettare significa, per me, partire da un'idea e realizzarla concretamente, attraverso tutte le sue fasi. Progettare in Italia oggi, penso abbia a che fare anche con il patrimonio culturale di questo paese, e quindi progettare per il contemporaneo per me significa capire e tenere in gran conto il patrimonio che ereditiamo. La cultura è anche un patrimonio ereditato che noi trasformiamo e su cui poi creiamo le condizioni per produrre nuove opere che a loro volta andranno restituite a qualcun altro. Ho sempre pensato che il progettare debba nascere dalla ricerca, dall'avanzamento delle idee, dei modelli, dei linguaggi nuovi, ma anche dal recupero di radici profonde e dimenticate e, non da ultimo, dall'educazione all'utilizzo del progetto da parte di qualcuno. Un progetto culturale nasce dalla cultura di una comunità e dalla storia politica e sociale di un paese. Nasce sul territorio e anche di questo si nutre.

Ciò che nutre e fa crescere un progetto credo sia soprattutto la volontà di chi l'ha pensato di non rivolgerlo e imploderlo entro se stesso ma piuttosto di farlo maturare dentro un ciclo temporale in cui si sa di prendere (ereditare), ma anche di dover restituire a una comunità di artisti e a un pubblico. Prendiamo per esempio i musei contemporanei, anche i più straordinari: continuano a confondersi l'uno con l'altro... sono tutti uguali. Forse le domande fondamentali attorno a cui dovrebbe ruotare un discorso sulla progettazione sono: riusciamo a rappresentare, noi che lavoriamo nei musei, i processi creativi, concettuali oltre che materiali, della creazione? Si possono identificare temi e tendenze che vadano al di là della suddivisione in movimenti e periodi? Le risposte a queste domande porterebbero verso un lavoro che necessariamente si dovrebbe mettere in relazione, mettendo in evidenza i cambiamenti, raffinando le strategie di allestimento per rendere viva l'opera degli artisti, arrivando infine a offrire i propri spazi come sede della contestazione culturale, luogo in cui prendono voce e forma parole diverse, originali, sia locali che universali. Questo è ovviamente il progettare che sento più vicino, essendo io una curatrice in un museo antico e contemporaneo allo stesso tempo: il Querini Stampalia.

Ma per un artista, che cosa significa progettare? Viene subito in mente l'importanza del disegno come fase fondamentale nella processualità di un progetto... questo gesto dettato dal girovagare della mente attraverso la mano. Il disegno che è un niente, dal quale però può nascere qualcosa di vitale senza dover ricorrere a tecnologie sofisticate, e di fronte alla realtà che sfugge. Il veicolo del disegno – groviglio di lavoro in continua trasformazione – trova alla fine stabilità, fissando in un segno-autografo il fluire delle immagini. È interessante che Daniel Birnbaum abbia messo al centro del suo progetto per la prossima Biennale, anche lui, il tema della "vicinanza ai processi di produzione", e abbia dato spazio all'esplorazione del disegno e della pittura.

Pier Luigi Sacco: L'idea di poter dare agli artisti italiani delle ultime generazioni uno spazio reale per progettare ha un contenuto quasi eversivo. Da questo punto di vista, il nostro paese rappresenta un'area di crisi che forse non ha altri equivalenti in Europa e nel mondo occidentale. Non c'è bisogno di ricordare il male che l'Italia sta facendo alle sue ultime generazioni, umiliandole, costringendole ad accettare compromessi iniqui pur di sopravvivere o a fuggire altrove. Il nostro paese sembra tornare a una situazione *ancien régime* nella quale certe cose sembrano possibili solo se sono garantite da un diritto di nascita. A questa situazione sconcertante, fino ad ora, le ultime generazioni di artisti, con poche eccezioni, hanno risposto rifugiandosi in spazi privati, costruendo dei loro mondi che ignorano questo conflitto sociale latente, perché in una situazione del genere è realistico non guardare troppo in là, non farsi aspettative eccessive, ma mirare a sopravvivere, ritagliarsi uno spazio in cui ci si trova bene. Dare a questa generazione la possibilità di poter progettare, di prendersi il tempo per affrontare i veri problemi, potrebbe essere un modo sorprendente per far saltare questo tappo e far emergere tutte le contraddizioni e tutta la dimensione politica "latente" del fare arte oggi in un paese come il nostro.

Giacinto Di Pietrantonio: La progettualità poi è uno strumento politico, come dice Sacco, e questo serve a far sì che non si resti inerti nei confronti del mondo a cui l'arte comunque si rivolge. Oltretutto, in un momento di crisi come quella che stiamo attraversando, la progettualità, il rimettersi in gioco, prefigurare nuovi scenari è indispensabile e vincente. Naturalmente questo deve portare, alla fine, all'individuazione di figure di riferimento, artisti giovani e non solidi, perché se c'è una debolezza nel sistema dell'arte italiana è che non si vogliono mai individuare con decisione gli artisti che in un dato momento storico stanno dicendo qualcosa di decisivo. Quindi la progettualità è certo significativa se poi porta ad un fine.

Gianfranco Maraniello: Tutto sommato l'arte contemporanea è in primo luogo progetto, ossia intenzione che si proietta e attende una verifica nel mondo in cui si offre. Da tempo l'autonomia dell'opera è da considerarsi un mito a fronte della trasformazione dell'agire artistico in una consapevolezza della contingenza in cui accade. Non c'è arte fuori del proprio tempo e che non trasformi le proprie ragioni d'essere in contenuto. Mettere enfasi sui processi di costruzione di un'opera è quasi un destino rispetto all'oggetto della nostra ricerca, e certamente risulta più in linea con lo spirito del Premio.

Walter Guadagnini: Il progetto in quanto tale è una scommessa: è una scommessa dell'artista con se stesso e con la propria capacità di realizzarlo, in determinate condizioni socio-economiche, ma anche creative (il progetto per essere realizzato presuppone una capacità tecnica di evoluzione dall'idea alla sua concretizzazione). Ma è anche la scommessa di chi – in questo caso il Premio FURLA – il progetto in qualche modo commissiona e commissiona anche la sua realizzazione; e se non si tratta ovviamente di una scommessa al buio, se non parlassimo di arte, potremmo forse parlare di un investimento che ha anche dei margini di rischio da non sottovalutare. Mi pare importante sottolineare questo punto perché questo concetto porta con sé due ulteriori riflessioni, ancora legate sia all'artista che al committente. Per l'artista questa formula significa mettersi alla prova, affrontare un percorso molto più complesso – e allo stesso tempo molto più affascinante – di quello che porta alla realizzazione di un'opera priva di una sua specifica destinazione (perché penso che nessun artista possa affrontare questo impegno senza essere conscio del contesto all'interno del quale si situa, chi vince sa già quanti occhi, certo non tutti benevoli, avrà addosso). Per il Premio, significa esprimere un chiaro e inequivocabile atto di fiducia nei confronti del futuro, posto che la cinquina non è composta da nomi garantiti dalla loro età o dalla loro carriera. È anche questo, a mio vedere, un modo per rispondere positivamente alle tematiche proposte da Sacco, un segnale concreto che c'è qualcuno che ancora crede nelle capacità delle giovani generazioni, e vi investe, come dire, faccia e denaro. Infine, non dimentichiamo che la capacità progettuale è una caratteristica primaria del Premio stesso, e dunque l'accentuazione dell'aspetto progettuale appare come un punto d'approdo naturale.

Il lavoro curatoriale

Chiara Bertola: Un'altra importante novità riguarda il meccanismo di selezione degli artisti finalisti, che avviene a conclusione di un "viaggio" nell'arte italiana contemporanea compiuto da cinque coppie di curatori, ognuna formata da un italiano e da uno straniero. In questo modo, questa settima edizione del Premio FURLA intende porsi come inedita occasione di crescita e di visibilità anche per la generazione più recente di curatori. Ci era sembrato importante che fossero loro, i curatori italiani, a far conoscere l'arte italiana ai colleghi stranieri; un modo per riconoscere quel lavoro qualificato e prezioso che negli ultimi anni, già svolgono autonomamente, e senza il sostegno istituzionale, con le istituzioni straniere.
Il tema della "cura" dell'arte è un tema cruciale in questi ultimi anni e secondo me non è ancora stato troppo analizzato o capito nella sua vera essenza. D'altra parte la figura del curatore è relativamente recente e le fasi della sua definizione ed evoluzione sono legate al modificarsi del concetto di esposizione o mostra d'arte a partire dalla fine degli anni Sessanta fino alla fine degli anni Novanta. Mi è sempre sembrato che fosse molto facile confonderlo con altre figure limitrofe come il direttore di museo, l'architetto, il giornalista d'arte, il manager… e forse è proprio tutte queste figure insieme…
Un tema che mi ha sempre interessato e che mi piacerebbe si sviluppasse nella nostra tavola rotonda, e che si accennasse qui in queste pagine, è il capire come si articoli e si definisca la relazione tra artista e curatore, soprattutto in relazione al farsi dell'opera. Credo che la ricerca dell'arte e i modi della sua "cura" siano itinerari difficili e inaspettati. Chi vi transita ha la consapevolezza che essi non siano mai definitivi, che non sia possibile giungere a una conclusione ultima. Ho scritto recentemente che penso la pratica curatoriale come forma di "esercizio", come un lavoro che non si possa fare una volta per tutte, né si possa dare per sempre. Ma, piuttosto, come un'attività che bisogna fare ogni volta come se fosse la prima volta. Ed è in questo "daccapo" che si comprende la responsabilità che il curatore deve assumersi, come suggerisce Pier Aldo Rovatti, "la tonalità etica" dell'esercizio (quindi della cura) dell'arte. Penso che questo esercizio "curatoriale" proceda sul filo di un difficile equilibrio dove non ci sono libri cui fare riferimento né metodi con cui imparare tecniche o strategie precise… Cosa ne pensate voi?

Pier Luigi Sacco: La crescita di una scena artistica non può che essere sempre la congiunzione di una maturazione di una generazione di artisti *e* di curatori. Con questa nuova formula il Premio FURLA può dare un contributo significativo. Personalmente, mi aspetto che nelle prossime edizioni il coinvolgimento dei curatori stranieri invitati sia ancora più radicale e coinvolgente, spero che spendano ancora più tempo negli studi dei nostri artisti e si prendano soprattutto il tempo necessario per capire. L'Italia di oggi, come ho già detto, è un posto anomalo, e per tutta una serie di motivi presenta caratteristiche apparentemente meno attraenti di tante altre situazioni. Ma se si impara a capirle, l'Italia è, come sempre, piena di sorprese. Sta a noi accendere la curiosità, sta a noi trovare le parole per raccontarla e per far emergere il valore e il senso di ciò che sta accadendo oggi. E questa è, inevitabilmente, una responsabilità congiunta dei nostri artisti e dei nostri curatori.

Giacinto Di Pietrantonio: Questo argomento tocca uno dei temi e delle professioni diventate decisive tra la fine del secolo scorso e l'inizio del nuovo millennio, dove il curatore ha acquisito una centralità nel mondo dell'arte, venendo a controbilanciare l'ascesa del mercato. Oserei dire che proprio in un momento come questo, dove il mercato inizia a indebolirsi, la figura del curatore si rafforza, rende ancora più visibile e necessaria la sua presenza. Infatti, l'aver rafforzato la presenza curatoriale vuol dire sottolineare che l'arte è un fatto profondamente e strutturalmente culturale, dove il mercato ha una piccola e necessaria parte. Non a caso assistiamo a uno spostamento di persone lungimiranti come Samuel Keller, che dopo aver diretto e resa più grande la fiera di Basilea, ora dirige la Fondazione Beyeler, ma anche, per restare nella nostra Italia, si pensi a un mercante e gallerista o ex tale che ora cura mostre come quella di Fontana al Palazzo Ducale di Genova.

Gianfranco Maraniello: Il curatore è, nel caso del Premio FURLA, decisivo in termini di proposta, di narrazione e di valutazione. Che tutte queste pratiche convergano in un'unica figura, ma nei tanti interpreti che i selezionatori e la giuria assicurano, è indice della complessità di un ruolo che mediando crea, "prendendosi cura" inventa. Ed è proprio il cambiamento di statuto dell'opera che ha lasciato tale spazio di immaginazione al curatore in merito alle sue possibilità di intervento e a eventuali inedite funzioni.

Walter Guadagnini: Una volta si parlava del critico d'arte "militante" come compagno di strada degli artisti, mi sembra che possa essere ancora oggi una bella definizione per un curatore, in particolare in questo caso. Compagni di strada, letteralmente, lo sono stati i due curatori che hanno individuato gli artisti, e potranno esserlo anche dopo la conclusione di questo viaggio. Il curatore dovrebbe essere anche il compagno di strada, almeno all'interno di un percorso espositivo, dell'osservatore, di chi compie un viaggio diverso intorno all'arte e alle sue figure. Però vorrei ancora ribadire l'importanza del confronto che si viene a istituire all'interno di questo progetto, confronto tra curatori, tra artisti, scambio di conoscenze e di esperienze, una volta di più estremamente concrete in alcuni casi, in altri puramente intellettuali: sulla possibilità di attivare e mantenere vivo questo doppio binario che investe tanto il fare quanto il pensare, mi sembra si trovi uno dei nuclei portanti dell'intero Premio.

New Ideas for the Premio FURLA

Dialogue with Chiara Bertola, Giacinto Di Pietrantonio,
Walter Guadagnini, Gianfranco Maraniello, Pier Luigi Sacco

The Art Award as a Growing Organism

Chiara Bertola: The new format we've come up with for the Premio FURLA finally completes the design that we'd planned on and hoped for over the past few years. If one of the main objectives was to share this effort with other institutions and economic partners—so as to create a small, self-reinforcing system that would grow stronger over time—the other objective we've finally reached is that of accompanying the artist as much as possible in each phase of the work's conception, creation, and production. I always imagined the award as something that actively operated on several levels, and with this edition I can be the first to say that, working together, we've finally succeeded: we've covered everything from formation to production, from the artists' relationship with the curators to their rapport with the museum.
It seems to me that the Premio FURLA's real strength lies in the fact that it's always looking to improve itself, adjusting its sights and welcoming the criticism and suggestions received after each new edition. So it's really grown, like a living organism, or a house that had to carefully lay one necessary brick after another in order to build itself . . .
And if it's met with the approval of many people both in Italy and abroad, that's because it's always been an event that takes the side of Italian artists, and aimed to give those artists a chance to experience the art world outside Italy as well. This is why the award has been transformed to include a residency abroad, and the jury has, from the very first edition, always been international. So it seems to me that the path we have to follow in Italy—especially in a time of crisis like the present, in which the resources usually designated for culture continue to shrink—is one of collaboration and institutional sharing, not only to put together a budget, but also in discussing the ideas that formulate and feed into the original plan. This is precisely where

we encountered a need to give more room to theory and reflection during the award-granting days at Artefiera, creating a panel discussion centered upon the themes that distinguish this year's Premio FURLA from previous years: the curator's role and the idea of the artist's project plan.

Pier Luigi Sacco: In an international panorama like this one, with so many important art awards, finding the space to construct a unique identity wasn't easy. I believe that the Premio FURLA continuous evolution—inadvisable as it may be from the point of view of any marketing manager, who would worry more about a product's ability to be easily recognized through characteristics that remain constant over time and make a solid impression on the public perception—is in reality, at least in this phase of exploration and experimentation, one of its strong points. In Italy, after so many years in which there was so little interest in supporting young artists, all of a sudden there's enormous interest—thanks also to the Premio FURLA itself, which has played a pioneering role in this sense. But now we run the opposite risk: that of a loose trendiness, of doing things just because they're in style, without really thinking, just unimaginatively copying models seen elsewhere. The Premio FURLA's evolution is instead the result of a precise reflection upon the art system's mechanisms and the ways they've been evolving in recent years. The changes in the award's format reflect a desire to keep a close hold on this changing dynamic, and—where possible—to effectively anticipate what's about to happen, giving our young artists an opportunity and the most suitable tools to make the most of their work.

Giacinto Di Pietrantonio: These were changes that had become necessary in order for the award to remain a real opportunity for the development of artists' work, rather than just a mere recognition of some status quo. Furthermore, the residency is a key part of the award that offers the artists and their work a more open circulation, bringing about the exchange of ideas so inevitable in this period of globalization—and so essential in any period. Shifting the attention to focus on a project's planning and design also means focusing more on research, rather than simply confirming what we already know is there, insofar as we consider art a tool for reading the continually evolving reality that surrounds us.

Gianfranco Maraniello: I still think that one of the highest virtues of the Premio FURLA lies precisely in its ability to create a forum for discussions, affirmations, and events; in general, it maps out the emerging Italian art scene, including (implicitly) its problems. The award's format— which invariably takes into account the need for continuous updates—has never been focused on the sole figure of one prizewinning artist, nor the creation of one sole course of artistic research and investigation. This approach has been confirmed by the adaptations you've already remarked upon, and the Premio FURLA remains interesting because of its resulting worth as a critical instrument—acting as both symptom and stimulus, rather than just another pathetic celebration— within an art system where there's still so much yet to accomplish with respect to the objectives the art world's professionalism really calls for.

Walter Guadagnini: Along these same lines, I'd like to also emphasize the involvement an enterprise like UniCredit has had, playing a role practically unheard of in Italy—it's become an active part in the development of the award's overall composition, in full respect of the roles fulfilled by all the other players. FURLA's ability to understand the full potential of an entrepreneurial partner—its ability to bring deep organizational and networking know-how to the table, for example—additionally underlines its innovative talents, in a country where all too often enterprise is viewed as a purely economic support, and where enterprises themselves often have difficulty getting beyond that old logic. I think this happens because the very nature of this art award—born of the union between a company's strengths and a cultural institution's enthusiasm—has been the determining factor directing a systematic, unified approach to a procedure in which each player does their part, and these parts don't simply add up, but they multiply exponentially. Just try listing all the names of everyone involved in the complex realization of this year's Premio FURLA—curators, public and private institutions, Italian and foreign institutions, enterprise: that's a lot of people, and for once you don't get the feeling it's just another botched, bureaucracy-laden Italian undertaking, but rather it's a network that's really beginning to function—and that's no small task. In this sense, what emerges here is not only the prizewinner or the finalists and honorable mentions, but rather the bona fide map of a nation, and this map is represented on an international scale, to an international audience: shall we call it a form of social responsibility . . . ?

Designing and Planning for the Artists

Chiara Bertola: One of the most important aspects of the Premio FURLA's growth has been the decision to assign it based on the plan for a new project from each of the five finalists. In this case, the award points to a basic need that is often lacking in the Italian system: the possibility for artists to plan out, design, and ultimately produce new works. Additionally, these works, acquired by the newly created Fondazione FURLA, will be exhibited in the collections of MAMbo . . . this is just another of the fundamental steps the award guarantees within the *artist-production-pur-*

chase-museum exhibition procedural iteration. But what does it mean to plan, to design? Both for an institution, in cultural terms, and for an artist, in creative terms? For me, to design means to begin with an idea and realize that idea in practical terms, through each of its phases. And I think designing—in Italy, today—also has something to do with this country's cultural heritage, such that designing, for a contemporary artists, in contemporary times, also means understanding and taking into major consideration the heritage we've inherited. Culture is also an inherited phenomenon that we transform, and upon which we create the conditions for producing new works that will, in turn, be inherited by someone else. I've always thought that designing must necessarily stem from a process of research and investigation, from the advancement of ideas, models, new visual languages, but also from the recuperation of deep, long-forgotten roots and—last but not least—an upbringing that emphasizes the utility of design. A cultural plan, a cultural design, comes from a given community's culture, from a country's political and social history. It is born of a certain terrain, and is also fueled by that same terrain.

I think that the thing that fuels a plan and helps a design develop is, above all, the conscience and attentiveness its creator has for not turning it back into itself or making it implode, but rather to let it ripen over a temporal cycle in which the creator is aware he's taking from (inheriting)—but must also give something back to—his community . . . a community of artists, but also a broader public. Let's take contemporary museums as an example: even the most extraordinary ones keep confusing one type of community with another . . . maybe they're all equal. Maybe the fundamental questions any discussion of planning and design should focus on are the following: can those of us who work in museums actually succeed in representing the creative processes—both conceptual and material—

of creation? Can anyone identify any themes and tendencies that go above and beyond the subdivisions of artistic movements and periods? The answers to these questions might lead us toward work that would necessarily have to be placed in relation—and set in context—by pointing out changes to be made and refining its installational strategies, in order to bring artists' works to life, and ultimately offer [museum and institutional] spaces as a center for cultural dispute, a place where different, original words take new voice and new form, both local and universal. This is obviously the concept of planning and design I feel closest to, since I'm a curator at the [Fondazione] Querini Stampalia, a museum that is both ancient and contemporary at one and the same time.

But *for an artist* what does it mean to design? The importance of drawing immediately comes to mind, as it's a fundamental phase in the process and development of any project . . . this gesture dictated by the mind's roaming as manifested through the hand. The sort of drawing that is nothing—but a nothing from which something vital can spring forth, without any need to use the crutch of sophisticated technologies; faced with fleeting reality, drawing is a vehicle—the tangled thicket of a work in continuous transformation—that ultimately finds some form of stability, fixing the ebb and flow of various images into one handmade, "autographic" sign. It's interesting that Daniel Birnbaum has also placed this idea of "proximity to the processes of production" at the center of his plans for the next Venice Biennale, and has given ample space to an exploration of drawing and painting.

Pier Luigi Sacco: The idea of being able to give Italian artists of the most recent generations a real space within which to plan, design, and realize their projects has an almost subversive quality to it. From this perspective, Italy represents a zone of crisis that may well have no equivalent in

Europe or even the entire Western world. There's no need to remind everyone of the deep damage Italy is doing to its youngest generations, humiliating them, forcing them into accepting truly unfair compromises just to get by, or forcing them to flee elsewhere. Our country seems to be reverting to an almost *ancien regime* situation, in which certain things seem possible *only if* they're guaranteed by birthright. Up until now the latest generation of artists, with few exceptions, have responded to this unsettling situation by taking refuge in private spaces, building their own worlds that ignore the latent social conflict that surrounds them, because in a situation of that sort it's only realistic that you not look too far, that you don't get your hopes up, and that you instead focus on surviving, creating a space in which you can almost feel okay about things. Giving this generation the possibility to plan, design, and realize a project, giving them time to address the real problems, could be a surprising way to help them get past this stage and bring all the contradictions—and "latent" political issues of making art today, in a country like this one—to the fore.

Giacinto Di Pietrantonio: As Sacco said, planning and design are also political tools, and this fact must be used to keep us from remaining inert with regard to the larger world that art nevertheless looks to—especially in a period of crisis like the present—through design, through calling itself into question, foreshadowing new scenarios is an indispensable, positive step. Naturally, in the end this leads to the emergence of a few key points of reference—young, not yet entirely solid artists—because if there are weaknesses within the Italian art system, one of those weaknesses is certainly the fact that no one ever wants to decisively point out the artists that, in any given historic moment, are saying anything decisive. So planning and design in the arts are significant if they eventually lead to an outcome.

Gianfranco Maraniello: All in all, contemporary art is first and foremost the project in and of itself—it is an intention that is projected and awaits verification in the world it is offered to. For some time now the autonomy of the work of art has been considered a myth compared to the transformational process of artistic action carried out in full awareness of the contingency in which it takes place. There is no art that exists outside of its own time, no art that doesn't transform its own *raison d'être* into content. Placing emphasis on the processes of a work's creation is almost an obligation with respect to the goal of our research, and is certainly in keeping with the spirit of the Premio FURLA.

Walter Guadagnini: Any project—in and of itself, as well as its planning and design stages—is a bet: it is a bet the artist places against himself and against his ability to realize it in determined socio-economic conditions, but also in determined creative conditions (in order to be created, any and all projects assume a technical capacity for evolution, moving from the idea to its concrete realization). But it's also a bet made by the one who—in this case, the Premio FURLA—commissions the project as well as its realization; and it isn't an obviously blind bet—if we weren't talking about art, we could maybe talk about an investment that entails certain risk margins that shouldn't be underestimated. I think it's important to emphasize this point, because this concept leads to two further reflections—reflections relating to both artist and patron. For the artist, this formula means putting oneself to the test, it means confronting a more complex, yet at the same time much more interesting creative path than the one that simply leads to the realization of a work devoid of any specific end goal (because I don't think any artist would really be able to confront such a demanding task without being aware of the context it's situated in, and the winning artist already knows how many eyes—and certainly not all benevolent eyes—will be on him). For the Premio FURLA, it means expressing a clear, unequivocal act of faith with regard to the future, since the list of five finalists isn't made up of names guaranteed by their age or [past] career. This is also, I think, a positive way of responding to the issues Sacco brought up earlier, a concrete sign that there's someone who still believes in the capabilities of the youngest generations, and invests in them—how shall I put it?—invests both reputation and money. Ultimately, we mustn't forget that the ability to design a project is a primary characteristic of the award itself, and so the accentuation of the planning and design aspects seems a natural development.

Curatorial Work

Chiara Bertola: Another important innovation has to do with the mechanisms by which the finalists are chosen, which takes place at the end of the "voyage" through contemporary Italian art taken by five pairs of curators, with each pair consisting of one Italian and one foreigner. By this process the seventh edition of the Premio FURLA intends to constitute an unprecedented occasion for the growth and visibility of not only the artists, but also of the latest generation of curators. It seemed important to us that the Italian curators should be the ones to introduce Italian art to their foreign colleagues, as a way of recognizing the highly qualified, invaluable work they've carried out—on their own, without the help of institutions—over the past several years with so many colleagues abroad.

The theme of art curating is crucial nowadays, and I think it still hasn't been analyzed enough to really be understood. On the other hand, the phenomenon of the art curator is also a fairly recent development, and its defining and evolutionary phases are closely linked to shifts in the concept of the *art exhibition* or *show* between the late seventies and the late nineties. I've always thought it was fairly easy to confuse the idea of a curator with other neighboring figures, like museum director, architect, art journalist, art manager . . . and maybe the curator is actually all of these rolled into one . . .

An issue that's always interested me and that I'd like to develop here at our roundtable discussion (it's already been mentioned in these texts) is the idea of understanding exactly how the relationship between artist and curator is articulated and defined—especially as it regards the actual creation of the work. I think that art-based investigations and approaches to art's "curation" are rather difficult, surprising terrain. Anyone following either of these routes is aware that they're never definitive, that it's never possible to come to one final conclusion. I recently wrote that I see the curatorial practice as a form of "exercise," like a job that can't really be done once and for all, but also that no one can really do forever; I actually see it as a kind of work that has to be done each time as if it were the very first time. It's precisely in this "starting over" that the curator's real responsibility lies—the responsibility the curator has to take on each and every time, as Pier Aldo Rovatti phrased it, the "ethical tonality" of the exercise (i.e. the curating) of art. I think that this "curatorial" exercise moves forward trying to maintain a difficult balance in a realm where there are no books you can refer to, nor methods to learn any precise techniques or strategies from . . . but what do you all think?

Pier Luigi Sacco: The growth of an artistic scene cannot help but be a conjunction of the maturation of both a generation of artists *and* of curators. With its new format, the Premio FURLA can make a significant contribution. Personally, I expect that in the next few editions the involvement of the foreign curators will be even more radical; I hope they'll spend even more time in our artists' studios and above all that they'll take all the time they need to really understand the work. Italy today, as I've already mentioned, is an anomaly, and for a whole series of reasons it has some characteristics that seem less attractive than the situations in many other places. But if you learn to understand them, Italy is—as it has always been—full of surprises. It's up to us to pique everyone's curiosity, and it's up to us to find the right words to tell this story, to bring out the value in everything that's going on right now. And this is, inevitably, a responsibility that both our artists and our curators have to share.

Giacinto Di Pietrantonio: This touches upon one of the issues and professions that has become decisive between the last century and the new millennium, whereby the curator has acquired a new centrality in the art world, and has come to act as a counterbalance to the rise of the market. I'd even go so far as to say that   precisely at a time like this, when the market is beginning to weaken—the role of the curator becomes even stronger, and makes its presence even more necessary. Having strengthened the curatorial presence of the Premio FURLA is equivalent to underlining the fact that art is a profoundly, structurally cultural phenomenon, wherein the market plays a small yet necessary part. It's no coincidence that we're now seeing major moves of highly aware, longsighted people—like Samuel Keller, who, after directing and greatly expanding the Art Basel fair, is now director of the Fondation Beyeler—but even to look just within Italy's borders, consider the many merchants or gallerists or former-whatevers who are now curating shows like the Fontana exhibition at the Palazzo Ducale in Genoa.

Gianfranco Maraniello: The curator is, in the case of the Premio FURLA, a decisive figure in terms of his proposals, his narration, and his evaluation of art. The fact that all of these practices converge in one sole figure—as well as in the many types the selection committee and jury choose—indicates the sheer complexity of a role that, in the act of mediating, effectively creates; a role that, by "taking care of" art, effectively invents it. It is precisely this change in the statutes of the work of art that has left the curator this extra interpretative room, in light of his abilities to intervene in the work's interpretation and comment on any unforeseen functions.

Walter Guadagnini: There was a time when people spoke of "militant" art critics as the artists' true companions, and I think that even today this could still be a good definition of a curator, especially in this particular case. The literal term they used was *compagni di strada*, "street companions," like companions on a road trip—and I think that's exactly what the curatorial pairs who picked the artists really are, and can continue to be even after this voyage. A curator should also be a traveling companion—at least in terms of the adventure of putting together a show—for the viewer, and for everyone who chooses their own route through art and today's artists. But I'd also like to emphasize once again the importance of the encounters that take place within the scope of this project—the encounters between curators and between artists as they exchange their know-how and experiences. In some cases they're extremely concrete, whereas in others they remain purely intellectual: I think it's vital that we activate these two parallel tracks, and keep them both alive, as they pertain to making as much as they do to thinking—and therein lies one of the core strengths of the Premio FURLA as a whole.

Andrea Viliani
Chus Martínez

Giorgio Andreotta Calò

The Italian Reader

Andrea Viliani (in cammino da qui con Giorgio Andreotta Calò, Claire Fontaine, Chus Martínez)

In occasione di una mostra io e alcuni altri amici, artisti e curatori, avevamo pensato di fare un *reader* sulla situazione dell'arte italiana. *The Italian Reader.*

La copertina di Fabio Mauri e il retro di copertina di Paola Pivi.
Manipolazione di cultura…
E chi se ne fotte…

"Parlare dell'Italia", in un senso o nell'altro, è una banalità.
Banale come terribilmente banale. Banale come banale e basta.

Forse ne è una prova il basso livello della riflessione teorica e critica contemporanea su questo argomento, la gracilissima percezione delle strutture deputate a svolgere questa riflessione, il fatto che pochissimi (ministri, sovrintendenti, direttori, curatori, critici, artisti) appaiono in grado di proporre alternative alla banalità – luoghi comuni, epici fraintendimenti, conclamata autoreferenzialità – con cui il sistema dell'arte italiano parla di se stesso.
Assente o non sistematica la relazione fra musei e università, fra ricerca accademica ed *exhibition making*. Indicatemi cinque critici di formazione universitaria e attivi nelle nostre università (dove io stesso, dieci anni fa, non potevo studiare arte contemporanea, perché non esisteva un corso di arte contemporanea) che potrebbero scrivere un testo importante sull'arte italiana delle ultime generazioni! Forse più facilmente riusciamo a trovare ipotesi persuasive sul sistema dell'arte italiano nell'ambito della formazione e della ricerca economico e sociale, argomento però che, oltre alle statistiche e ai ragionamenti sulle potenzialità non espresse, meriterebbe un approccio più fantastico, uno *storytelling* più movimentato, avvincente (fra wunderkammer universitarie e musei d'impresa, fra desertificazione della lettura e mistica della pubblicità), in grado almeno di iniziare a esplorarne la conturbante, e costitutiva, banalità.
In Italia ci sono – prima banalità – pochi musei di arte contemporanea. *Si sa*, anche se in questi ultimi anni la situazione sta cambiando, e anche questo *si sa*… seconda banalità.
In effetti in Italia ci sono *solo* musei. Indicatemi in Italia cinque strutture pubbliche che, con continuità di programma e di finanziamenti e senza il vincolo di una collezione permanente o di logiche politico-patrimoniali, stiano attualmente producendo mostre, pubblicando cataloghi, promuovendo artisti, perseguendo strategie di marketing o adottando metodologie istituzionali che generino attenzione in un circuito internazionale!
Qualcuno ci prova, facendo anche la figura dello sprovveduto, di quello che non conosce le più elementari regole del gioco, tentando simpaticamente di sopravvivere. Che è proprio quello che fanno anche alcuni artisti italiani dell'ultima generazione: c'è anzi chi fra loro ha teorizzato l'esigenza di fare lo "stupido", lo "scemo", il "coglione" come unica forma di socializzazione dell'artista italiano in ambito internazionale. Del resto l'unico che dice chiaramente di essere un opportunista, di vivere alle spalle degli stereotipi e delle aspettative del sistema dell'arte poi non viene, *sistematicamente*, creduto: anzi, più lo dice e più viene preso per uno che fa il doppio gioco… E lui, che è considerato il migliore artista italiano della sua generazione, ha deciso di fare pure il curatore e il collezionista. OK, ammettiamolo: l'Italia è *seriamente* un paese banale. W l'Italia.
Pensate ancora ai musei, tutti questi musei italiani con i loro cataloghi, le loro mostre, le loro collezioni… (nel complesso) una banalità dietro l'altra…
Verrebbe voglia di farselo da soli, il museo, restandone lontani. Verrebbe voglia, per esempio, di agire in modo clandestino, di scovare abu-

sivamente un edificio lasciato abbandonato, penetrarlo, scavarlo, bucarlo (anche per farci un Gordon Matta-Clark dentro... che, più o meno, fu uno dei primi interventi di Giorgio Andreotta Calò, il suo lavoro di tesi).

Quando pensi all'ultima generazione di artisti italiani (alcuni dei quali presentati appunto in questo catalogo) si riscontra che qualcosa in effetti è cambiato. Clandestini sì, ma che si formano o che completano la loro formazione all'estero, vincono borse di studio, parlano le lingue, conoscono i loro colleghi internazionali, sanno affrontare una *studio visit* (anche se spesso non hanno uno studio). Insomma, non sono più tanto "scemi" come quelli che li hanno immediatamente preceduti, e forse nessuno di loro è opportunista. Per il resto, sempre meglio restare lontano dai musei, come dire... lo scenario non è poi molto cambiato.

Negli anni Ottanta (e all'epoca di musei se ne contavano davvero sulle dita di una mano) le istituzioni hanno ignorato la generazione che si stava allora affermando, così a Bologna ci si incontrava al Link perché, a dire degli stessi artisti, la Galleria d'Arte Moderna li ignorava. Nessuno ha ancora scritto un testo, nessuno ha ancora pubblicato un libro, o fatto una mostra in grado di rappresentare la complessità di quella generazione definita di passaggio (altra ricorrente banalità, no? Non più nemmeno una lamentela, sembra quasi un dato storico). Nel *Reader* pensavamo che era necessario ri-partire proprio da lì, cercare di descrivere l'opacità, ma flou, dell'Italia di oggi a partire da lì. Avevamo individuato quelli che, a nostro giudizio, erano appunto i due rappresentanti forse più radicali di quella generazione, Alberto Garutti e Cesare Pietroiusti. Radicali, nel loro pudore: fino a preferire, il primo, per anni, il ruolo di professore (all'Accademia di Brera professore della maggior parte degli artisti della mia generazione); rinunciando quasi a fare opere, il secondo, più

conosciuto, e stimato dai curatori della mia generazione che da quelli della sua.

Volevamo invitarli a scrivere dei testi, a sottoporci delle immagini, a proporre una testimonianza che restituisse un paesaggio, un ritratto, uno scenario culturale, sociale, emotivo. Ricollocare la nostra banalità sotto il filtro della vita vegetativa, della quieta resistenza senza soluzioni immediate ed effettive di un'arte che era scomparsa in una pratica intellettuale quotidiana, in un atto di comprensione della vita di tutti i giorni.

Il *Reader* non lo abbiamo più fatto (ci sarà tempo...). Del resto anche il catalogo di quella mostra che ci aveva radunato insieme era andato in stampa con una forse inevitabile provvisorietà (... un altro *bel* catalogo italiano?).

"Che fare?"

FARE?!

Non saprei, se non assecondare le (più o meno sincere) tecniche di scomparsa, riapparizione e, nel frattempo, produzione di senso di alcuni artisti. Alberto, Ian, Giorgio, Giulia, Meris. Sceglierne uno (come abbiamo fatto, Chus Martínez e io) vuol dire sceglierli tutti, e tutto questo.

Pensosa qualità dell'azione.

Ipotesi fuori dal presente, in cammino da qui.

Allontanamento da ciò che *ora* si pretende da noi.

Fondante alternativa che non pretende, invece, *per ora* riconoscimento alcuno.

Tra i materiali che stavamo raccogliendo per il *Reader* – prima di interromperci, come ci riaccade ora – avevamo archiviato anche il testo che trovate pubblicato qui di seguito, una storia, una dichiarazione ecc. ecc. che, banalmente, *lascia il tempo che trova*.

Senza titolo (lettera ad A.)

Caro A.

mi sono promessa tante volte di cominciare questo esercizio e sempre qualcosa mi ha interrotto. Eppure quel che m'interrompe è all'origine stessa della necessità dell'esercizio. Allora mi scuserai per il testo pieno di fratture, pieno di inciampi, povero di soluzioni.

Sono di nuovo ferma, questa volta intellettualmente, di fronte allo stesso scoglio che ci blocca nell'azione: avremmo bisogno di strutture per convogliare e non disperdere le nostre forze, ma per costruirle ci vorrebbero le energie di cui le lotte quotidiane disorganizzate ci privano.

Ci serve urgentemente un di fuori anche se minimo per appoggiarci le mani mentre tentiamo di sollevarci, insieme e ognuno per sé.

Questo di fuori lo chiamiamo, lo evochiamo.

Come in una seduta spiritica studiamo le insurrezioni del passato per avvicinarle al nostro vocabolario e ai nostri corpi, anche se restano in realtà lontane dagli occhi e dal cuore.

Per scrivere questo testo che parla dei rapporti tra l'arte e la lotta avrei bisogno di una lingua straniera nella lingua, una lingua da saltimbanchi che materializzi la possibilità di danzare sulla corda tesa e di combattere, e invece ho solo dei brandelli di parole usurate che devo cucire attorno ai problemi.

Come per esempio il problema di non poter più nemmeno pensare di attraversare il ponte che lega l'arte alla vita, se mai ce n'è stato uno, senza cadere tra le mani della legge.

E di non poter ammettere questo stato di cose senza scivolare nella vigliaccheria o nella depressione.

Quando si usava nominare il nemico (capitalismo, imperialismo, patriarcato, globalizzazione) ci si inventava un'alterità binaria e rassicurante.

Noi partecipavamo per non partecipare. (Alle lotte e non al lavoro, alle dinamiche militanti e non alla società di classe.) Volevamo essere altro perché quel che odiavamo diventasse altro da noi.

La desoggettivazione era un processo di messa a distanza logica e performativa.

Se non potevamo cambiare gli aspetti della realtà che più ci ferivano, ci trasformavamo in qualcosa di inassimilabile, scavalcando i moralismi e rivelando l'aspetto politico dell'illegalità.

Si diventava fuorilegge, drogati, prostitute, perversi, violenti – e inevitabilmente ladri perché la proprietà privata e gli affetti che la conservano sono la giustificazione di tutte le altre oppressioni. La prigione era una tappa necessaria perché sempre inflitta e perché parte anch'essa in qualche modo di una separazione dal mondo impiegatizio e mediocre del "benessere" del ventesimo secolo.

E un problema sorgeva nel corso di questo divenire.

Il modo in cui gli altri-esclusi si mescolavano a noi, quelli che non avevano scelto politicamente la loro esclusione, ma la subivano – poiché anche della scelta iniziale del posizionarsi si erano trovati privi.

Questo modo lasciava a desiderare.

Anzi non è che lasciasse a desiderare, era proprio insopportabile, per noi quanto per loro.

Totalmente insufficiente.

Perché gli altri-esclusi continuavano a sentirsi altri da qualcuno, e anche se in diritto di farcelo pesare, sempre in dovere di portare il peso di quello che ci separava, che invece di essere il motore della rivolta, diventava un fattore di rallentamento cinetico. Chi soffre è meno produttivo, anche di sovversione sociale, così dicevano i movimenti, così dicevano la psichiatria e i professori. Amen.

Là toccavamo il limite delle nostre capacità, dei nostri liberi arbitri nutriti da dogmi in fondo segretamente democratici, che erano quelli di non poter cambiare noi stessi in assenza di uno sconvolgimento sociale che spazzasse via questo veleno del giudizio e della misura, questo morbo del paragone idiota e brutale, questa polizia delle condotte.

Rifiutare la partecipazione ai processi rivoluzionari come un dover essere era cosa acquisita dagli anni Settanta. Eppure il differimento permanente della soddisfazione in un mondo che già forniva ben poche occasioni di piacere aveva trasformato i "militanti" in figure ascetiche e incapaci di contaminare.

La scelta del Margine come luogo da cui prodigare l'impegno finiva per diventare un dover essere simmetrico di quello che rifiutavamo e forse più insidioso. Delle volte l'unica reazione ai nostri gesti che ne certificasse il carattere politico era la repressione.

La società si era come plastificata, e non solo era ininfiltrabile, ma ci cambiava più di quanto non la potessimo cambiare.

Chi rifiuta la lotta armata parte già steso nel braccio di ferro militare contro la società. Chi accetta la lotta armata accetta di essere solo nel suo combattimento perché sa che i compagni non solo non amano le braccia armate ma ne hanno orrore.

E noi eravamo, una volta fuori dal fiume in piena dei movimenti, delle presenze isolate, prigioniere della loro identità di naufraghi, un episodio che si dimentica.

Se non c'era piacere a stare nello spazio che ci eravamo scelti era colpa degli uni o degli altri, mai del nemico che ci cacciava dentro cunicoli sociali senza ossigeno e ci condannava all'endogamia.

Superstiti di un incidente non registrato, reduci di un Vietnam immaginario, pieni di storie che non interessano nessuno e oppressi dalla necessità di accomodarsi del presente per distruggerlo meglio, in coabitazione forzata.

(Scusami per tutte queste metafore, e per quelle che anche dopo non potrò impedirmi di fare: lo so che far metafore è esporre l'insufficienza della lingua ricostruendo storie dove c'è necessità di logiche. Far metafore è essere a corto di esempi concreti e a disagio con la storia.

O anche solo un pudore borghese a dire le cose come stanno, non sempre letterarie, non sempre linguistiche.)

La conclusione a cui eravamo costretti a giungere è che i privilegi non si annullano rinunciandoci. La separazione rimane e rimane legata alla scelta stessa di quella rinuncia, una scelta nobile che è data a pochi e che in virtù della sua nobiltà è reversibile. I privilegiati che si espongono al pericolo di opporsi alla società, a vivere nei suoi interstizi, capitalizzano durante questa esperienza di estraniazione e possono, più forti e più capaci, spesso fare ritorno al luogo sociale da cui sono partiti.

Questo fatto, invece di rinforzare il credo del determinismo di classe (es.: un borghese non potrà mai lottare tanto sinceramente quanto un proletario) lo fa, invece, vacillare pericolosamente.

Perché se è vero che desoggettivandosi nel Margine in assenza di processi rivoluzionari non si riesce a cambiare né se stessi né la società, è anche vero che la gioia e i privilegi di cui si può godere in un mondo che resta capitalista sono piaceri basati sulla sottomissione e il saccheggio degli altri, piaceri insocievoli e separatori. Piaceri bestiali in ultima analisi, per quanto possano pretendersi raffinati.

Il Margine delle lotte, con tutti i suoi difetti, resta uno spazio migliore, una fonte di creatività, una forma di lusso, un Eldorado perduto a posteriori per chi è tornato a casa ma non può più rifare il cammino all'indietro senza farsi rifiutare.

Ma il problema è che se il fine è quello di sbarazzarsi del borghese in noi, o del piccolo-borghese per essere più precisi, questo non lo si fa mimando il suo contrario e gesticolando l'autolesionismo sociale.

Non lo si può fare pensando alla piccola borghesia come platea di spettatori distratti da convertire o da scandalizzare.

Nel '68 si è chiuso un ciclo di lotte insieme a un ventaglio di soggettivazioni possibili che non solo sono diventate argomenti di vendita per profumi, abbigliamento e altro, ma ci hanno lasciato, dal punto di vista del dover essere umano e non solo sociale, in una situazione simile a quella che vide emergere l'astrazione nel paesaggio della storia dell'arte.

Il carattere prescrittivo di ogni teoria rivoluzionaria – e nota che qui faccio l'economia di qualunque citazione per mettermi in sintonia con la povertà che descrivo – suona ormai patetico e irrealizzabile perché sempre in ritardo sulla miriade di altre prescrizioni immediatamente effettive imposte alla soggettività dai suggerimenti commerciali. Le corporation sono produttrici prima di tutto di mondi già possibili e poi delle istruzioni per il loro gradevole uso.

L'idea di una politica dei mezzi senza fine che potrebbe avere per scopo la riabilitazione degli umani e la squalifica delle macchine politiche che digeriscono la vita è rimasta aurorale. Forse perché una politica che propone il terreno dell'immanenza pura per sollevarsi occulta il fatto che questo terreno è colonizzato da una merce sempre nuova, che occupa tutto il posto per posare le mani, spazza continuamente il possibile su cui fare leva, lasciandolo irto di feticismi e ingombro di desideri sbagliati.

Il disagio economico e sociale non è più questo di fuori, non è più, per ora, una zona energetica che possa generare lotte per cambiare gli abitanti del pianeta e far sì che il pianeta ne sia poi cambiato. Saperlo ci dà dolore ma non forza.

E né il disagio né il dolore fanno più mondo. Nelle democrazie liberali, come già era stato nei regimi totalitari, siamo usciti dal registro lirico e anche tragico, siamo usciti dall'espressionismo, siamo nell'astrazione economica. Ogni immagine di sterminio è per il potere, e sarà presto per noi, figurativa quanto un monocromo.

Il realismo è sempre stato una questione di traduzione, una costruzione fatta di codici, ma ora per credere alla realtà ci servono forse immagini e parole più libere dal presente, perché il presente è fatto delle merci e degli affetti che ne derivano.

Altri problemi mi bloccano e mi paralizzano e questi sono anche più pericolosi perché abitano il rapporto tra la sovversione e il sapere. Se è semplice criticare il concetto di cultura accumulativo e mnemonico che informava la buona vecchia borghesia e le sue scuole, è invece difficile capire perché i movimenti politici radicali non possono più pescare serenamente nella banca dati frammentaria e preziosa delle avanguardie. Le avanguardie (requiescant in pace) con il loro corteo attuale di museificazione, sono da quarant'anni (e forse più) solo sinonimo di plusvalore sofisticato.

Mi ricordo già la grande diffidenza con cui gli autonomi guardavano i post-punk negli anni Novanta, "tutti figli di borghesi" si diceva, come se la rivolta defunzionalizzata, emancipata dall'attivismo e fissata sullo spazio esistenziale fosse un lusso inaccettabile. Come se il rifiuto del lavoro dovesse sempre convertirsi in forme di lotta produttive di sovversione e socializzanti, come se lavorare a creare le condizioni della rivoluzione fosse un'attività lineare e progressiva tanto quanto il lavoro salariato, solo dispiegata in direzione contraria…

Di fatto la lettera dell'avanguardia resta lettera morta, resta un lusso non desiderabile perché il suo valore d'uso è sconosciuto. Come dire che l'unico paradigma di trasmissione del sapere a noi familiare è quello dell'università, col suo sistema chiuso di potere e di compromessi, ma soprattutto con il suo accordo tacito di mai fare un uso effettivo delle conoscenze trasmesse, create e accumulate.

Grandi barricate piazzate tra l'arte e la vita, tra il sapere e il vivere, cattedrali erette alla gloria della masturbazione mentale, le università ancora scardinate dal mercato che dovevano offrire asilo dall'inferno della merce almeno per qualche anno a dei giovani in cerca di ricerca, non ospitano più nessun conflitto tra le loro mura produttive e manganellano la gioventù che fa troppe domande.

Le università dopo il '68 si sono rivelate per quello che sono: vettori di umiliazione e di riproduzione sociale, caserme di polizia per i desideri di impegno politico, tombe degli intellettuali militanti.

La trasmissione, la discussione e lo studio hanno così smesso, a partire da un certo punto in poi, di poter essere dei momenti socializzanti, rinforzanti e non commerciali. Se nelle facoltà sono sopravvissuti, vi hanno conservato un povero valore di scambio e perso ogni valore d'uso.

Il sapere esiste, morto stecchito tra le pagine ma non c'è nessuno per animarlo e permettergli di raggiungere e trasformare i corpi.

E detto questo cadiamo un'altra volta nella tromba delle scale della storia per ritornare al punto di partenza. Da questo punto ti scrivo o provo a scriverti.

A un certo punto a cavallo degli anni Ottanta mi ricordo che si è perduta la nozione di cultura. Non che se ne sia perso il senso, ma se ne sono perse le istruzioni per l'uso. Si è dimenticato cioè che la cultura non si produce né si assimila chiusi ciascuno nella propria fortezza contemplativa, ma solo intrattenendo dei rapporti sociali compatibili con le verità politiche che la animano. Le culture esistono solo al plurale e si attivano non tanto studiando quanto facendo dei figli, avendo delle amicizie, coltivando degli amori che ci rendano capaci di comprendere e di agire. Sono i nostri comportamenti quotidiani reciproci che non ci mettono più in condizione di passare un pomeriggio a leggere Lenin o Foucault e di farne qualcosa di realmente e immediatamente sovversivo. La cultura è la critica permanente del concetto di "patrimonio", allora perché ritornano sempre l'appartenenza, lo Stato, l'imposizione ogni volta che se ne parla? Altro che revolver, questa volta è un arsenale nucleare che ci fa fronte.

Mi puoi rispondere che viviamo un momento violento. E che la violenza abbassa il livello dei dibattiti perché usurpa il posto della parola, riporta i corpi in primo piano, con la loro fragilità e inadeguatezza, ci ricorda quanto e come siamo governati. Ma ci ricorda anche che l'astrazione non dovrebbe travestire né l'urgenza dei bisogni né le abiezioni del razzismo, del maschilismo, dell'offesa continua all'infanzia che ogni giorno si perpetua su noi tutti.

L'astrazione ci dovrebbe permettere di pensare più lontano portando con noi tutto il peso delle nostre insufficienze ma senza più nessuna vergogna, dovrebbe lottare contro la forza di gravità e non farci scivolare. Questo forse si gioca – come i giocolieri senza esperienza lanciano le fiaccole, secondo una logica di sopravvivenza ma senza rigore coreografico – nell'arte contemporanea, questo cerchiamo di fare, senza bruciarci. Ma l'arte non è un rifugio, non è una posizione, non è un atteggiamento, è solo un mestiere. Questo va ricordato e quando si dice "gli artisti", lo si dovrebbe dire come diciamo "i medici" o "i muratori". Un mio amico diceva: il problema non è mai la repressione, il problema è la paura. Il problema non è prendere il colpo, perché quando hai preso il colpo sei abbastanza forte per sopportarlo, il problema è vivere tutta la vita evitando il colpo, cercando di sfuggirgli, ma spesso prendendolo lo stesso e perdendo non solo la salute ma anche la dignità.

Claire
Parigi, 22 marzo 2008

The Italian Reader

Andrea Viliani (moving on from here with Giorgio Andreotta Calò, Claire Fontaine, Chus Martínez)

On the occasion of a show we'd organized, I and a few other friends thought of compiling a reader on the current situation of Italian art: *The Italian Reader*.

The cover was to be by Fabio Mauri, and the back cover by Paola Pivi.
Manipolazione di cultura . . . / Cultural Manipulation . . .
E chi se ne fotte . . . / Who Gives a Fuck? . . .

"Talking about Italy," in a sense (or any other sense, for that matter), is a banality.
Banal like *terribly banal*. Banal like banal, *period*.

Maybe it's just proof of the low degree of theoretical reflection and contemporary criticism on the topic, the incredibly puny opinion of the structures entrusted with facilitating such reflection, the fact that so few people (Ministers, Superintendents, Directors, Curators, Critics, Artists) appear to be capable of offering any alternatives to the banality—such commonplace trivialities, such epic misunderstandings, such glaring self-reference and self-absorption—with which the Italian art system so routinely talks about itself.
Any relationship that might exist between museums and universities, between research and exhibition making, is utterly unsystematic, if not entirely lacking. Show me five critics who've studied at the university level and are active in the Italian university system (where I myself, just ten years ago, couldn't study contemporary art because not a single course on contemporary art existed) who could write an important text on the Italian art of the most recent generations.
Maybe it would be easier to find a persuasive hypothesis about the Italian art system if we were to look at the educational system and fields of socio-economic research. But that's a subject that, aside from the statistics and reasoning behind unexpressed and unrealized potential, would deserve a more fantastical approach, a more active storytelling, a more gripping take on things (from university *Wunderkammer* to corporate museums, from a desertification of reading to the mysticism of advertising), something capable at least beginning to explore its provocative, and quintessential, constituent banality.
In Italy there are—and this is the first banality—very few contemporary art museums. *We know*, even if the situation has begun to change over the last few years, and even that's just another thing *we know* . . . second banality.
Really, in Italy there's little *but* museums. Show me, in all of Italy, five public institutional structures that—with some continuity in their program, mission, and funding, and without a tie to any permanent collection or political/heritage-related motives—are actually making shows, publishing catalogues, promoting artists, and following some kind of marketing strategy or adopting institutional methodologies that generate even minimal interest on an international level.
Sure, there are some who try, and they end up looking inexperienced, like they don't know even the most elementary rules of the game, and are somewhat sympathetically just trying to get by. And that's exactly what some Italian artists of the latest generation have done, too: there are even those among them who've come up with the theory that you have to act "stupid," be a "silly fool," be a "prick" to be in keeping with the only form of socialization of the Italian artist on an international level. And anyway, the only one who's clearly claimed he's an opportunist—and said he makes a living off of stereotypes and the expectations of the art system—is met, routinely and *systematically*, with total disbelief: in fact,

the more he says it, the more he's viewed as a double-crosser . . . And even he—the guy who's considered the best Italian artist of his generation—has now decided to become a curator and collector, to boot. OK, let's just admit it: Italy is *seriously* a banal country. Long live Italy.

And just think back to the museums, all these Italian museums with all their catalogues, their shows, their collections . . . (on the whole) it's just one banality after another . . .

It's enough to make you want to do it all yourself, make your own museum, and just stay away from all the others. It makes you want, for example, to start acting clandestinely, find an abandoned building and illegally occupy it, penetrate it, excavate it, break holes through it (even make a Gordon Matta-Clark right there inside . . . which was pretty much one of the first interventions Giorgio Andreotta Calò ever did, for his thesis project).

When I think of the latest generation of Italian artists (some of whom are included in this catalogue) I realize that something has, in fact, changed. They're still undercover, clandestine, but now they grow up abroad or finish their studies abroad, they win scholarships, they speak other languages, they know their international peers, and they know how to handle a studio visit (even if, oftentimes, they don't even have a studio space). Basically, they're no longer "dunces" like their immediate predecessors, and perhaps not a single one of them is an opportunist. And anyway, it's still a good idea to steer clear of museums, since—how can I put this?—the scene there hasn't really changed much. Throughout the 1980s (and at the time you really could count all the museums with the fingers of one hand) institutions ignored the generation that was making a name for itself at the time, just as everyone in Bologna met up at the Link because, as the artists themselves said, the Gal-

leria d'Arte Moderna ignored them. No one yet has written anything, no one's done a book, or installed a show capable of representing the sheer complexity of that generation, the (supposedly) transitional generation (that's just another of those recurring banalities, isn't it? It's no longer even a complaint—it almost seems like historical fact). In the *Reader* we thought it would be necessary to take that as our point of departure (or rather re-departure), and try to describe the opacity—*ma flou*—of Italy today, starting from there. We'd identified those who were, in our estimation, the two most radical representatives of that generation, Alberto Garutti and Cesare Pietrousti. They were radical in their sheer decency: they were decent enough that the former chose to pursue a professorship (at the Accademia di Brera, Garutti taught most of my entire generation); and the latter—more well-known, and more respected by curators of my generation than of his own—virtually gave up making work.

We wanted to invite them to write something, to submit some images, to offer us some testimony that would give us an idea of the past and current landscape, a portrait of the time, a description of the cultural, social, and emotional scene; to frame our banality as if viewed through the filter of a vegetative life, through the quiet resistance—with no immediate, effective solution in sight—of an art that had disappeared in the daily intellectual practice, in the comprehension of everyday life.

We never actually made the *Reader* (there's time yet . . .). And anyway, even the catalogue for that show that had brought us together went to press with a maybe inevitable haste (. . . it was yet another *beautiful* Italian catalogue?).

"What can you do?"

DO?!

I wouldn't know, aside from just following the

(more or less) sincere techniques of disappearance and reappearance of certain artists and, in
the meantime, the meanings that some of them
are making. Alberto, Ian, Giorgio, Giulia, Meris.
Picking one (as we did—Chus Martínez and I)
means picking them all, and brings all this with
it . . .
. . . Action's pensive quality.
. . . Possibilities that lie outside the present time,
moving on from here.
. . . Putting some distance between ourselves
and all that is *now* expected of us.
. . . A foundational alternative that, conversely,
doesn't expect any recognition, *for now*.

Among the many materials we were gathering
for the *Reader*—before we were interrupted, as
is about to happen again—we'd filed the text
you'll find here, printed on the following pages;
it's a story, a declaration of sorts, etc., that,
banally, didn't have much impact, and *left things
as they were*.

Untitled (Letter to A.)

Dear A.,

I've repeatedly promised myself I'd begin this exercise, but something always interrupted me. And yet the thing that was getting in my way lay right at the heart of the exercise's real necessity. So I do hope you'll excuse me for this text, full as it is of fractured thoughts, so full of stumbles, and yet so lacking in real solutions.

Once again I'm standing still—intellectually, this time—in front of that same old hurdle that blocks our action: we need structures that would channel our energies, instead of letting them dissipate, but in order to build such structures we'd need all the energy that this disorganized daily struggle robs us of. We urgently need something, little as it may be, *from outside*—something to grip onto as we try to lift ourselves up by the bootstraps, all together and everyone for themselves.

We're calling upon this *outside something*, trying to conjure it up.

Like in a spiritualistic session, like in a séance, we study the insurrections of the past in order to bring them closer to our own vocabularies, our own bodies—even if, in the end, they remain distant from both heart and mind.

In order to write this text that talks about the relationship between art and struggle, I'd need a foreign language within my own language—the language of the acrobats and mimes who dance on the high-wire and keep fighting—whereas I only have little scraps of usurped words that I'm forced to sew around all these problems.

Like, for example, the problem of no longer being able to even dream of crossing the bridge between art and life—if there ever really was such a bridge—without falling into the hands of the law.

And the problem of not even being able to admit to the current state of things without falling into cowardice or depression.

When people used to name the enemy (capitalism, imperialism, the patriarchal system, globalization) they were just inventing yet another reassuring, binary *Other*.

We participated in order not to participate. (In the struggles, and not in work; in militant dynamics, and not in class-based society.) We wanted to be different, *other*, so that everything we hated would become something *other* than us.

De-subjectification was a logical and performative means of putting everything at a distance.

When we couldn't change the aspects of reality that hurt us the most, we transformed ourselves into an unassailable mass, bypassing all moralizations and revealing the political aspects of illegality and crime.

We became outlaws, drug addicts, prostitutes, perverts, violent criminals and—inevitably—thieves, because private property and the affections that keep it going are the justification of all other oppression. Prison was a necessary stop because prison is always inflicted, and is in some ways part of a separation from the workaday, mediocre world of twentieth-century "wellbeing."

And then a problem arose in this process of becoming.

The way in which the outcast-others[1] mixed in with us—those who hadn't politically chosen their exclusion, but were instead subjected to it, since they'd found themselves denied even the initial choice of a solid position—left us want.

Actually, it's not that it left us want; in truth, it was unbearable, both for us and for them.

It was totally insufficient.

It was unsatisfactory because the outcast-others continued to feel they were *other* than somebody, and felt they had a right to make it weigh on us, since we always had to bear the weight of everything that separated us—everything that, instead of being the engine behind the revolt, became and additional break to our kinetic movement. Those who suffer are less productive, even when it comes to social subversion—or so said the movements, so said psychiatry and professors. Amen.

And that's where we ran up against the limit of our abilities, of our free will, fueled by dogmas that were, deep down, secretly democratic; the limit of not being able to change ourselves without a social uprising that could sweep away all the poisons of judgment and moderation, the plague of the idiotic, brutal comparison, these behavior police.

Our refusal to participate in the process of revolution "as we ought"[2] was something we'd inherited from the 1970s. And yet the permanent postponement of satisfaction in a world that already offered so few chances of enjoyment had transformed the "militants" into ascetic figures, incapable of contaminating anyone else.

The choice of the Margins as the place from which to spread our commitment ended up being an "ought-to" situation similar to the one we'd already refused, and was perhaps even more insidious. At times the only reaction to our gestures capable of certifying their political nature was repression.

It was as if society were plasticized, and now not only couldn't be infiltrated, but also changed us more than we had ever been able to change it.

Anyone who refuses armed combat sets out already downed by the military arm-wrestle against society. Anyone who accepts armed combat accepts being alone in the battle, because he knows that not only do his companions not like weapons, they're terrified of them.

And we—once we were out of the floodtide of such movements—were also isolated, prisoners of our identity as castaways, a quickly forgotten episode.

If we didn't like staying in the space we'd chosen for ourselves, it was always the fault of someone or other; we never blamed the enemy who'd forced us into a social oubliette of sorts, condemned us to inbreeding.

We became the survivors of an unrecorded incident, veterans of an imaginary Vietnam, full of stories nobody was interested in. Oppressed by the need to adapt and content ourselves with the present in order to better destroy it, we were forced to live together.

(I'm sorry for using all these metaphors, and for all the ones to come, those I won't be able to stop myself from writing: I know that weaving metaphors is tantamount to exposing language's insufficiency, reconstructing stories when what we really need is some logic. Using metaphors is ultimately like admitting to a lack of concrete examples, admitting one's discomfort with history. Or even just a bourgeois modesty, an inability to tell it like it is—not always so literary, not always so linguistic.)

The conclusion we were forced to reach is that privileges cannot be cancelled out simply by renouncing them. There's still a separation, and it's still linked to our very decision to renounce—a noble choice given only to the few, a reversible choice by way of its nobility. The privileged ones who expose themselves to the danger of going against society, who accept the risk of living in society's interstices, manage to capitalize on this estrangement and can often—because they're stronger and more capable—make it back into the social milieu they'd left behind.

Rather than reinforcing a belief in class determinism (i.e. that a bourgeois can never really fight with the same sincerity a proletarian can), this fact dangerously rattles it.

If it's true that by de-subjectifying yourself in the Margins—in lieu of any real revolution—you change neither yourself nor society, then it's also true that the joys and privileges you can enjoy in a world that's still capitalist are pleasures based upon the subjugation and sacking of others, antisocial pleasures that serve only to separate further; in the end, they're bestial pleasures, no matter how refined they might seem.

The Margins that are these battles, with all their shortcomings, are still a better space, a source of creativity, a luxury of sorts—an Eldorado lost *a posteriori*, that legendary City of Gold that crumbles after the fact for those who've come back home but are refused, those who can't return without being turned away again.

But the problem is that if the end goal is to rid ourselves of our internal bourgeois, or (to be more precise) rid ourselves of the petit bourgeois within, it simply can't be reached by mimicking its opposite, gesticulating in a flurry of social self-destruction. It can't be done just by thinking of the petit bourgeois as a distracted audience to be converted, scandalized, or shocked.

In 1968 a series of battles came to an end, along with a range of possible subjectifications that then became not only a new way to sell perfumes, clothes and everything else, but also left us—from a human, "ought-to" point of view, not just the social point of view—in a situation quite similar to the one that led to abstraction within the broad landscape of art history.

The prescriptive nature of all revolutionary theories—and note that here I'm doing without quotes, and not including any citations, in order to be in keeping with the poverty I'm describing—now sounds pathetic and unrealistic because they always come too late, amid myriad other, immediately effective prescriptions imposed on subjectivity by commercial, market-based suggestions.

Corporations are, above all else, producers of already-possible worlds, and then they go on to produce the instructions for how to best use those worlds.

The idea of a politics of means without end—which could have the goal of rehabilitating and reinstating human beings while simultaneously disqualifying the political machines that now entirely consume life—remains a fantasy. Maybe that's because a politics that promises a realm of pure immanence by which to elevate ourselves overshadows the fact that this realm is colonized by ever-newer goods, more and more stuff to occupy all the space we might use as a grip, continually sweeps away "the possible" that we could use to lever ourselves up, and leaves everything beset with fetishisms, bogged down by mistaken desires.

Economic and social unrest are no longer that *outside something*, they're no longer, for now, that energetic zone that seemed capable of creating a battle working to change the planet's inhabitants, and make it so that the planet itself would be changed. Knowing that fact fills us with pain, but not with strength.

And neither unrest nor pain is capable of creating a world anymore. In liberal democracies—just as it already was under totalitarian regimes—we've roamed beyond any lyrical or even tragic realm, we've strayed out of expressionism, and are now in full economic abstraction. Every image of death and destruction is—for the powers that be, and soon for us, too—as figurative as a monochrome painting. Realism has always been a question of translation, a construction built of codes, but to believe in reality now we would need images and words that are freer from the present time, because the present is made up of sellable goods and the affections that stem from them.

There are other problems that block my way, that paralyze me, and they're even more dangerous because they live within the relationship between subversion and knowledge. If it's easy to criticize the concept of the accumulative, mnemonic culture that informed the grand old bourgeois and its schools, it remains rather difficult to understand why radical political movements can no longer rifle through the fragmentary, precious databanks of the avant-gardes.

The avant-gardes (may they rest in peace), with their present-day procession of "museum-ification," for the past forty years (and maybe longer) have merely been a sophisticated synonym of surplus value.

And then I immediately recall the diffidence with which free-thinkers looked at post-punks in the 1990s: "they're all trustfundafarians," they'd say, as if the "defunctionalized" revolt, emancipated from the activist calling and focused on the existential realm, were an unacceptable luxury. As if the refusal to go to work always had to be converted into a form of productive combat through subversion and socialization, as if working to create the right conditions for revolution were an activity just as linear and progressive as salaried work, just reconfigured to move in the opposite direction . . .

Indeed, the term *avant-garde* remains a dead term, an undesirable luxury good, because its use-value remains unknown. It's like saying that the only paradigm we have for passing on our knowledge is the university, with its closed system of power and compromise, but above all with its tacit agreement to never effectively apply the knowledge created, accumulated, and passed on there.

As huge barricades placed smack between art and life, between knowing and living, as cathedrals erected to honor the glory of mental masturbation, the universities that are still independent of the market—the universities that were supposed to offer research-seeking kids asylum from the hell of commercial goods, at least for a few years—no longer hold any conflict between their productive walls, and beat up the kids who ask too many questions.

After 1968 the universities showed themselves for what they really are: the infected carriers of humiliation and social reproduction, police barracks built to hold back any desire for political action, tombs reserved for militant intellectuals.

Transmission of knowledge, discussion, and study thus became incapable, at a certain point, of acting as positive, utterly un-commercial chances for socializing and reinforcing one's beliefs. If there's anyone who survived in "academia," figuratively speaking, they're the ones who took on a lower exchange rate and lost any use-value they might have had.

Knowledge exists: it's stone-dead, between countless printed pages, and there's no one left who can bring it back to life and let it reach out to—and ultimately transform—new bodies.

That said, we once again find ourselves falling down the stairwell of history, past story after story, to land right back where we started. It's from right here that I write you, or am trying to write to you.

At a certain point, somewhere in the 1980s, I remember we lost any notions we'd had of culture. Not that its meaning and sense had been lost, but rather that we lost the instructions telling us how to use it. We forgot that culture cannot be produced or assimilated, with everyone shut tight in their own contemplative fortress, but that it comes instead from the establishment of a compatible social relationship with the political truths that fuel its soul. Cultures only exist in the plural, and are activated not so much by study as by having kids, making friends, cultivating loves that help make us understanding, active human beings. It's our everyday, reciprocated behaviors that no longer allow us to spend an entire afternoon reading Lenin or Foucault and then turn that experience into something really, immediately subversive. Culture is a permanent criticism of the concept of "heritage," so why is it, then, that ideas about *belonging*, about *the state*, about *imposition* keep cropping up every time anyone mentions culture? This is more than just a revolver pointed right at us, this time we're facing an entire nuclear arsenal.

Sure, you can respond by telling me that we're living in violent times. And that violence lowers the level of debate because it takes the place of the word, it brings bodies back to the fore, physical bodies in all their fragility and inadequacy, reminding us how much—and just how—we're really governed. But it also reminds us that abstraction shouldn't feign, pretending to take on the urgency of dire need, the abjections of racism, of chauvinism, of the continuous affront to childhood perpetuated upon us all, every single day.

Abstraction should allow us to think further ahead, allow each of us to carry the full weight of our insufficiencies—but to do so without feeling any more shame; it should fight against the force of gravity, and keep us from slipping up. Maybe that's what's at stake in contemporary art—like inexperienced jugglers who toss torches around according to some logic of survival without any choreographic rigor to it; that's what we're trying to do, without getting burnt. But art isn't a refuge, nor is it a position or an attitude: it's just a job. This should always be kept in mind, and when anyone says "artists," they should say it just the same way they say "doctors" or "drywallers."

As a friend of mine always said, the problem is never repression—the real problem is fear. The problem isn't taking the blow, because once you've been hit you're strong enough to stand it; the real problem is to live life and successfully avoid getting hit—to live trying to dodge the blows—but often you have to take them just the same, losing not just your health, but your dignity as well.

Claire
Paris, March 22, 2008

1. Trans. note: here the author uses the term *altri-esclusi*, literally "others-outcasts." Unhyphenated, *altri esclusi* would be "other outcasts," yet because the author has coined a multifold term, implying "others," "outcasts," and "other outcasts," I've translated it here as the compound "outcast-others."

2. Trans. note: I have translated the author's use of *dover essere* as "ought;" in this and the succeding paragraph "ought" is placed in quotes, as *dover essere* originally stems from Hume's "is-ought" problem in meta-ethics, and must therefore be distinguished from the straightforward, more general English use of *ought*.

Giorgio Andreotta Calò

13 novembre 2008

Anche oggi piove, piove forte, fa freddo.
Inizio a scrivere… 17 giorni alla consegna di questo progetto.

Non è questo un testo progettuale, non ho né lo spazio né il tempo ora per descrivere un progetto.
Piuttosto si tratta di una dichiarazione d'intenti.

Tutto chiaro in testa.

Ho avuto una *visione*. Anni fa, dentro uno dei *miei* edifici abbandonati.
I vecchi generatori di corrente nell'area dell'Arsenale di Venezia.

Come trasmettere una visione? E poi, come restituirla alla realtà, darle forma concreta?
Questo il punto.

La riflessione sul progetto dilata il tempo che porta alla formalizzazione dell'opera.
In equazione, una forma tanto semplice e chiara diventa quel complesso e faticoso *cammino*
per raggiungerla e definirla.
Dare spazio fisico a questo *cammino*, alla processualità; tradurla, trascriverla, trasmetterla è,
come in autoanalisi, aprire una porta alla comprensione di se stessi e del proprio lavoro.
Che sono poi una cosa sola.

Porsi un obiettivo.

Ricordo che per due mesi e mezzo ho camminato. Ogni giorno dall'alba al tramonto
ho camminato.
Bisogna porsi un obiettivo.
Oggi, l'immagine che ho in testa, questa visione, è l'obiettivo verso cui vuole andare la mia futura
ricerca.
Trascrivere questo lungo processo che nelle sue diverse fasi porterà a dare forma a quest'immagine,
è il mio progetto per questo premio.

Sono uscito con un pescatore a tirare le reti.
Mi ha messo un'anguilla tra le mani.
Un'anguilla ti sfugge continuamente.
Continuamente mi scivolava via senza che riuscissi ad afferrarla.

A volte l'arte non riesci ad afferrarla.

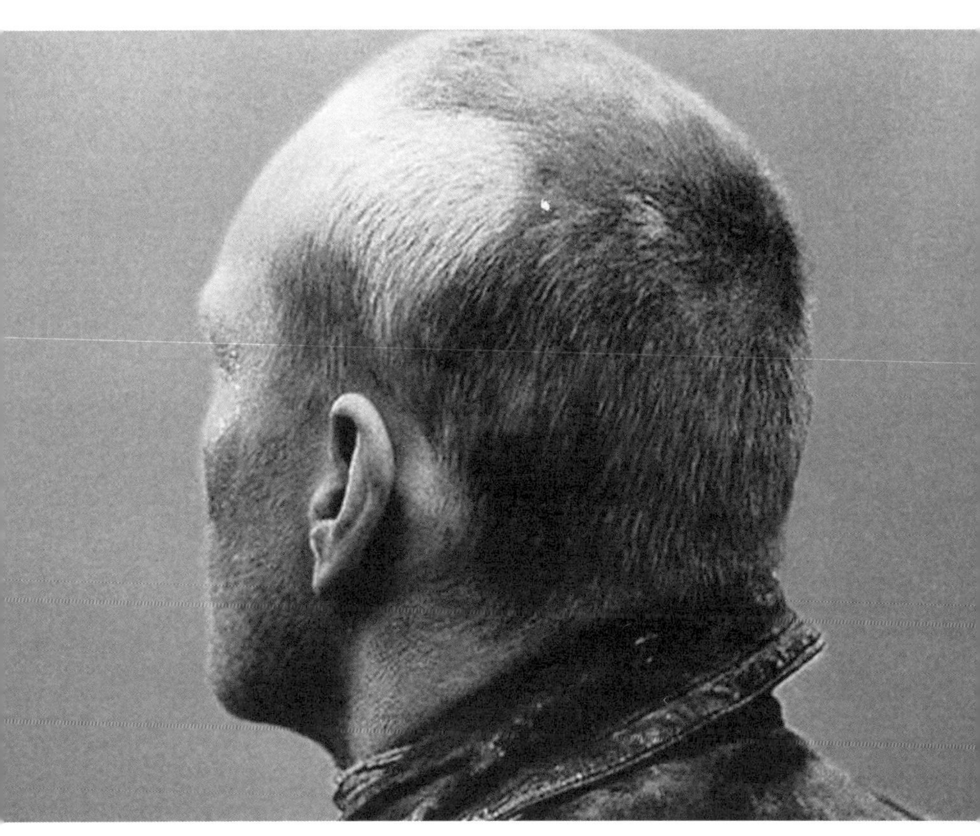

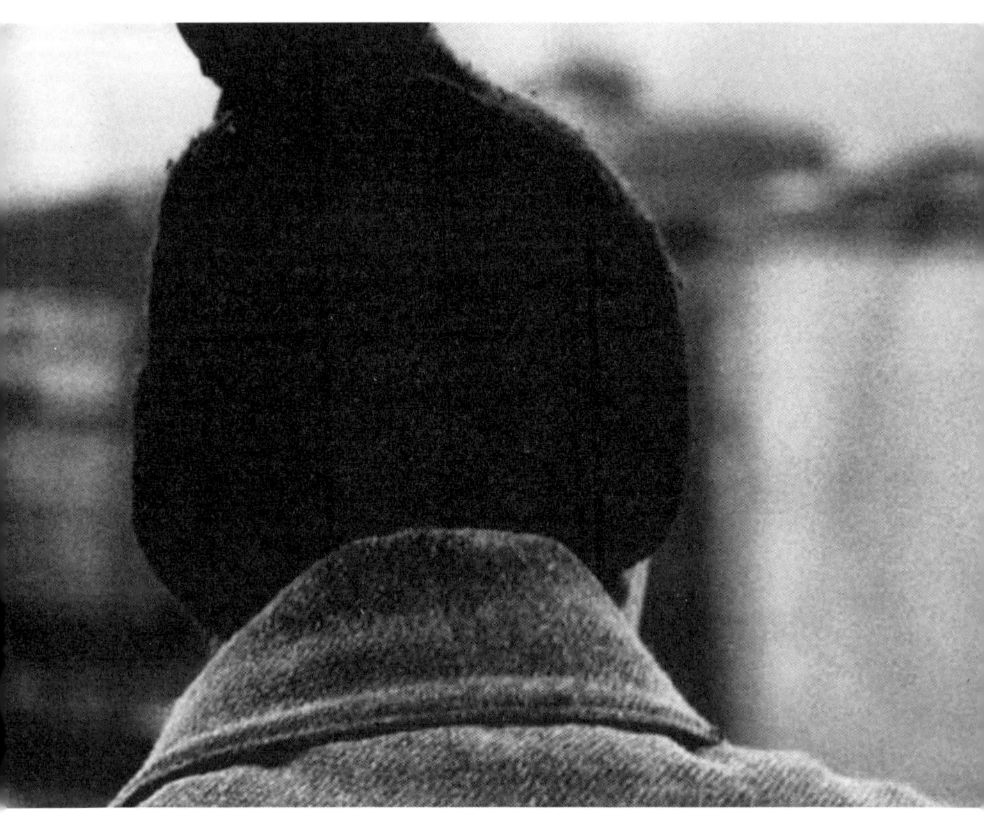

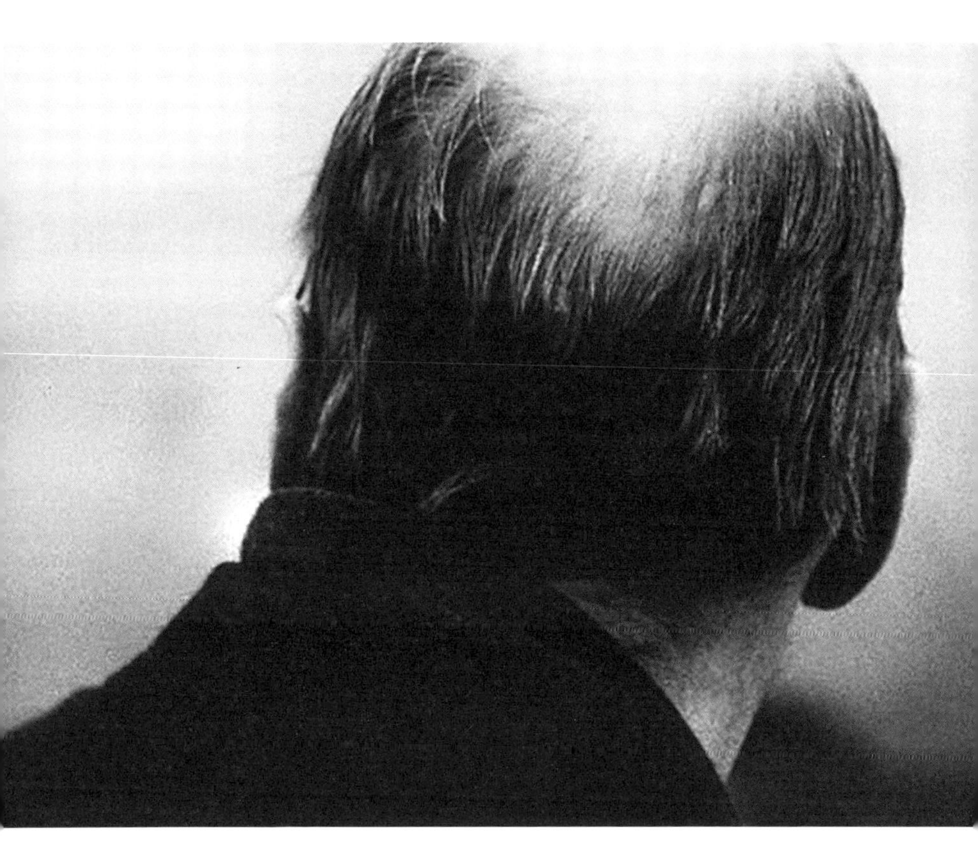

Ieri sera, in biblioteca, ho preso in mano un libro.
Scolpire il tempo, del regista Andrej Tarkovskij.
Nella premessa, critiche feroci, o elogi appassionati, raccolti nelle lettere inviategli dal pubblico.
Come leggere dunque la complessità di un'opera?
Se è forte la percepisci. È un fatto istintivo e viscerale.

Questo probabilmente ha spinto Tarkovskij a scrivere il Suo libro.
Analizzare e chiarire la Sua posizione rispetto al mezzo, il Suo compito come Artista, la Sua visione del mondo tradotta in Cinema.
Questo libro diventa appunto lo strumento per leggere i Suoi film.

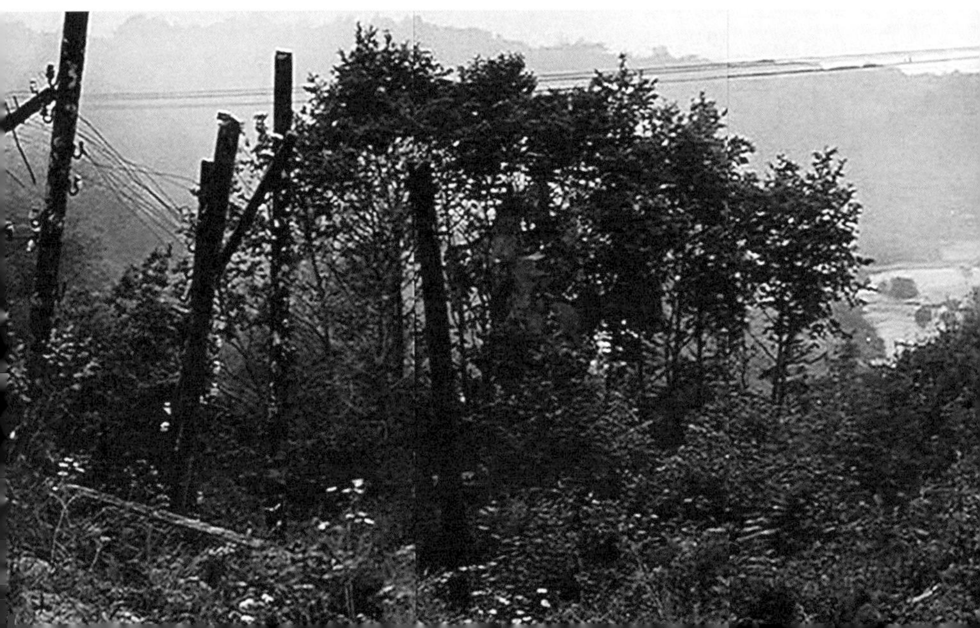

Ho rivisto *Stalker*.
Di nuovo ho avuto l'impressione che il viaggio nella *Zona* proibita fosse in realtà una proiezione mentale dei tre personaggi che l'attraversano.

Ma il film è così reale, è così possibile.

La *Zona* oggi potrebbe essere Chernobyl.
Il luogo dove poter realmente vivere l'esperienza raccontata in quel film.

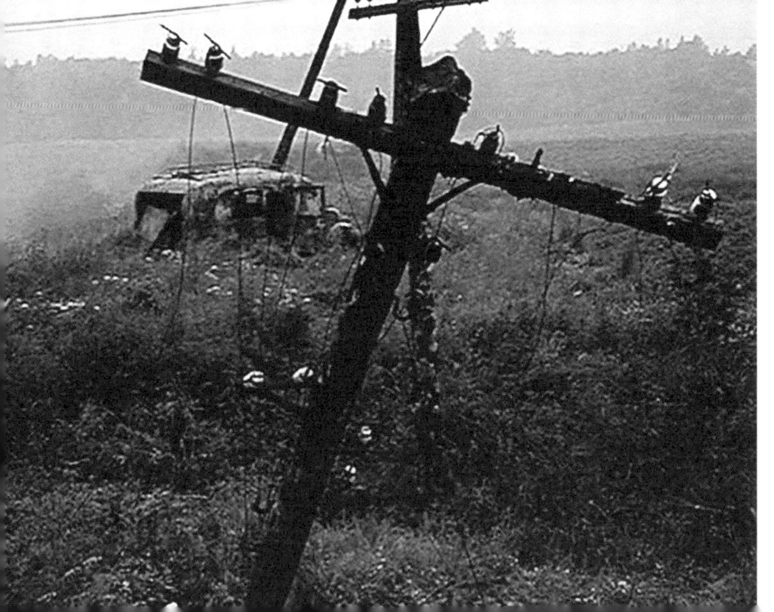

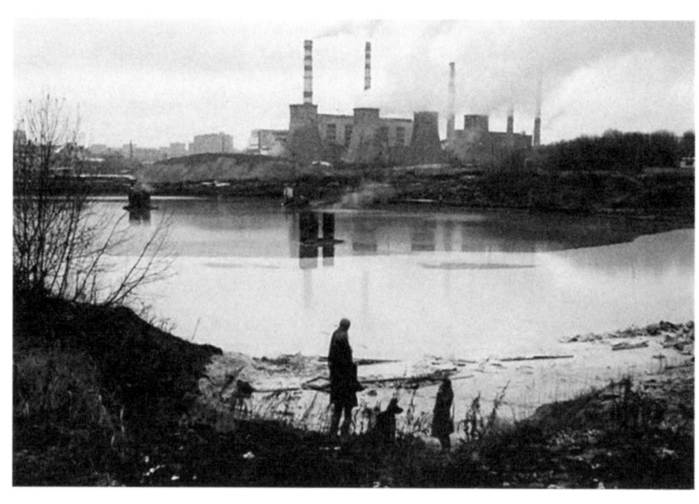

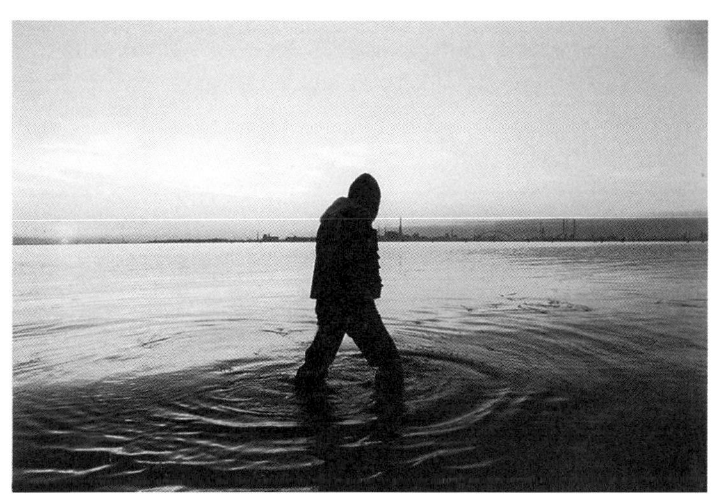

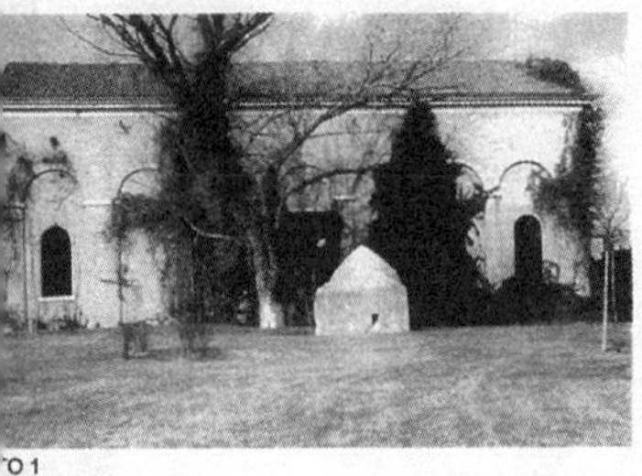
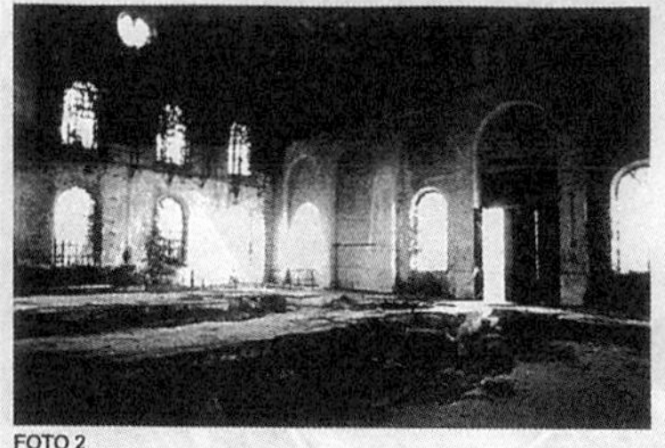
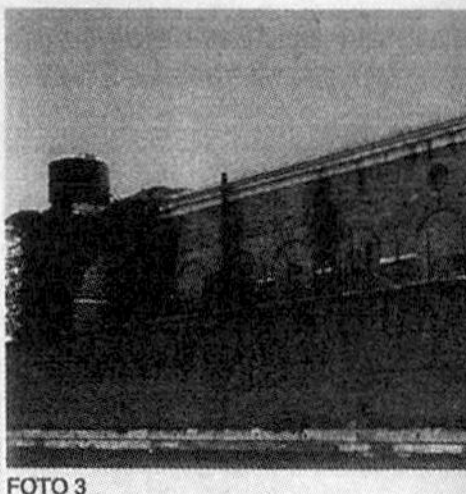

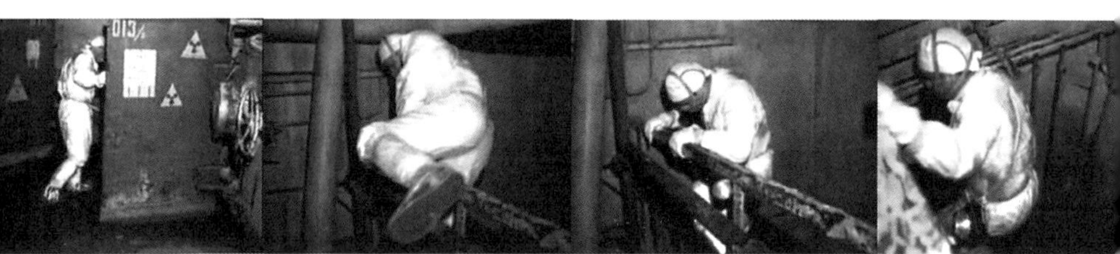

Se guardo al mio lavoro, agli interventi finora realizzati, sono pochi quelli che nella loro forma finale hanno potuto superare la contingenza del presente. Del qui e ora.
Si sono rivolti ai presenti.

Ciò che fa rivivere questi lavori nel tempo è la loro cristallizzazione.
Ciò che li rende possibili è quella ricerca, quel percorso progettuale, che il più delle volte resta nascosto dietro alla forma finale raggiunta.

È questo che vorrei tradurre e trasmettere.

Servono gli strumenti.

Un mezzo che raccolga e documenti insieme riflessioni, scritti, frammenti, esperienze reali, compiute nel tentativo di raggiungere l'opera, quella *visione*, nella sua forma finale.

Un libro che fa dell'avvicinamento all'opera, il suo contenuto.

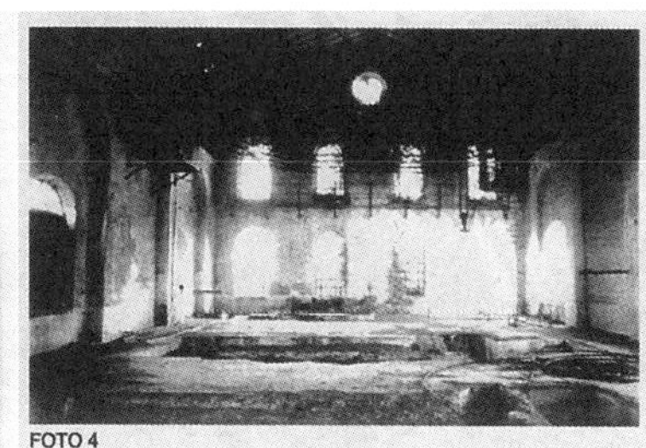

FOTO 4

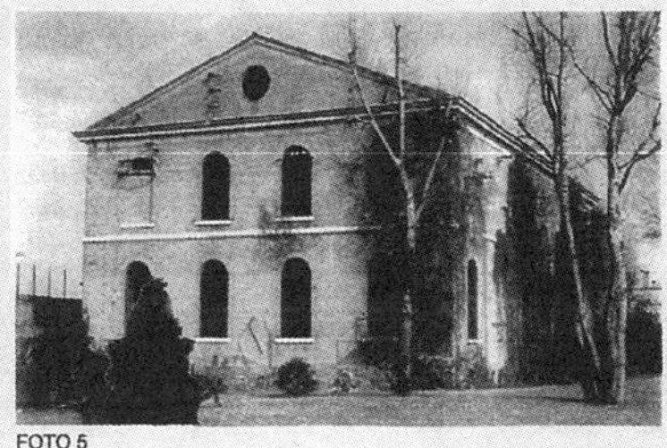

FOTO 5

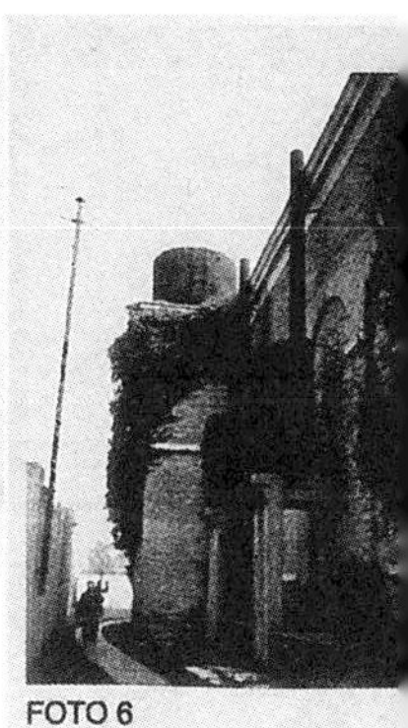

FOTO 6

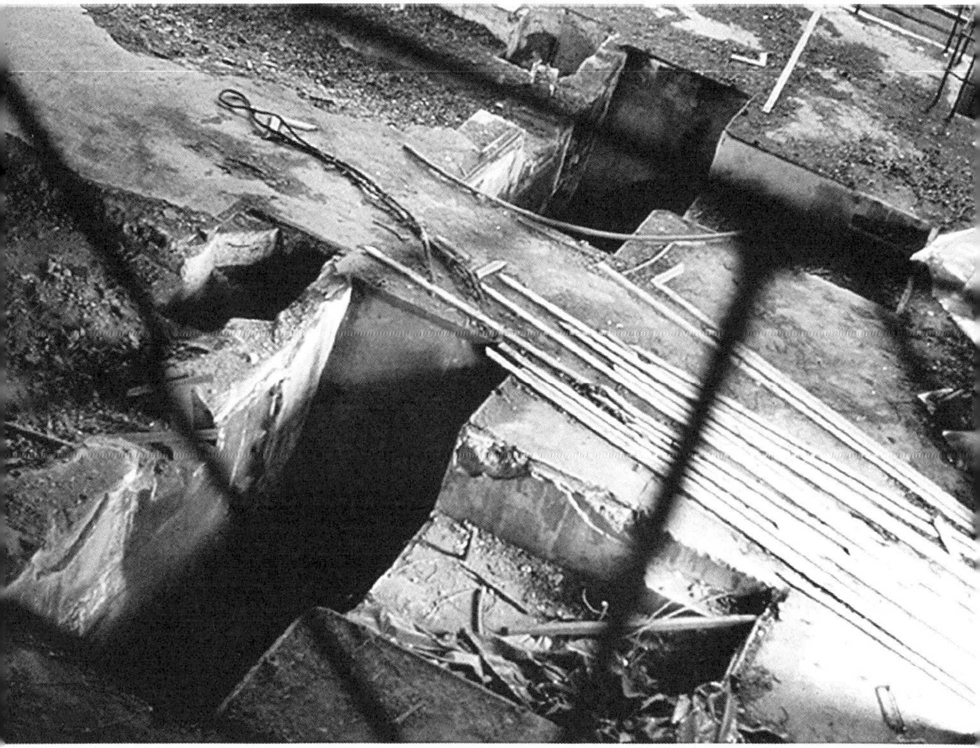

Again today it's raining, raining hard, and it's cold out.
I'll begin to write . . . seventeen days until this project is due.

This isn't a text for planning the project, I have neither the space here nor the time now to describe a project.
Rather, this is a declaration of my intent.

Everything is clear in my head.

I had a *vision*. It was years ago, inside one of *my* abandoned buildings.
I saw the old electric generators around the Arsenale in Venice.

How can you transmit a vision? And how can you then bring it back and make it a reality, give it a concrete form?
That's the whole point.

Reflection upon this project effectively expands time—the time that leads up to the work's formalization.
In equation, such a simple, clear form becomes the complex, tiring *march* en route to reaching and defining the work.
The goal is to give this *march*, this process, a physical space: translating it, transcribing it, and transmitting it are—like in self-analysis—steps paving the way for a comprehension of oneself and one's work. The latter are, ultimately, one and the same.

It's to set yourself an objective.

I remember walking for two and a half months. Every day, from dawn to dusk, I walked.
You have to set an objective for yourself.
Today, the image I have in mind—this vision—is the objective toward which all my future investigations want to head.
My project for this award is to transcribe this long process that, in all its various phases, will help me give this image a form.

I went along with a fisherman to pull up the nets.
He put an eel in my hands.
An eel always squirms away.
It kept on slipping away from me, and I couldn't get hold of it.

Sometimes you can't get a hold of art.

Yesterday evening, at the library, I picked up a book.
Sculpting in Time, by the film director Andrej Tarkovskij.
The preface included ferocious criticism and impassioned praise recorded in the letters he received from the public.
So, how are we to read the sheer complexity of any given work?
If it's strong, you get it; it's an instinctive, visceral fact.

That's probably what led Tarkovskij to write His book.
He wanted to analyze and clarify His position with respect to His medium, His task as an Artist, His vision of the world as translated in Cinema.
This book becomes a tool for reading His films.

I watched *Stalker* again.
And yet again I got the impression that the voyage into the prohibited *Zone* was, in reality, a mental projection of the three characters passing through it.

But the film is so real, and so possible.

Today, the *Zone* could be Chernobyl.
It would be a place where you could really live out the experience retold in that film.

If I look at my work—at the things I've done to date—there are only a few that, in their final form, managed to go beyond the contingency of the present, of the here and now.
They looked to the *presents*.

The thing that makes these works survive over time is their crystallization.
It is that investigation—that planning phase, the project's march forward—that makes them possible; more often than not, all that remains hidden behind the final outcome and its form.

That's what I'd like to translate and transmit.

I need the right tools to do so.

I need a medium that can bring together and document all these reflections, writings, fragments, and all the real experiences I've had during this attempt at reaching the work, that *vision*, in its final form.

A book that brings you closer to the work, and to its content.

pp. 45, 46, 47
Lo Stalker; Il Professore; Lo Scrittore: fotogrammi
dal film / photograms from the movie *Stalker* (1979)
di / by Andrej Tarkovskij

pp. 48-49
La Zona: composit di fotogrammi successivi dal film /
composition of a sequence of photograms from the
movie *Stalker* (1979) di / by Andrej Tarkovskij

p. 50
fotogramma dal film / photogram from the movie
Stalker (1979) di / by Andrej Tarkovskij

p. 51
Giorgio Andreotta Calò, Laguna Sud, azione /
action, fotogramma / photogram 23
Photo: Timea Anita Oravecz e / and Giorgio
Andreotta Calò

pp. 52-53 in alto / top
Ex Generatori, Venezia, Arsenale
sequenza fotografica / photo sequence

p. 52 sotto / bottom
Progetto Humus
fotogrammi dal video documentario / photograms
from the docu-video *Chernobyl: Viaggio all'interno del reattore*

p. 53 sotto / bottom
Ex Generatori, Venezia, Arsenale
particolare delle vasche di alloggiamento delle
turbine / detail of the turbine engine tanks
Photo: Giorgio Andreotta Calò

Francesco Manacorda
Raimundas Malasauskas

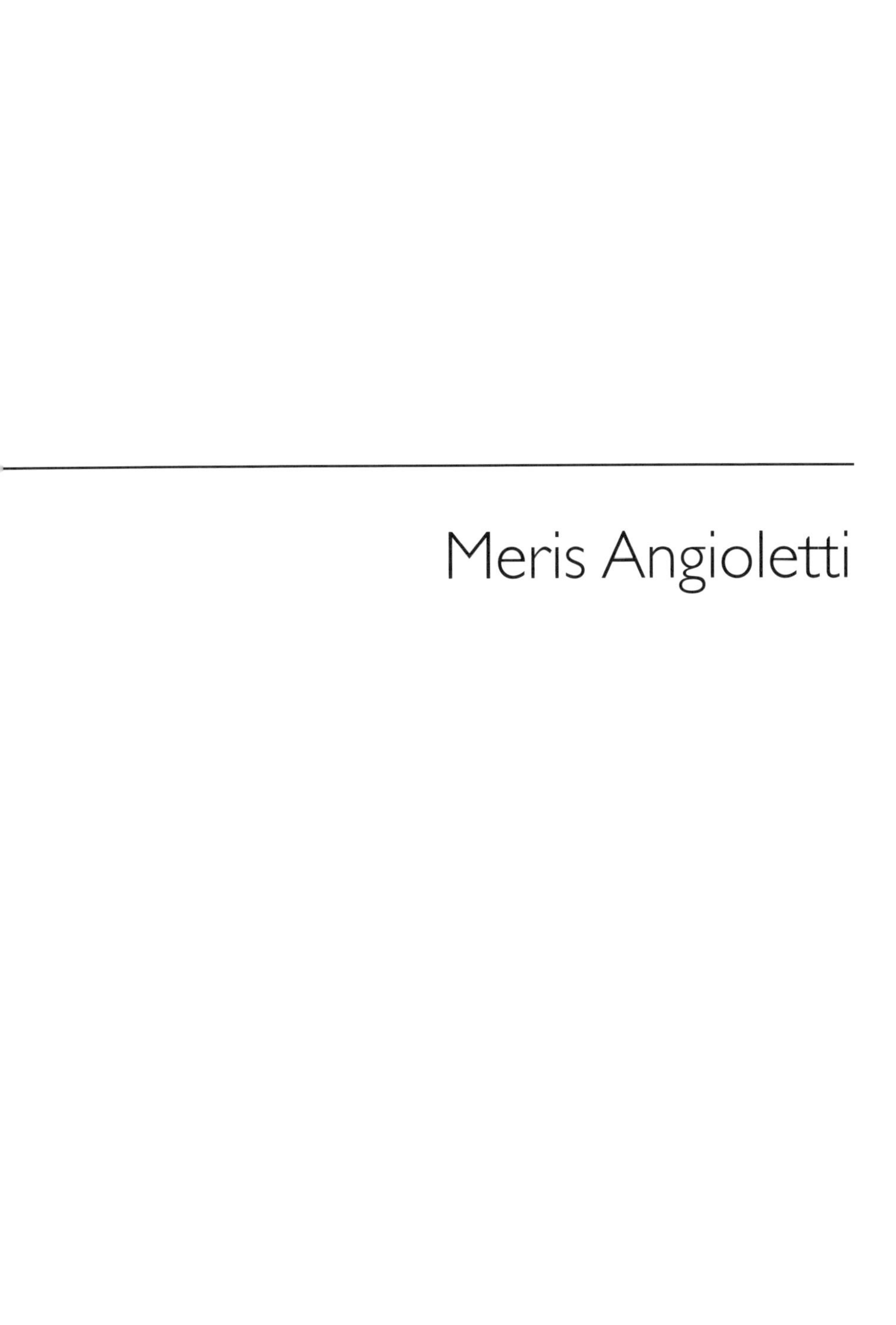

Meris Angioletti

Conversazione sui premi

Francesco Manacorda
Raimundas Malasauskas

Francesco Manacorda: Credi nei prezzi?

Raimundas Malasauskas: Quando non riesco a capirli, insomma, quando vanno oltre la sfera della razionalità, non posso far altro che crederci.

FM: Intendevo chiederti "credi nei premi," ma il mio "lapsus" freudiano (o meglio, di tastiera) vale lo stesso, se vuoi mantenerlo.

RM: Credo anche nei "lapsus". Tu credi nei premi?

FM: Penso che possano essere utili per l'artista in termini di esposizione e per motivi economici, ma non amo la competizione che presuppongono. Ritengo che sia in disaccordo con la natura discorsiva della produzione artistica. Sotto certi aspetti, penso che dialogare sia un obiettivo migliore che innalzare qualcuno al di sopra della folla.

RM: La funzione dei premi è proprio quella di stabilire questo divario tra il presunto apparato di meritocrazia rappresentato dai sistemi nazionali per la concessione dei premi e la schizofrenia del mercato. Tuttavia, i premi sono più antichi di entrambi: quasi regali, come il diritto di far parte del sistema specifico che un monarca ti concede. E poi i premi aprono altre porte.

FM: Questo potrebbe essere ciò che mi mette a disagio: il fatto che i premi implichino un meccanismo di inclusione e quindi di esclusione... Anche se chiunque partecipa alla selezione può raggiungere lo stesso palcoscenico anche passando dalla porta sul retro, e chiunque vince può ritrovarsi buttato nel trabocchetto.

RM: Sì, le porte possono solo portare ad altre porte.

FM: Penso che anch'esse abbiano dei meriti. Nella carriera di un artista possono consentire a più persone di essere informate sul tuo lavoro e

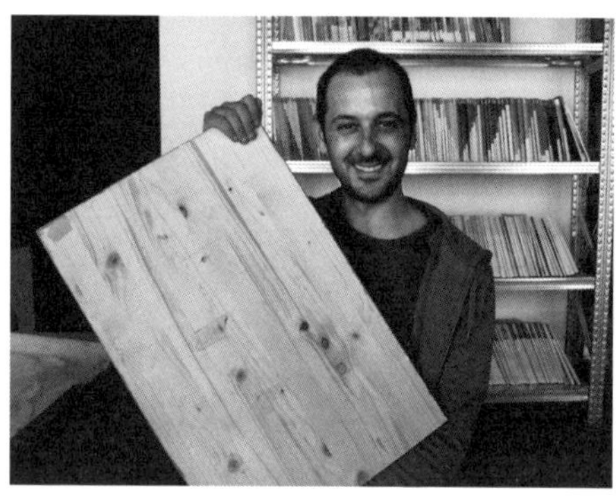

pp. 58-61
Immagini dell'incontro tra gli artisti selezionati e i curatori Raimundas Malasauskas e Francesco Manacorda. Ogni immagine è stata scelta con gli artisti per ritrarre la conversazione.
Photo: Raimundas Malasauskas

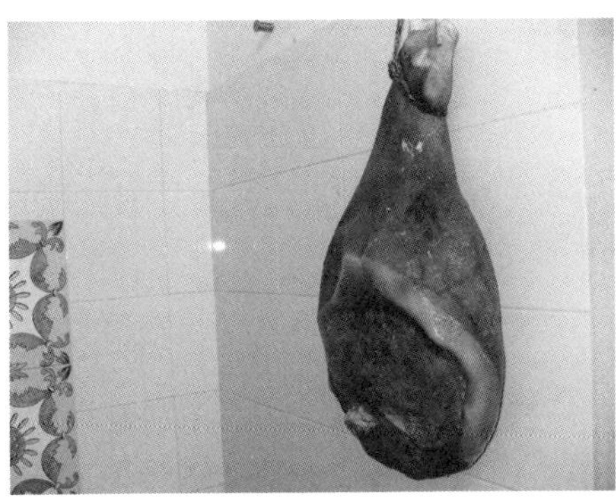

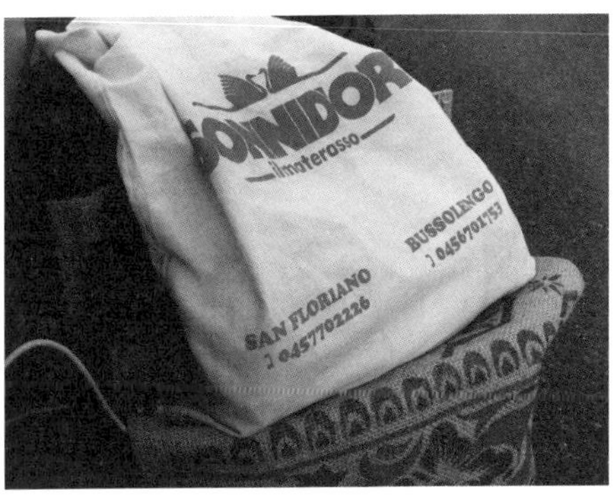

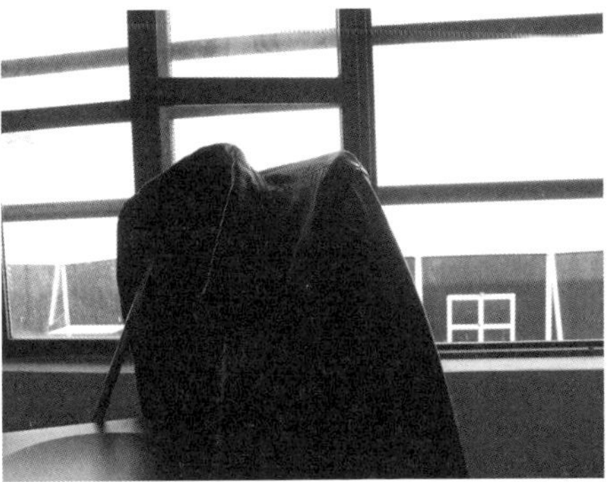

possono metterti in grado di realizzare un sogno nel cassetto che non sei riuscito a far decollare. In questo senso, possono darti forza, offrono un'opportunità per testare idee in un ambiente piuttosto protetto.

RM: Sono d'accordo. Penso che l'aspetto migliore di un premio sia quando arriva inaspettato, specialmente se si tratta di un bel premio, perché alcuni possono anche fare danni. Ma forse qui sto parlando della combinazione di un riconoscimento e di un premio che potresti ottenere un giorno senza esserne consapevole. Se a quel punto sei ancora vivo, è una bella conquista.

FM: Una volta ho ricevuto un riconoscimento del tutto inaspettato per una ricerca curatoriale. Non sapevo nemmeno di essere stato incluso tra i candidati. Non comunicare la lista dei candidati e annunciare il conferimento del premio solo alla persona che lo riceve è una buona cosa, se si vuole evitare la sensazione negativa di trovarsi in una competizione.

RM: Una volta è successo anche a me. Hai fatto buon uso della somma che ti hanno assegnato?

FM: Ho viaggiato il più possibile per conoscere persone che altrimenti non avrei mai incontrato e per scoprire cose per le quali non sapevo di nutrire un interesse. È stata una sorta di avventura "wanderlust", di quelle che si trovano solo in un *Bildungsroman* di fine secolo. In qualche modo, non avendo un risultato da rendere pubblico alla fine, mi ha consentito di creare una serie di conversazioni che ancora oggi sono attuali (come questa che sto avendo con te, per esempio). Ero convinto che mi avrebbe consentito di realizzare un progetto a Beirut, che però non si è mai materializzato; in realtà in seguito sono emerse idee per uno show completamente diverso.

RM: Che bella storia. Non so cosa avrei fatto se fossi stato in te. Forse, in realtà, avrei continuato a fare la stessa cosa.

FM: Ma se non sbaglio, tu hai ottenuto lo stesso riconoscimento, o no?

RM: Non intendo lo stesso come reiterazione di qualcosa che conosci già. Non si trova mai qualcosa di perfettamente uguale. È sempre un po' troppo uguale o troppo diverso.

FM: Ritengo che l'elemento di sorpresa migliore debba venire dall'imprevisto, come il nostro viaggio a Milano. Ci siamo messi in contatto con più di venti artisti e il fatto di conoscere persone, e di sorprendermi di alcune conoscenze dalle quali non mi aspettavo così tanto, mi ha reso estremamente felice.

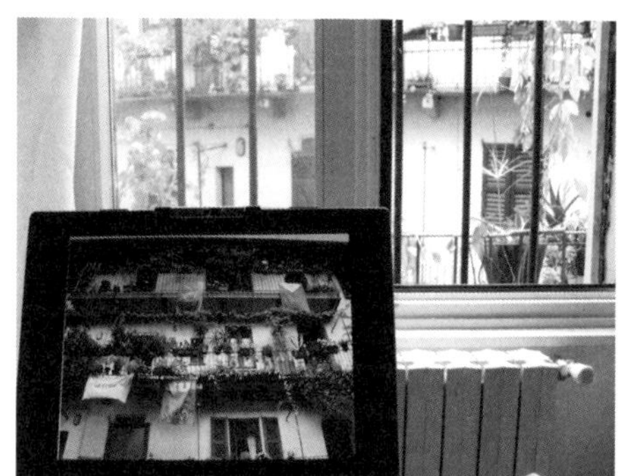

RM: Proprio così! Milano è una città stupenda! Adesso capisco perché volevi che ci andassimo. Come città è molto simile ad altre, ma quando inizi a elencarle, non ne trovi abbastanza.

FM: Intendi dire che vi sono molte Milano parallele?

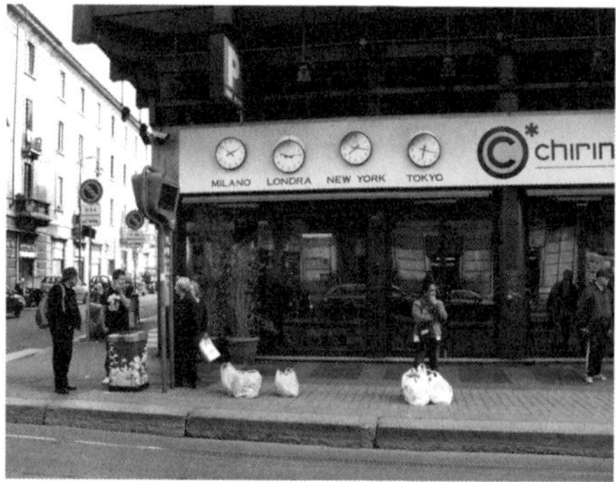

RM: Tantissime! A proposito, Alberto Garutti vive a Milano?

FM: Sì, e per certi versi ci siamo ritrovati a girare attorno a un nucleo assente: il suo insegnamento ha un tale impatto sulla scena. Mi sembra di averlo conosciuto in una sorta di incontro ravvicinato del sesto tipo, per vicinanza a persone che ha influenzato.

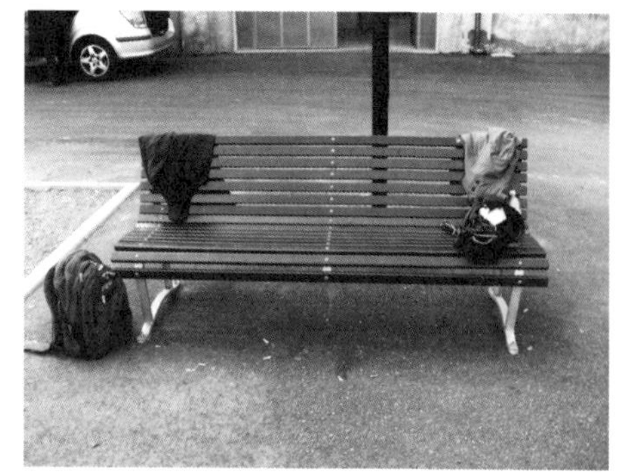

RM: Credo che la prossima volta dovremo veramente incontrarlo. Sono rimasto molto sorpreso dal suo input educativo nel pensiero creativo di molte delle persone che abbiamo conosciuto. C'è un premio per il migliore insegnante di arte in Italia?

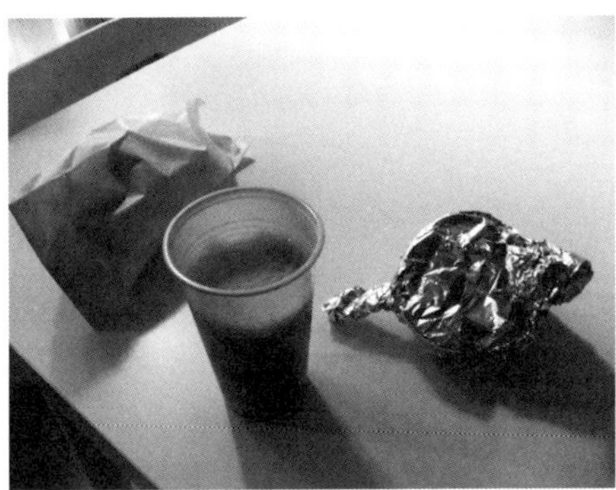

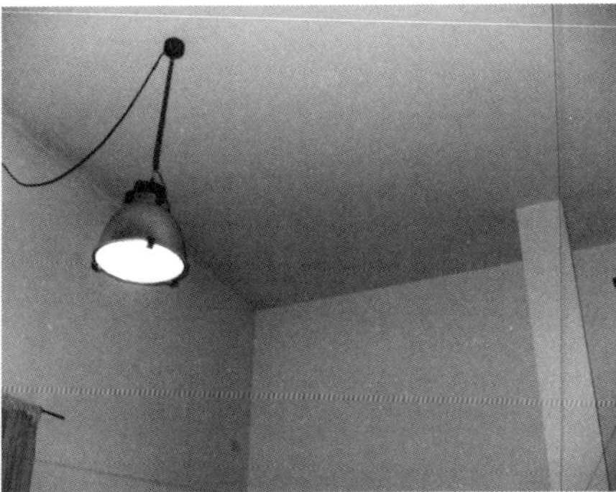

FM: No, non penso

RM: Beh, non saprei, ma deve esistere un premio o un riconoscimento internazionale per il migliore insegnante d'arte. Quali sarebbero i criteri e il meccanismo di selezione per un premio o un riconoscimento di questo tipo?

FM: Credo che forse si potrebbe chiedere a tutti gli artisti di ogni biennale di un certo anno di nominare un maestro. Il premio potrebbe essere che i finalisti si incontrano per tenere seminari intensivi per due settimane in un luogo remoto. Non ci sarebbe alcun vincitore, ma solo una scuola temporanea, come l'idea per Manifesta 6. Sarebbe bello organizzarlo laddove queste figure non hanno esercitato alcun influsso.

RM: Sì, ricordo che dichiarasti che preferisci le figure internazionali che ricevono un premio regionale.

FM: Cosa hai portato a casa dalle nostre visite a Milano? Le tue ricerche o il tuo pensiero ne hanno tratto giovamento?

RM: Ci ho messo un po' di tempo per decomprimere l'esperienza. È magnifico fuggire dalla pressione dell'istantaneità e dell'ovvietà. Tuttavia, non so dove mi condurrà. Forse verso la stessa cosa o verso cose similari. Forse addirittura un giorno mi riporterà a Milano. La gente è stata gentile con noi. Vorrei che tutti ricavassero qualcosa da questo premio!

FM: Sono d'accordo, penso che si tratti di un grande successo, qualcosa che avrà un impatto a lungo termine più che un risultato verificabile nell'immediato. È una cosa che mi ritrovo ad apprezzare sempre più nella nostra professione.

RM: Anch'io.

A Conversation about Prizes

Francesco Manacorda
Raimundas Malasauskas

Francesco Manacorda: Do you believe in prices?

Raimundas Malasauskas: When I cannot understand them, well, when they are beyond rational realm, I can only believe in them.

FM: I meant to ask "do you believe in prizes," but my Freudian "slip" (or rather, keyboard) is good, if you want to keep it.

RM: I believe in "slip," too. Do you believe in prizes?

FM: I think they can be useful for the artist in terms of exposure and for economic reasons, but I resent the competition involved in it. I feel that this is at odds with the conversational nature of art production. In some way, I think dialoguing is a better goal than elevating someone out of the crowd.

RM: Prizes function in this exact gap between the supposed apparatus of meritocracy embodied by national grant systems and the schizophrenia of the market. Yet prizes are older than both—they are something almost royal, like the right to participate in the specific system that a monarch awards you with. And then prizes open other doors.

FM: That might be what makes me uncomfortable: the fact that prizes involve a mechanism of inclusion and therefore of exclusion . . . Although whoever participates in the selection might get to the same stage even from the backdoor, and whoever wins might get thrown into the trapdoor.

RM: Yes, doors can only lead to other doors.

FM: I think there is some merit in them, too. In an artist's career they can allow more people to become aware of your practice and they can enable you to realize a dream project that you

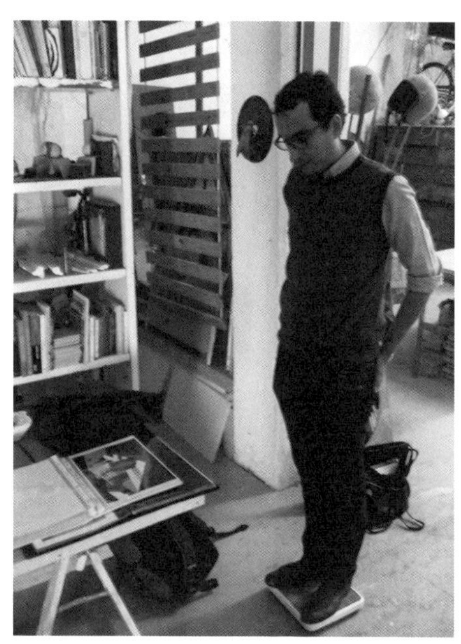

pp. 62-65
Portraits of the meeting between the shortlisted artists and the curators Raimundas Malasauskas and Francesco Manacorda. Each image was negotiated with the artists to depict the conversation that just happened.
Photo: Raimundas Malasauskas

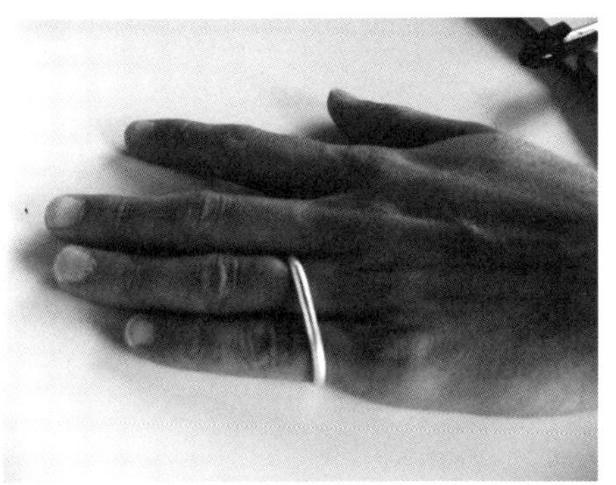

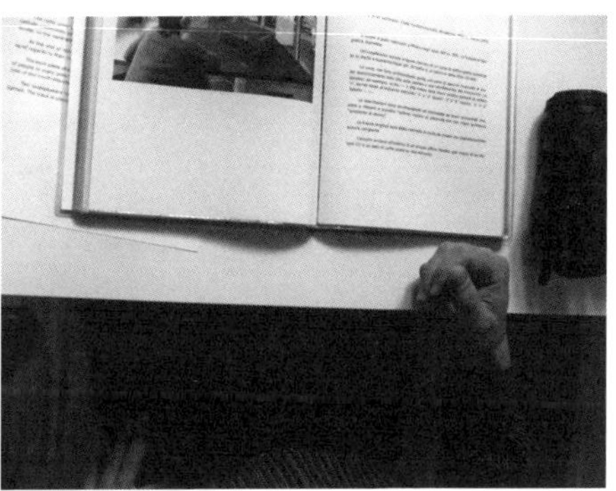

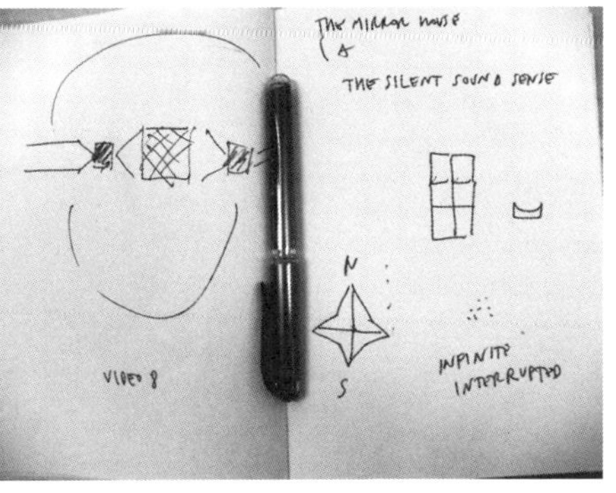

have not been able to get off the ground. In this way they can be empowering, they offer an opportunity to test out ideas in a somewhat protected environment.

RM: I agree. I think the greatest thing about prizes is when they come unexpectedly, especially if it is a good prize, because certain prizes can be damaging, too. But maybe here I am talking about a combination of a grant and a prize you may get awarded one day without being aware of it. If you are still alive at that point it's a great achievement.

FM: I once got a grant out of the blue for curatorial research. I was not even aware I was nominated. Keeping the shortlist unannounced and only making public more than one person receiving a grant is possibly a nice model if you want to avoid the bad, competitive feelings.

RM: Once it happened to me, too. Did you use your grant wisely?

FM: I traveled as much as possible to meet people I would not have met otherwise and to find out about things I did not know I was interested in. It was a sort of wanderlust adventure that you would find in a fin de siècle *bildungroman*. Somehow not having a result to make public in the end enabled me to create a series of conversations that are still relevant today (like this one with you, for example). I was convinced it would enable me to do a project in Beirut but it never materialized and in fact ideas for a completely different show came out of it.

RM: This is an excellent story. I don't know what I would have done if I were you. Maybe, actually, I would have kept doing the same thing.

FM: But I think you got the same grant, didn't you?

RM: I don't mean the same as reiteration of something you already know. You never find something exactly similar. It is always either a bit too much the same or too different.

FM: I think the best element of surprise has to come from the unexpected, like in our trip to Milan. We got in touch with more than twenty artists and I was so happy to meet people and get surprised about some meetings I was not expecting much from.

RM: Exactly! Milan is such a city! Now I understand why you wanted us to go there. The city is very similar to other cities, but when you start to name them, there aren't enough.

FM: Do you mean that there are many parallel Milans?

RM: So many! By the way, does Alberto Garutti live in Milan?

FM: He does and in a way we found ourselves rotating around an absent nucleus: his teaching has such an impact on the scene. I feel we have met him in a sort of close encounter of a sixth kind, by proximity to people he influenced.

RM: I think next time we should really meet him. I was quite amazed by his educational input in the creative thinking of many people we've met. Is there a prize for a best art teacher in Italy?

FM: No, I don't think so.

RM: Well, I wouldn't know. But there must be an international prize or a grant for the best teacher in arts. What would be the criteria and selection mechanisms of such a prize or grant?

FM: I think perhaps one could ask all the artists in every biennial of a certain year to nominate a

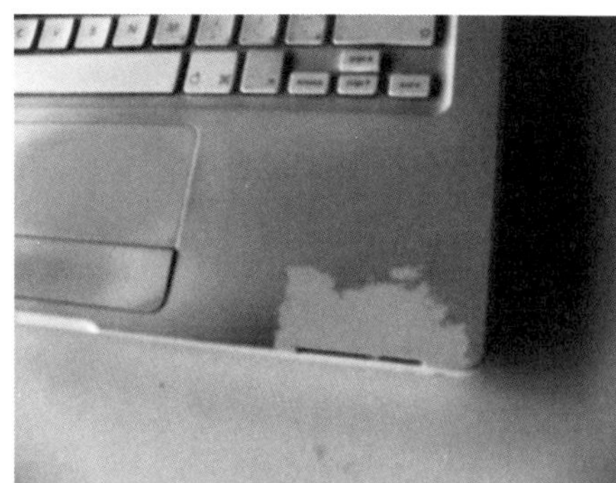

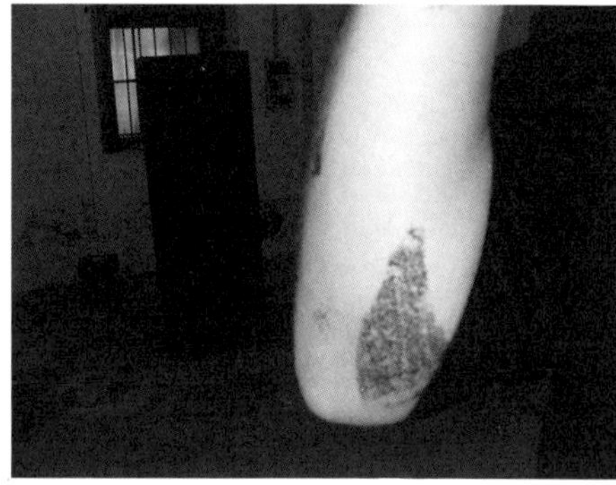

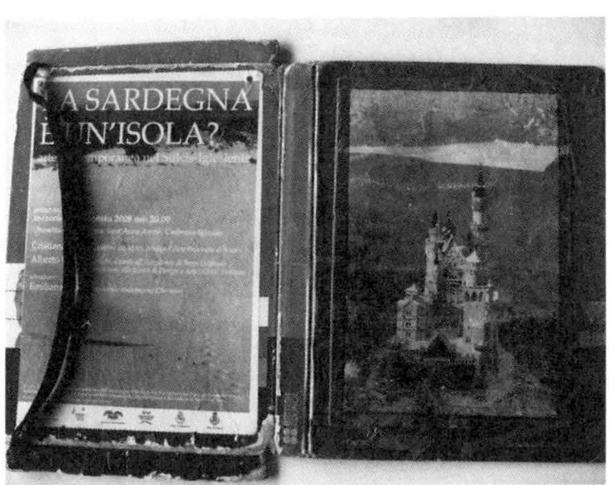

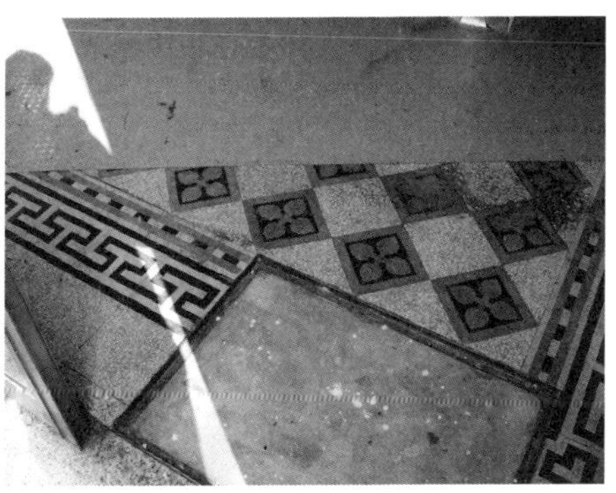

teacher. The prize could be that the finalists all meet to give intensive seminars for two weeks in a remote place. There would be no winner, but a temporary school only, like the idea for Manifesta 6. It would be good to organize it where such figures have not had their impact.

RM: Yes, I remember you saying that you prefer international figures receiving a regional prize.

FM: What did you take home from our visits to Milan? Did you find it beneficial to your research or thinking?

RM: I took some time to allow the experience to decompress. It is great to escape the pressure of instantaneity and obviousness. I don't know where it will lead me to, though. Maybe to the same or to similar things. Maybe it will even lead me back to Milan one day. People were nice to us there. I wish they all get something out of this prize!

FM: I agree, I think this is a great achievement, something that has a long-term impact rather than an immediately verifiable result. This is something I treasure more and more in our profession.

RM: So do I.

Meris Angioletti

Hilma af Klint all'Accademia Reale di Belle Arti /
Hilma af Klint at the Royal Academy of Arts,
Stockholm (1882-1887)
Courtesy Centre Culturel Suédois, Paris

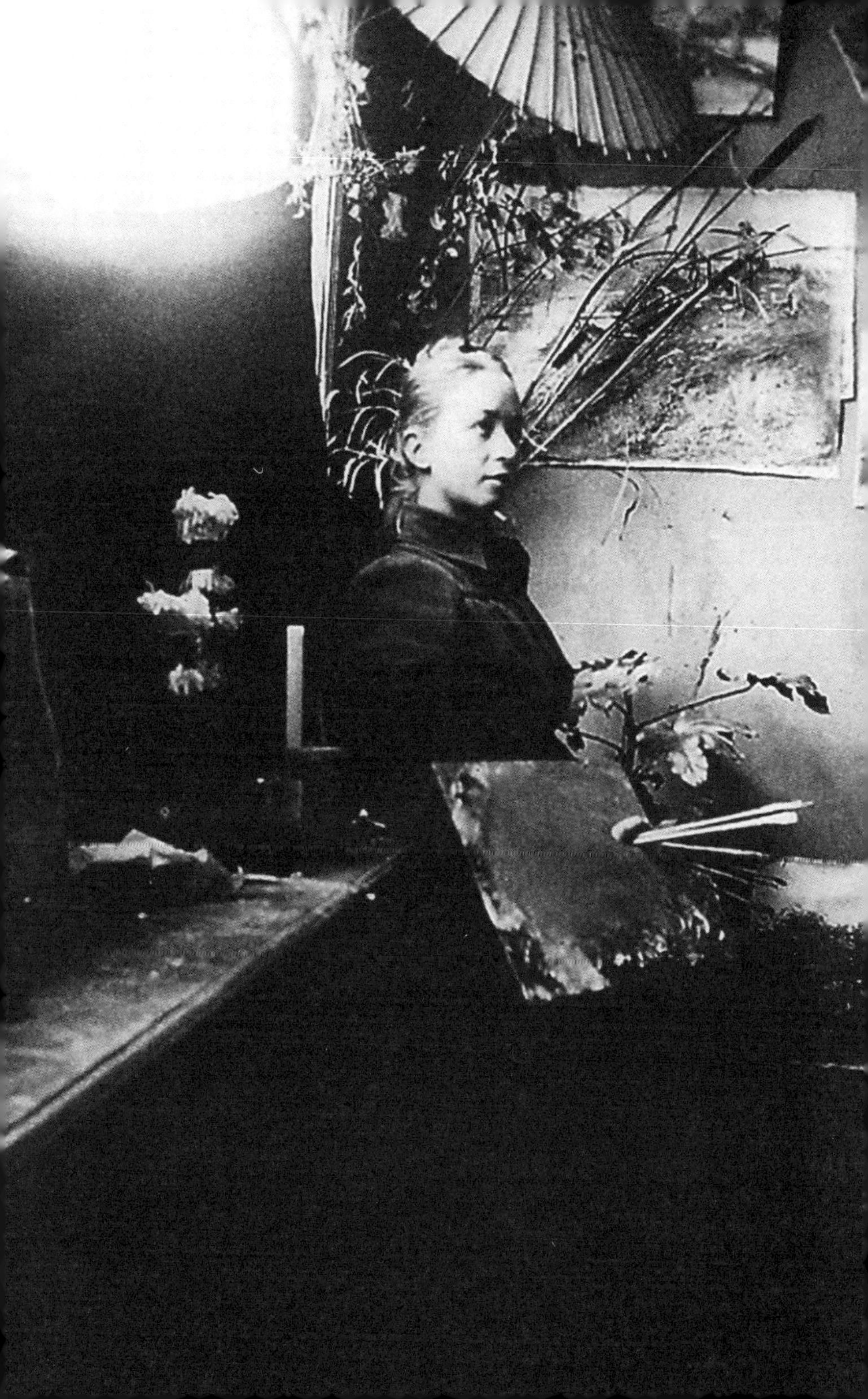

Questa storia comincia con una coincidenza. Una sera un'amica mi aveva mostrato delle fotografie di quadri di Hilma af Klint, mentre parlavamo di alcune correnti spiritualiste della fisica teorica di inizio Novecento.[2]

Il pomeriggio successivo camminando ho scoperto per caso una sua mostra e la serie dell'*Atomo*, in cui gli atomi diventano immagini d'onde invisibili e sono descritti come forze psichiche.[3]

In questa serie, di poco successiva al compimento dei "dipinti per il Tempio" eseguiti attraverso l'interazione diretta con spiriti guida,[4] è evidente il legame dell'esoterismo occidentale con le scienze naturali e matematiche,[5] che è anche una delle linee guida dell'opera di Hilma af Klint.

Seguendo queste corrispondenze nascoste che legano tutte le parti, visibili e invisibili dell'universo, la pittura di Hilma af Klint diventa un sistema che coniuga regole geometriche e ricerca metafisica, così da farsi medium di un ordine intellegibile, di una scienza dell'immaginazione, affascinata dalla trasmutazione di forme e qualità. Trasmutazione dell'immagine in codice alfabetico e viceversa, trasmutazione del corpo fisico in entità spirituale e viceversa, variazioni di scala – dal micro al macro – e di orientamento – simmetrie, raddoppiamenti, inversioni – per generare una geometria pura, che mira con precisione matematica alla rappresentazione dell'invisibile.

Seguendo queste direttrici, la pittura diventa precocemente astratta (1906), a volte penso

1. La frase è estratta da uno dei 124 quaderni in cui Hilma af Klint annotò, a volte durante sedute di scrittura automatica, altre in maniera più cosciente, indicazioni metodologiche e contenuti della sua pittura. Il titolo fa anche riferimento al libro di Gurli Lindén, *I Describe the Way and Meanwhile I Am Proceeding along it: A Short Introduction on Method and Intention in Hilma af Klint's Work from an Esoteric Perspective*, Umea, Rosengårdens, 1998.

2. All'inizio del secolo scorso il fisico e filosofo Ernst Mach (1838-1916), amico di Einstein e anticipatore intuitivo della teoria della relatività, elaborò da un punto di vista fisico il concetto della dilatazione dell'io, come tentativo di comprendere quella "massa coerente delle sensazioni, all'origine della visione di un mondo dove fenomeni scientifici e immagini inconsce coesistono in un ordine reciproco che può definirsi al tempo stesso sincronico e diacronico". La sua teoria fu aspramente criticata dal milieu scientifico meccanicistico dell'epoca tanto da essere definita "più vicina alle Upanishad che a una teoria scientifica". Samuel Lewis Feuer, *Einstein e la sua generazione: Nascita e sviluppo di teorie scientifiche*, Bologna, Il Mulino, 1990. In tempi più recenti la ricerca scientifica ha continuato a esplorare i limiti della coscienza (e del visibile), aprendo la nostra conoscenza ai territori dell'infinitamente grande e dell'infinitamente piccolo e rinnovando, in ambito artistico, alcune domande sullo spazio mentale dell'opera, la frontiera tra reale e irreale e limiti della nostra percezione dell'impercettibile.

3. "L'atomo possiede sia un limite che una forza evolutiva. Quando l'atomo si espande sul piano invisibile, si verifica una contrazione fisica dell'atomo sul piano terrestre.", iscrizione in *L'atomo n. 7*, opera esposta in occasione della mostra *Hilma af Klint. Une modernité révélée*, Parigi, Centre Culturel Suédois, 11 aprile-27 luglio 2008.

4. I "dipinti per il Tempio" sono la realizzazione di una committenza spiritica. Questo lavoro si divide in due fasi: dal 1906 al 1908, 111 quadri – e dal 1912 al 1916, 81 quadri.

persino concettuale, per la scelta dell'esperienza mentale – matematica, psicologica e spirituale – come unico soggetto dell'opera. L'opera diventa essenzialmente un discorso mentale e agisce sul piano delle idee, in una rigorosa organizzazione scientifico-matematica di informazioni irrazionali.
Penso a Sol LeWitt.[6]
Hilma af Klint elabora così un complesso sistema visivo e intellettivo in cui ogni opera, intitolata e numerata in ordine progressivo, costituisce un gruppo, anch'esso numerato e intitolato, a formare un'ulteriore serie. Una metodologia in cui componenti razionali e istanze visionarie si mescolano in maniera complessa, costruendo strutture di rappresentazione del pensiero.[7]
Vorrei riflettere sulla possibilità di tradurre questi codici seriali e geometrici in strutture narrative e linguistiche, in grado di raccontare processi mentali, sia da un punto di vista esperienziale che scientifico.
La narrazione si sviluppa su tre livelli, che si articolano seguendo lo schema di pensiero del lavoro di Hilma af Klint. Una prima fase prevede una permanenza di due mesi sull'isola di Munsö, dove fu costruito l'edificio per ospitare i "dipinti del Tempio" e dove si tenevano le riunioni medianiche del Gruppo di 5, di cui faceva parte la stessa Hilma.
Il luogo diventa un'esperienza mentale, trascritta in forma di testo o schema:[8] *I describe the way and meanwhile I am proceeding along it.*
Quando immagino l'isola di Munsö rivedo

Nella prima fase il lavoro è completamente automatico, nella seconda l'artista lavora in maniera cosciente, seguendo le indicazioni degli spiriti guida, che le impongono tempi e regole. Le serie che compongono il Tempio sono sei e si strutturano su una combinazione di lettere (WU, WUS, US, W, SUW, UW), secondo un metodo matematico (Lindén, *op. cit.*).
5. "L'esoterismo moderno è il prodotto della scoperta della natura e ha manifestato, sin dall'origine, un grande interesse per la comprensione dei segreti del mondo vegetale e minerale. ... La scoperta della natura rinnova l'interesse per la magia, intesa come partecipazione filosofica della natura, ma *magia naturalis*." Antoine Faivre, *L'ésotérisme*, Parigi, PUF, 2007.
6. Le sentenze sull'arte concettuale cominciano così:
"1. Gli artisti concettuali sono mistici piuttosto che razionalisti. Arrivano a conclusioni cui la logica non può arrivare.
2. Giudizi razionali ripetono giudizi razionali.
3. Giudizi irrazionali conducono a nuove esperienze.
4. L'arte formale è essenzialmente razionale.
5. I pensieri irrazionali dovrebbero essere seguiti in modo assoluto e logico."
Adachiara Zevi (a cura di), *Sol LeWitt: Testi critici*, Roma, I Libri di AEIOU, 1994.
Forse penso anche a Spinoza.
7. La macchina per pensare di Lullo (edizione di Magonza 1721-42).

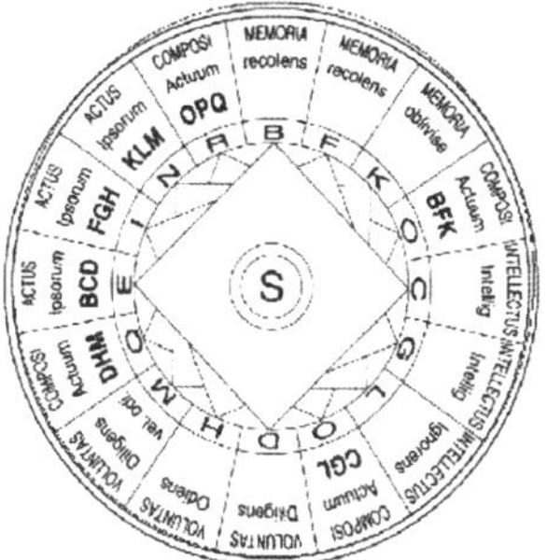

Uno schema piuttosto comune per rappresentare graficamente il pensiero è la mappa mentale (mind-map), teorizzata dal cognitivista inglese Tony Buzan. La particolarità delle mappe mentali rispetto ad altri tipi di mappe – come le mappe concettuali – è l'impostazione associazionista, secondo cui la mappa si costruisce inserendo e ricombinando dinamicamente gli elementi, utilizzando una struttura gerarchico-associativa e applicando il processo di associazione mentale. Le mappe fanno così leva sulle risorse mentali inconsce e sulle sinestesie create con colori e immagini e sulla possibilità di richiamare alla memoria ricordi già esistenti. In questo senso le mappe mentali possono essere usate in mnemotecnica, per facilitare la memorizzazione, come anticipato dall'Ars Combinatoria del filosofo e alchimista Raimondo Lullo (1235-1315).

8. "… A system becomes necessary. How else could I in a concentrated way find something of interest which lends itself to continuation? My systems are numerical concepts which work in term of progressions and/or reductions, a kind of a musical theme with variations. In my work I try to expand and contract as far as possible between limits known and unknown." Hanne Darboven, *On the System of Writing*, in Ingrid Burgbacher (a cura di), *Hanne Darboven. Constructed Literary Musical. The Sculpting of Time*, Ostfildern, Cantz, 1994.

9. Andrej Tarkovskij, *Sacrificio (Offret)*, Svezia 1986.

10. Paul Souriau, *La suggestion dans l'art*, Parigi, Félix Alcan, 1893.

una scena di un film di Tarkovskij, girato in Svezia.[9]

Successivamente un medium sarà presente sull'isola di Munsö, per descrivere, in un video che mostra immagini del luogo, elementi attualmente non più visibili: una sorta di viaggio nel tempo, dove immagini e narrazione non coincidono.

Contemporaneamente è prevista la collaborazione con un gruppo di scienziati per raccogliere informazioni riguardanti la natura fisica dei fenomeni medianici e la possibilità di ricreare tali fenomeni per esempio sotto forma di suggestione.[10]

I singoli elementi sono raggruppati in strutture narrative, visive o testuali, a loro volta contenute in un sistema basato su alcune regole del lavoro di Hilma af Klint: ripetizione, variazione di scala, serialità, simmetria.

La forma finale potrebbe essere quella di una sceneggiatura per un film (solo testuale) o di un'installazione video e un'installazione sonora a più voci in cui audio e immagini interagiscono secondo lo schema di pensiero descritto.

Hilma af Klint
Serie l'Atomo / Atom Series (n. 5, n. 10, n. 16, b), 1917
acquerello su carta / watercolor on paper
27 x 25 cm cadauno / each
Courtesy Centre Culturel Suédois, Paris

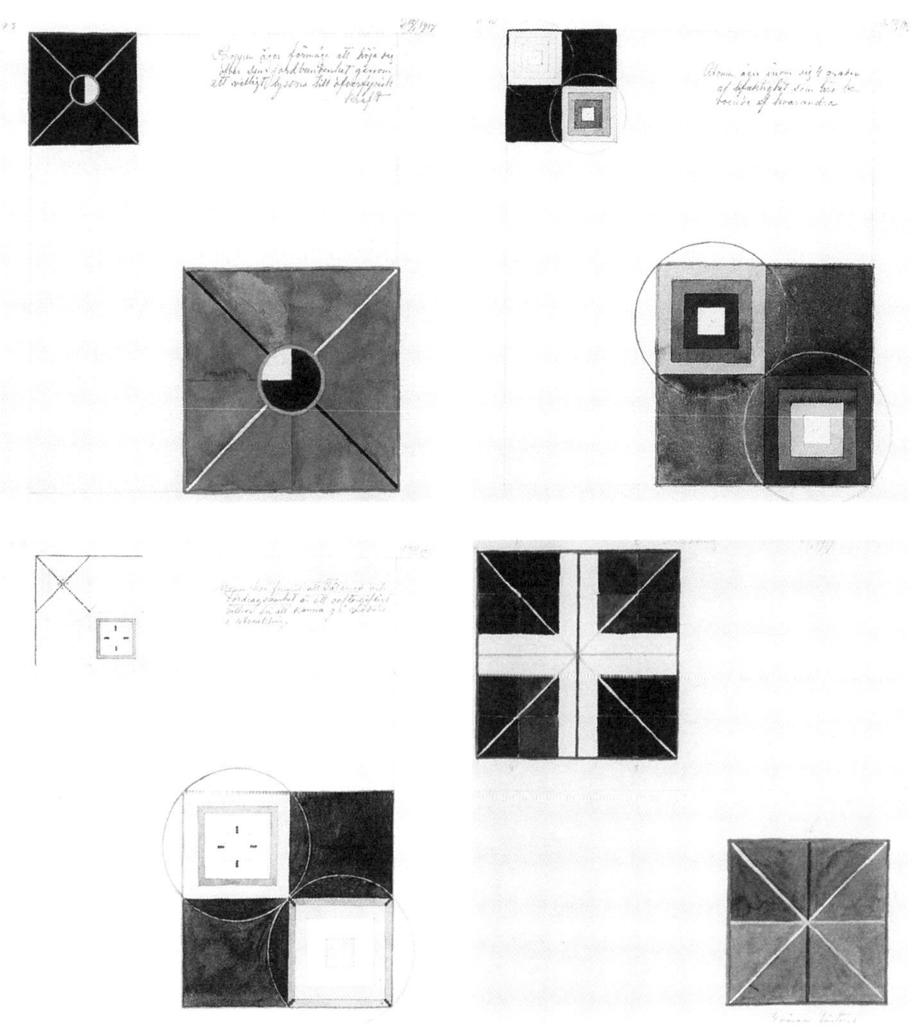

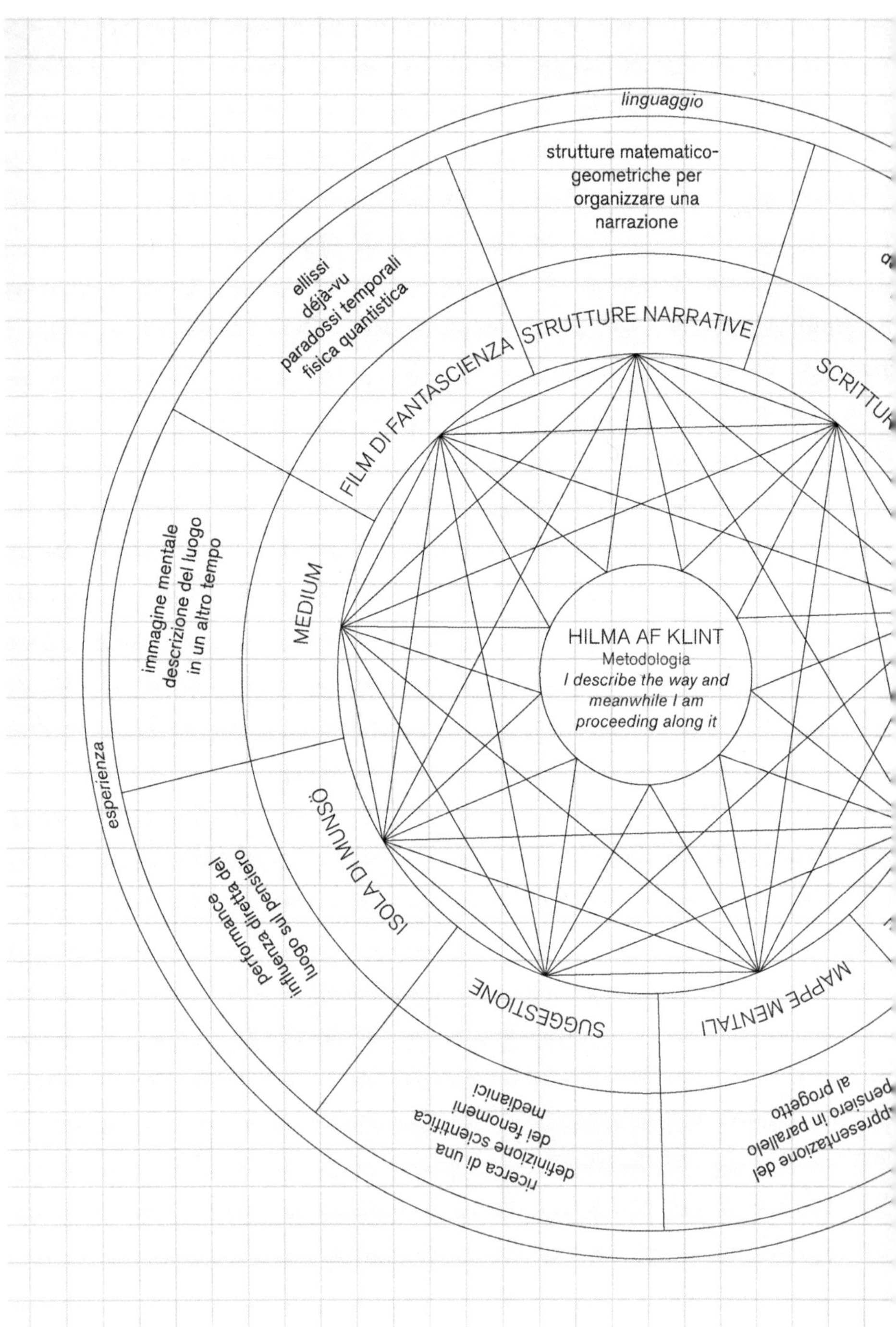

linguaggio
strutture matematico-geometriche per organizzare una narrazione
STRUTTURE NARRATIVE
SCRITTU
ellissi
déjà-vu
paradossi temporali
fisica quantistica
FILM DI FANTASCIENZA
immagine mentale
descrizione del luogo in un altro tempo
MEDIUM
esperienza
HILMA AF KLINT
Metodologia
I describe the way and meanwhile I am proceeding along it
performance
influenza diretta del luogo sul pensiero
ISOLA DI MUNSØ
SUGGESTIONE
MAPPE MENTALI
ricerca di una definizione scientifica del fenomeni medianici
rappresentazione del pensiero in parallelo al progetto

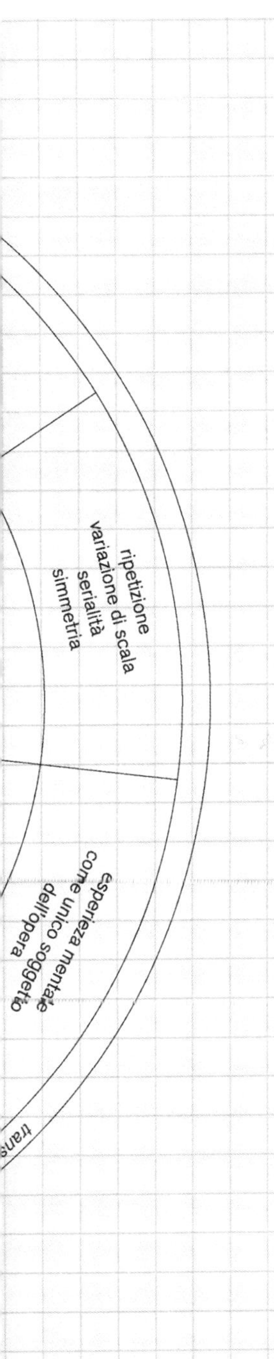

Mappa mentale del progetto su uno schema di Raimondo Lullo
Mind map of the project based on Raymond Lull's drawing

I Describe the Way and Meanwhile I Am Proceeding along It

This story begins with a coincidence.

One evening a friend of mine showed me some photographs of paintings by Hilma af Klint while we chatted about some of the spiritual currents within early twentieth-century theoretical physics.

The following afternoon as I was walking around, by chance I came across a show of her work and the *Atom* series, in which atoms make up images of invisible waves described like psychical forces.

In this series, carried out just after the completion of the "Paintings for the Temple" created through direct interaction with guiding spirits, the link connecting Western esoteric thought with the natural and mathematical sciences becomes evident, and this same link is also one of the guiding lines within Hilma af Klint's entire oeuvre.

Following these hidden connections that bind together all the various parts—both visible and invisible—of the universe, Hilma af Klint's painting becomes a system joining geometric rules and a metaphysical quest, so as to become the medium of an intelligible order, of a science of the imagination, fascinated by the transmutation of forms and properties. It is a transmutation of the image into an alphabetic code and vice versa, a transmutation of the physical body into a spiritual entity and vice versa, with variations in scale (from micro to macro) and orientation (with symmetries, doublings, inversions), in order to generate a pure geometry, a geometry that looks with

1. This sentence is taken from one of the 124 notebooks in which Hilma af Klint noted—sometimes during sessions of automatic writing, sometimes in more conscious ways—methodological directions and thoughts about the content of her painting. The title also refers to a book by Gurli Lindén, *I Describe the Way and Meanwhile I Am Proceeding along It: A Short Introduction on Method and Intention in Hilma af Klint's Work from an Esoteric Perspective*. Umea: Rosengårdens, 1998.

2. At the beginning of the twentieth century the physicist and philosopher Ernst Mach (1838–1916)—a friend of Einstein's who intuitively foresaw the theory of relativity—developed the concept of the expansion of the ego (from a physical point of view), in an attempt to understand the "coherent mass of sensations that is the source of a worldview wherein scientific phenomena and unconscious images coexist, in a reciprocal order that could be defined as synchronic and diachronic at one and the same time." His theory was harshly criticized by the milieu of mechanistic scientists at the time, to such an extent that it was deemed closer to the Upanishad than to any sort of scientific theory. Samuel Lewis Feuer, *Einstein and the Generations of Science*. Edison, New Jersey: Transaction, 1974.

In more recent times scientific research has continued to explore the limits of conscience (and of the visible realm), opening our minds to the idea of infinitely large and infinitely small realms, while at the same time bringing back, in the arts, many questions regarding the mental space of the work of art, the frontiers that lie between the real and the irreal, and the limits of human perception of the imperceptible.

3. "The atom has both limits and an evolutionary strength. When an atom expands on an invisible level, there is a physical contraction of the atom itself on a terrestrial level." Inscription from *Atom No. 7*, a work exhibited in *Hilma af Klint. Une Modernité Révélée*, Paris, Centre Culturel Suedois,

great mathematical precision at the representation of the invisible.

Following these currents, painting becomes precociously abstract (1906), and at times even conceptual, through its focus on mental experience—mathematical, psychological, and spiritual experience—as the work's sole subject.

The work essentially becomes a mental discourse, and acts on the plane of ideas, in a rigorous scientific-mathematic organization of irrational information.

I think of Sol LeWitt.

Thus Hilma af Klint develops a complex visual and intellectual system in which each work, successively titled and numbered in order, constitutes a group, also titled and numbered in turn, which forms yet another series. Her methodology is one in which rational components and visionary experiences mix together in a highly complex way, building structures for the representation of thought.

I'd like to focus for a moment on the possibility of translating these serial, geometric codes into narrative and linguistic structures capable of revealing mental processes from both an experiential and scientific point of view.

The narration is developed on three levels, articulated according to the schematic line of thinking within Hilma af Klint's work. The first phase calls for a two-month residency on the Island of Munsö, where a building was specially constructed to house the "Paintings for the Temple" and where the mediumistic

April 11–July 27, 2008.
4. The "Paintings for the Temple" were realized through the commissioning of spirits. This work was split between two phases: from 1906 to 1908, 111 paintings; and from 1912 to 1916, 81 paintings. In the first phase, the work was completely automatic, while in the second phase the artist worked in a conscious manner, following the directions given her by the guiding spirits, who determined the work's pace and rules. There are six series in the Temple project, structured by various letter combinations (WU, WUS, US, W, SUW, UW), following mathematical methods. (Gurli Lindén, *Op. cit.*).
5. "Modern esoterics is the product of the discovery of nature, and has manifested, right from the start, a major interest in understanding the secrets of the plant and mineral world . . . The discovery of nature revives an interest in magic, as a form of nature's philosophical participation, a *magia naturalis*." Antoine Faivre, *L'ésotérisme*. Paris: PUF, 2007.
6. LeWitt's Sentences on Conceptual Art begin with the following:
  1. Conceptual artists are mystics, rather than rationalists. They arrive at conclusions logic cannot arrive at.
  2. Rational judgements repeat rational judgements.
  3. Irrational judgements lead to new experience.
  4. Formal Art is essentially rational.
  5. Irrational thoughts should be followed absolutely and logically.
Sol LeWitt, "Sentences on Conceptual Art," *Art-Language*, vol. 1, no. 1, May 1969.
I also think of Spinoza, perhaps.
7. One of the most common frameworks whereby one can graphically represent lines of thought is the mind map, conceived of by the English cognitive theorist Tony Buzan. The distinction between the mind map and other types of maps—such as conceptual maps—lies in its associative approach, by which the map is constructed through inserting and dynamically re-combining its various elements, using a hierarchical-associative structure applied through mental

association. Thus these maps emphasize the use of one's unconscious mental resources, the synethesia of colors and images, and the possibility of recalling preexisting, often repressed memories. In this sense, mental maps can also be used in mnemotics, to help facilitate memorization, as was hypothesized in the *Ars Combinatoria* of philosopher and alchemist Raymond Lull (1235–1315). Lull's *Thinking Machine* (Mainz edition, 1721–1742)

8. ". . . A system becomes necessary. How else could I in a concentrated way find something of interest which lends itself to continuation? My systems are numerical concepts which work in term of progressions and/or reductions, a kind of a musical theme with variations. In my work I try to expand and contract as far as possible between limits known and unknown." Hanne Darboven, "On the System of Writing," in Ingrid Burgbacher (ed.), *Hanne Darboven: Constructed Literary Musical— The Sculpting of Time*. Ostfildern: Cantz, 1994.

9. Andrej Tarkovskij, *Sacrifice (Offret)*, Sweden, 1986.

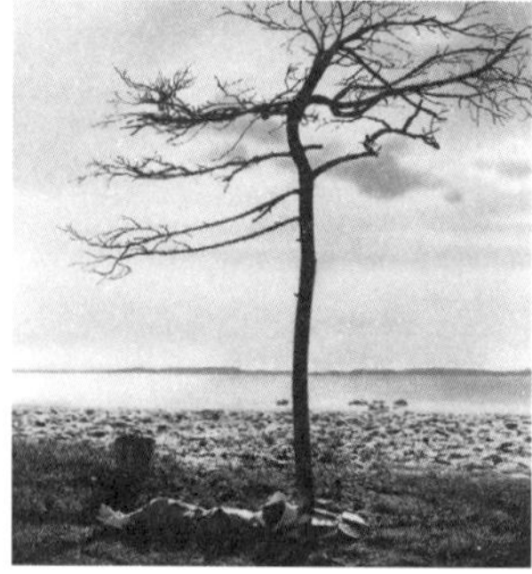

10. Paul Souriau, *La Suggestion dans l'art*. Paris: Félix Alcan, 1893.

meetings of the Group of 5 were held—a group Hilma herself was part of.

Here, place becomes a mental experience, transcribed into a textual or schematic form : *I describe the way and meanwhile I am proceeding along it.*

When I imagine the Island of Munsö, I think of scenes from a Tarkovsky film shot in Sweden.

Later on there will be a medium (in the spiritual sense) on the Island of Munsö, who will describe elements that are no longer actually visible, in a video showing scenes of the place: a sort of voyage through time, wherein images and narrative don't match up with one another.

At the same time, there will also be a collaboration with a group of scientists, aimed at collecting data on the physical nature of mediumistic phenomena and the possibility of recreating such phenomena—in the form of suggestion, for example.

These individual elements are grouped into narrative, visual, or text-based structures, which are in turn contained within a system based on some of the key rules established by the work of Hilma af Klint: repetition, variations in scale, seriality, and symmetry.

Their final form could be that of a film script (strictly text-based) or a video installation and sound installation with multiple voices in which audio and image interact with one another according to the frame of thought outlined within the work itself.

H. skriver: Meningen är att framställa en kärna från vilken evolutionen utgår under sång och storm, blåst och oväder. Sedan komma betydelsen möta ovanom. Tecken N:o 1 (utförd i målning) ²⁷/₁₁ H. G. A.

Vuxen är rosen på fält som stå fulla av skära, fagra rosor; de blommorna skulle plockas av I och givas en och en åt H. Vi bringa dig ynglingens tack. En bruten ros har än rätat. Friskt mod, din tid kommer ock.

om en   liten tid

Prisen Herrens godhet mot eder; du alväsen dets kämpar följen.

Under A0 blomma blommorna dina tankar ensam

Laura Barreca
Pelin Uran

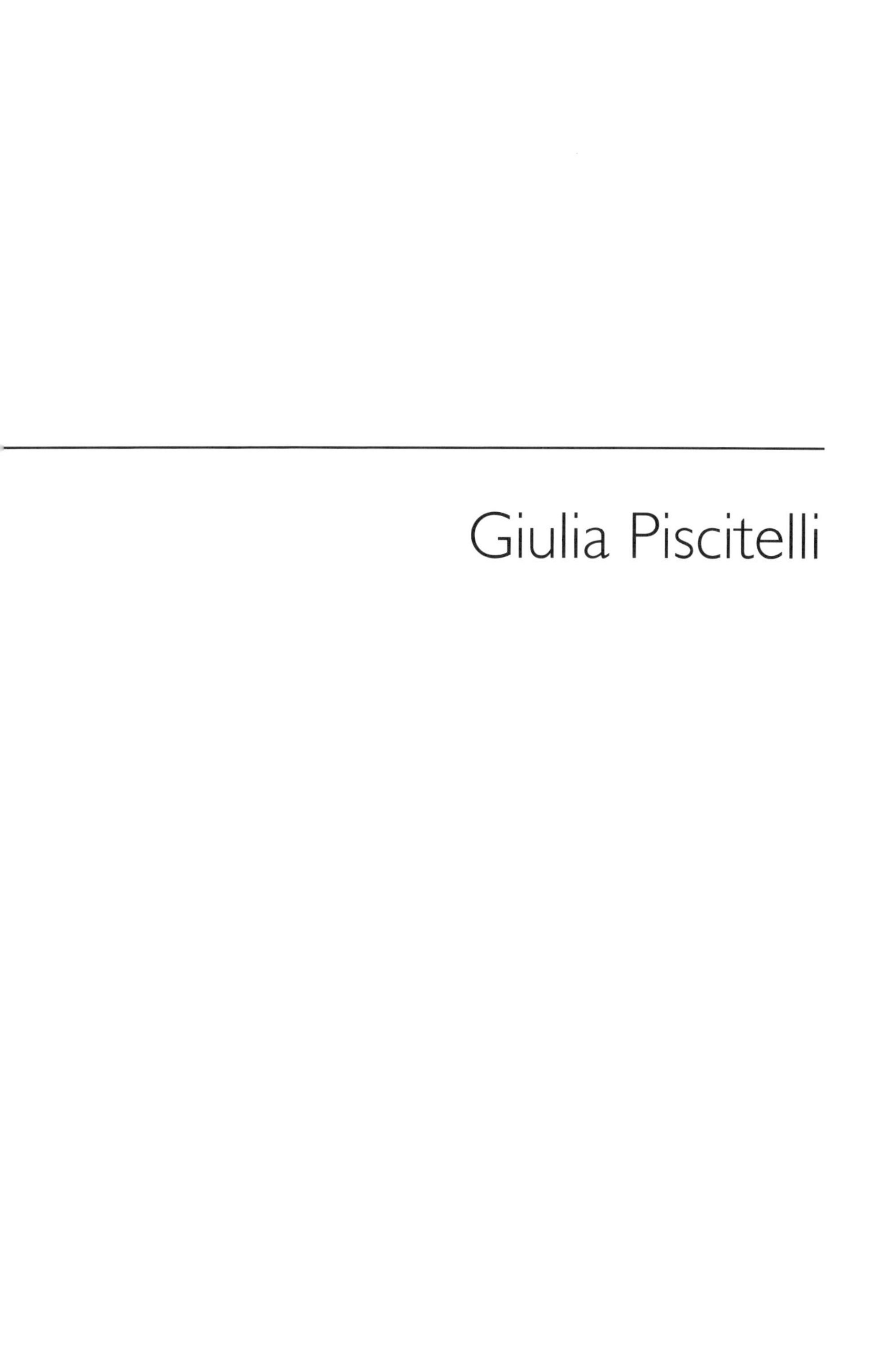

Giulia Piscitelli

Sud Side Story

Laura Barreca
Pelin Uran

Laura Barreca: Pelin arriva da Istanbul in una giornata di settembre ancora calda. Il nostro "viaggio" alla scoperta degli artisti di Napoli, Palermo e Roma inizia in una bella mattina napoletana al terzo piano del Palazzo delle Arti di Napoli. Quattro giorni in cui visioniamo il lavoro di più di trenta artisti, in altrettanti incontri e conversazioni per lo più svolti grazie alla collaborazione dei tre importanti musei delle città. L'idea di coinvolgere le sedi istituzionali del PAN, di Palazzo Riso e del MAXXI è nata dal desiderio di sperimentare la sinergia tra curatori e artisti insieme alle istituzioni d'arte contemporanea, vivendo lo spazio museale come "luogo aperto", e non solo come contenitore di opere. Il museo contemporaneo coniuga l'idea di luogo di promozione e attivazione culturale, di spazio di interazione e produzione artistica, laddove anche gli artisti più giovani trovano occasioni di scambio, in questo caso anche con la presenza di un curatore straniero. Abbiamo tradotto la selezione degli artisti per il Premio FURLA 2009 in un'occasione di conoscenza per noi curatori italiani, e come opportunità di dialogo con i cinque curatori stranieri che siamo stati chiamati a coinvolgere nel progetto. Da parte mia, ho pensato di rivolgere l'attenzione di questa ricognizione verso il Sud dell'Italia, nelle città che meglio conosco e dove lavoro, e che spesso, meramente per motivi geografici, sono considerate luoghi distanti dal sistema dell'arte.

Organizziamo gli incontri nei tre musei, contattando Julia Draganovic, direttore artistico del PAN, Anna Mattirolo, direttore di MAXXI-Arte, Antonella Amorelli, di Palazzo Riso. Nelle persone che hanno condiviso le intense giornate della nostra *Sud Side Story* (titolo indovinato da Giacinto Di Pietrantonio, ndr) abbiamo colto una grande partecipazione e disponibilità, che ha reso il nostro piccolo *grand tour* un'esperienza assai interessante, anzi direi unica.

L'oro di Napoli

I giorni passati a Napoli sono intensi, caotici, divertenti: chiamiamo a raccolta gli artisti che vivono e lavorano in città, e non solo. In aiuto accorrono generosamente Adriana Rispoli ed Eugenio Viola, grintosi curatori napoletani che partecipano agli incontri, introducendoci gli artisti partenopei. Al PAN abbiamo a disposizione la sala riunioni, che sarà il nostro avamposto per tre giorni.

Cesare Pietroiusti è il primo incontro. Ci racconta della sua esperienza artistica, del momento cruciale di passaggio alla performance, dell'interesse a lavorare sul limite tra pubblico e privato, sempre con l'idea di mettere in discussione le regole del sistema dell'arte, dell'economia, della società. Ci colpisce la profondità del suo pensiero, in qualche modo l'integrità intellettuale, la lucida bizzarria delle sue azioni, la modalità partecipatoria delle sue performance.

La scaletta degli incontri è fitta. Eugenio Tibaldi ci mostra nei suoi disegni gli studi antropologici di Varcaturo, nella periferia di Napoli, terra di nessuno alla mercé di ogni sorta di iniziativa di comunicazione privata. L'immagine della decadenza ritorna con una modalità ironica e *noir* nel lavoro di Walter Picardi e nelle giostre di Vincenzo Rusciano. Le immagini iconiche e ipercontemporanee di IABO graffiano i muri di Napoli, e le coscienze dei napoletani con sferzante sarcasmo. Il suo video *Batt'e'mann* mostra la versione partenopea di un supereroe che combina solo guai.

Il duo Pennacchio Argentato, tra gli altri lavori che vediamo, ci mostra con disarmante allegria il tema dei rifiuti, facendo danzare, a ritmo di twist, tre ragazzi su una colorata distesa di spazzatura. La *vis* dissacratoria evidentemente appartiene all'anima napoletana, e anche al lavoro di Roxy in the Box in cui si coglie l'attitudine alla critica della società contemporanea in versione ultrapop. Il tono onirico dei racconti di Maurizio Elettrico ci porta in una dimensione senza tempo, ancestrale.

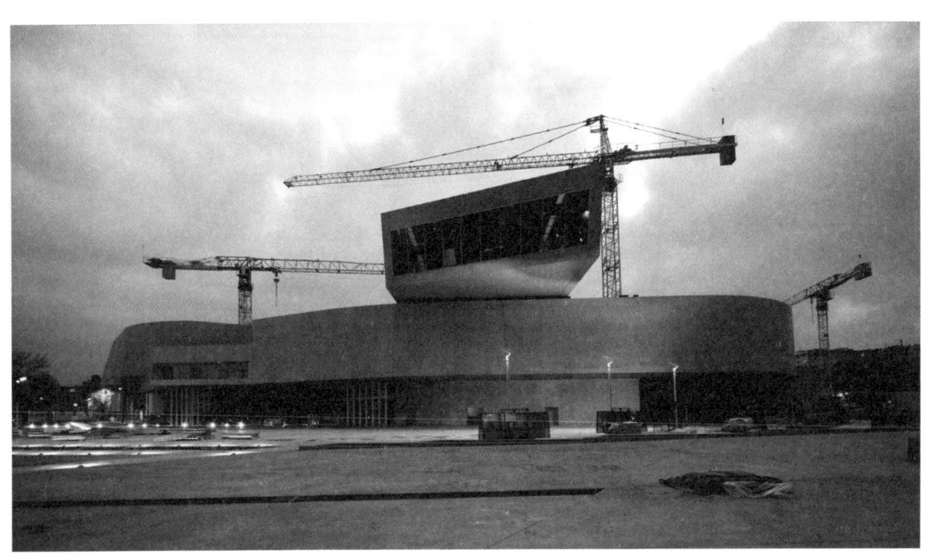

MAXXI, 2008
cantiere / building yard
Courtesy MAXXI - Museo nazionale delle arti del XXI secolo e / and PARC - Direzione generale per la
qualità e la tutela del paesaggio, l'architettura e l'arte contemporanee
Photo: Roberto Galasso

Il Sud sembra più vicino, nella proposta di Domenico Antonio Mancini al pubblico di trasferirvisi grazie a un ufficio speciale, attivato durante la mostra *Dai tempo al tempo* a Guarene d'Alba. La giornata si conclude con Rosy Rox e Anna Fusco che ci accolgono nel tardo pomeriggio nei loro studi, all'interno di una principesca dimora d'epoca nel centro di Napoli – che condividono con lo studio di architetti Keller – tra le fruste impreziosite da cristalli e realizzate sapientemente da Rosy Rox e le immagini oscure e aggraziate di Anna Fusco. Oltre le curiose elaborazioni digitali e filosofiche, scopriamo che Bianco-Valente sono anche due ottimi cuochi, che ci rifocillano alla fine della giornata nella loro casa-studio. Il nostro viaggio prosegue adesso ancora più a Sud.

Giù, giù a Palermo
Quando arriviamo a Palermo veniamo accolte da Antonella Amorelli del Palazzo Riso, e da Cristiana Perrella, responsabile del SACS, lo sportello per i giovani artisti, un'iniziativa che permette un costante aggiornamento, monitoraggio e promozione del lavoro degli artisti siciliani. Incontriamo per primi il duo canecapovolto che ci spiegano il modo in cui la critica osservazione politica si imprime nei lavori audio e video. La spontanea ironia delle fotografie di Adalberto Abbate ci mostra una visione lenticolare della realtà, riproducendo immagini di grande impatto, visivo ed emotivo. Della stessa generazione, Fulvio Di Piazza e Andrea Di Marco sono i pittori di quella "scuola di Palermo" che non c'è mai stata, una

definizione che unisce un gruppo di artisti siciliani accomunati solo dall'uso della pittura, ma ciascuno con una profonda individualità artistica. Le
tele di Fulvio Di Piazza, uniche nel loro stile, sono
il risultato geneticamente modificato di una tecnica estremamente raffinata coniugata a un esa-
sperato barocchismo. Nelle opere di Domenico
Mangano ci colpisce la sensibilità – e la sempli-
cità – dei suoi primi video per la lucida critica
all'attualità, il riferimento ai temi dell'emargina-
zione sociale, dell'apatia esistenziale. Spostando-
ci poi nel cuore della città, ci troviamo nel bizzar-
ro "distretto artistico" della Vuccirìa, in piazza
Garraffello, allestita dall'artista austriaco Uwe
Jäntsch, dove si apre l'imponente palazzo in cui
ha sede la galleria di Francesco Pantaleone e, un
piano più sotto, lo studio di Alessandro Bazan. Gli
ambienti del palazzo, degni di alcune delle più
belle scenografie di Luchino Visconti, ci accolgono in una surreale serata in compagnia di Andrew
Mania, artista inglese, ospite della galleria e autore di una mostra personale inaugurata qualche
giorno dopo. È domenica mattina, e insieme a
Paola Nicita, curatrice e giornalista palermitana,
portiamo Pelin e Andrew in giro per il mercato
dell'antiquariato di piazza Marina. A questo si
aggiungono cannoli e arancine che santificano la
fine della nostra visita a Palermo.

Roma, città aperta
L'abbuffata siciliana di arte (e non solo) ci stordi-
sce. Abbiamo il tempo di un volo di cinquanta
minuti per riportarci alla nostra ultima tappa.
Siamo a Roma e purtroppo piove. I nostri incontri
si svolgono al Museo H. Andersen, sede temporanea del MAXXI, in attesa della imminente prossima apertura del nuovo museo, opera di Zaha
Hadid. Anna Mattirolo accoglie la nostra richiesta
di vedere gli artisti romani, "aprendo" simbolica-
mente le porte del museo alla nostra iniziativa.
Nel pomeriggio incontriamo Giuseppe Pietroniro,

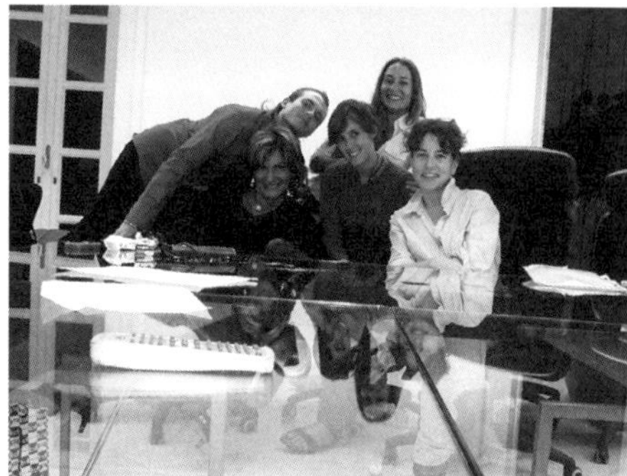

Da destra / from right: Pelin Uran, Adriana Rispoli,
Laura Barreca, Betty Bee, Eugenio Viola
PAN, Palazzo delle Arti Napoli
settembre / September 2008

che nei suoi progetti presenta una visione para-
dossale della realtà, un atteggiamento che certamente risente della collaborazione romana con
Joseph Kosuth. Anche nel lavoro di Carola Spadoni si avverte che la perdita di senso di un'immagine passa attraverso lo schermo video e la secchez-
za del linguaggio cinematografico. La contestazione politica più recente ce la racconta Andrea Salvino nelle sue tele e nei disegni a matita. Di sapore più concettuale è il lavoro di Alessandro Piangiamore, siciliano d'origine, romano d'adozione,
che della realtà riesce a cogliere la commistione
tra casualità e concretezza. Di natura spiccata-
mente scultorea è l'opera di Donato Piccolo. Le
operazioni artistico-creative di Marco Papa sono
invece rivolte a un pubblico interessato anche al
design. L'unica net-artista che incontriamo in
questo nostro viaggio è Chiara Passa, da anni
impegnata nella sperimentazione sul web e nella
creazione di architetture virtuali e interattive.
Guendalina Salini, con grande poesia e piccoli
gesti, crea installazioni e opere video simili a con-
tenitori di storie diverse. Francesco Arena ferma
il tempo e la memoria collettiva nelle sue installa-

zioni-sculture, un esercizio al ricordo, contro la negazione della storia e del passato.

Il nostro viaggio si conclude tra le immagini video di Daniele Puppi, da anni impegnato nella ricerca stilistica delle sue azioni fisiche, le cosiddette "Fatiche", videoinstallazioni nate dalla combinazione di architettura e ritmo, un equilibrio di forze dato dal rapporto dell'artista con lo spazio dell'opera. A questo punto si conclude la nostra ricognizione. Adesso è tempo di fermarsi e riflettere.

Laura Barreca e Pelin Uran: Perché Giulia Piscitelli?

L'approccio interdisciplinare di Giulia Piscitelli, influenzato dagli esperimenti di happening e body art, assume la forma di performance, fotografie, sculture e video. I suoi video richiamano i primi video concettuali degli anni Sessanta, nei quali gli artisti registravano progetti effimeri come performance o momenti della loro vita quotidiana davanti a una cinepresa senza un pubblico.

Giulia Piscitelli ci colpisce perché il suo lavoro è diretto, immediatamente comprensibile, poetico e crudele allo stesso tempo, e poi perché le parole non servono a molto. Sono le immagini a comunicare all'esterno i concetti, idee che passano solo attraverso l'espressione visiva, la forma degli oggetti creata dall'artista, il suo gesto dissacratorio che rende partecipe chi assiste. Giulia lavora sullo spostamento concettuale di un oggetto dal suo essere nel mondo e funzionale ad esso, al suo divenire metafora o paradosso. Un materasso dipinto d'argento diventa una reliquia, una scala è uno scranno. La vita è una sfida.

Pelin Uran: Perché concentrarsi sul processo e non sul risultato finale…

Se un curatore, o una curatrice, favorisce l'esercizio dell'arte orientato al processo, ciò non significa necessariamente che segua la stessa strategia nel suo approccio curatoriale. Un approccio orientato al processo richiede tempo ed energie, risorse piuttosto rare nel mondo superveloce dell'arte. Tuttavia, i risultati sono assai gratificanti. Laura Barreca ed io ci siamo date dieci giorni per visitare studi di artisti nell'Italia meridionale, libere dalla tensione dovuta alla necessità di concentrarsi esclusivamente sull'idea di scegliere un artista per il Premio FURLA. Entrambe abbiamo impiegato questo tempo e questo spazio in modi diversi: io, più in termini di ampliamento della mia familiarità con la produzione artistica del Sud, e Laura annullando la sua familiarità con la regione con l'aiuto di curatori, istituzioni e musei locali. Abbiamo anche usato un certo spazio e un certo tempo (per quanto limitati) per discutere e conversare con tutti gli artisti ai quali abbiamo fatto visita. Questi blocchi costruttivi del progetto ci hanno consentito di esplorare ulteriori possibilità. Per quanto mi riguarda, in questo modo ho potuto aggirare la sfida più grande: come dire qualcosa di significativo in un luogo dove ho trascorso solo un breve periodo, riconoscendo il fatto che sono straniera, forestiera, che sono troppo lontana dal comprendere qualsiasi cosa in maniera sufficientemente profonda? Se solo riuscissi a capire cosa ci ha reso più vicine all'artista che abbiamo scelto – dato il breve periodo di riflessione – e cosa potrebbe liberarci dai nostri preconcetti, la nostra esperienza avrebbe un senso.

Desideriamo ringraziare:
Antonella Amorelli, Elena di Majo,
Julia Draganovic, Anna Mattirolo, Paola Nicita,
Anne Palopoli, Francesco Pantaleone,
Cristiana Perrella, Adriana Rispoli,
Mirtilla Rolandi Ricci, Monia Trombetta,
Marina Vergiani, Eugenio Viola, e tutti gli artisti.

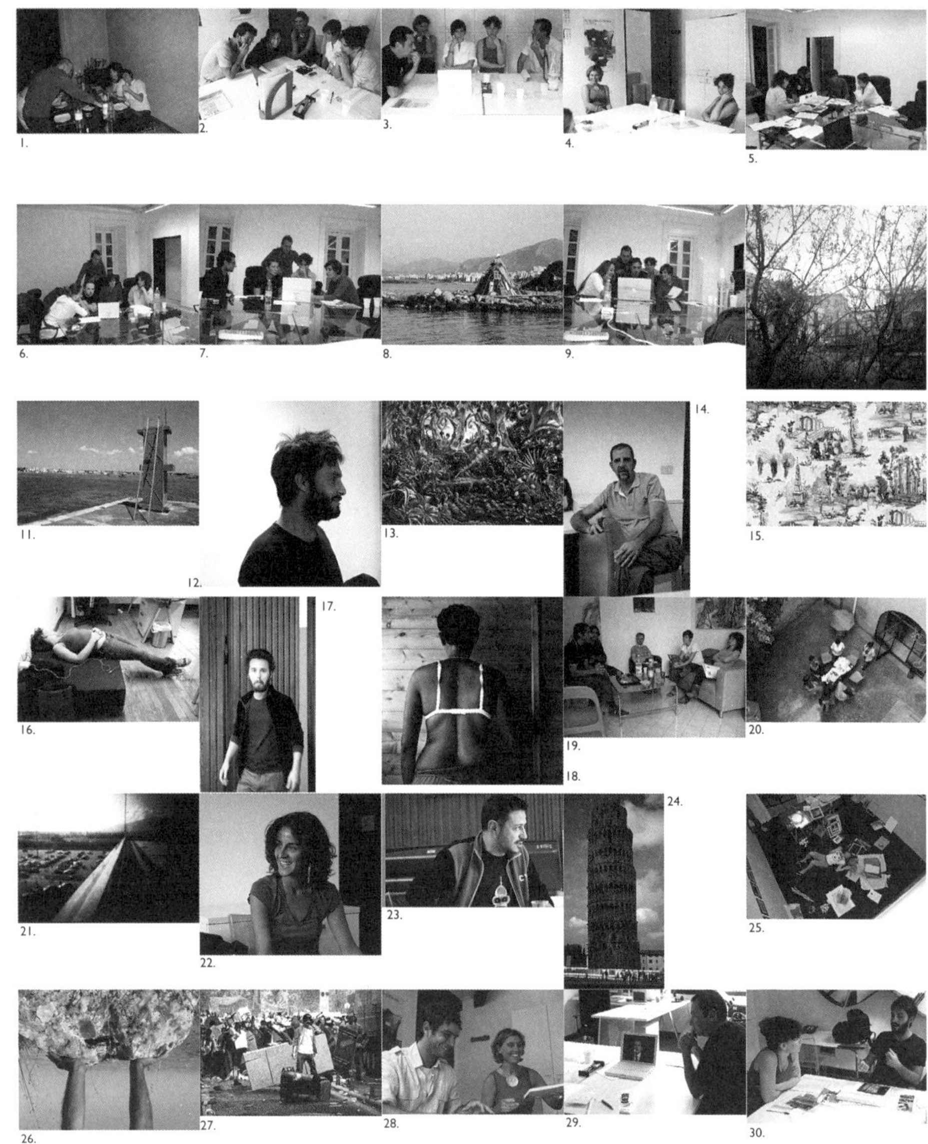

Dall'alto verso il basso, da sinistra a destra /
from top to bottom, from left to right

1. A cena da Francesco Pantaleone, Palermo
    Dinner at Francesco Pantaleone's place, Palermo
2. Con / with /barbaragurrieri/group, SACS/Riso,
    Museo d'arte contemporanea della Sicilia, Palermo
    Photo: Bruno Giordano
3. Con / with canecapovolto, SACS/Riso, Museo
    d'arte contemporanea della Sicilia, Palermo
    Photo: Bruno Giordano
4. Cristiana Perrella e / and Pelin Uran, SACS/Riso,
    Museo d'arte contemporanea della Sicilia, Palermo
    Photo: Bruno Giordano
5. Con / with Eugenio Tibaldi e / and Olga Scotto
    di Vettimo, PAN, Napoli
6. Con / with Iabo, Adriana Rispoli, Eugenio Viola,
    PAN, Napoli
7. Con / with Pennacchio Argentato, PAN, Napoli
8. Domenico Mangano, Sant'Erasmo, SACS/Riso,
    Museo d'arte contemporanea della Sicilia, Palermo
9. Con / with Domenico Antonio Mancini, Adriana
    Rispoli, Eugenio Viola, PAN, Napoli
10. Emanuele Lo Cascio, Polvere, 2007, fotografia /
    photograph. Courtesy l'artista / Courtesy the
    artist
11. Francesco Arena, Torre, 2007, parquet e metallo
    zincato / parquet and zinced metal. Courtesy
    l'artista / Courtesy the artist e / and Monitor
    Video&Contemporary Art, Roma
12. Adalberto Abbate, profilo destro / right profile,
    SACS/Riso, Museo d'arte contemporanea della
    Sicilia, Palermo
    Photo: Bruno Giordano
13. Fulvio Di Piazza, Distretto Fonderie, 2008, olio su
    tela / oil on canvas, 200 x 300 cm. Courtesy
    Bonelli arte contemporanea, Mantova
14. Fulvio Di Piazza, SACS/Riso, Museo d'arte
    contemporanea della Sicilia, Palermo
    Photo: Bruno Giordano
15. Francesco Simeti, Arabian Nights, SACS/Riso,
    Museo d'arte contemporanea della Sicilia, Palermo
16. Pelin Uran, senza titolo!, SACS/Riso, Museo
    d'arte contemporanea della Sicilia, Palermo
    Photo: Bruno Giordano
17. Laboratorio Saccardi (Marco Borgia),

SACS/Riso, Museo d'arte contemporanea della
Sicilia, Palermo
Photo: Bruno Giordano
18. Melania Comoretto, Senza titolo, fotografia /
    photograph, 2008. Courtesy l'artista / Courtesy
    the artist
19. Nello studio alla / in the studio at Vuccirìa di /
    by Alessandro Bazan, Palermo. Con / with
    Andrew Mania, Emanuele Lo Cascio
    Photo: Gianluca Concialdi
20. Pranzo con arancine / lunch with croquettes,
    SACS/Riso, Museo d'arte contemporanea della
    Sicilia, Palermo
    Photo: Bruno Giordano
21. Rosa Barba, Split Fileds, SACS/Riso, Museo d'arte
    contemporanea della Sicilia, Palermo
22. Sandra Virlinzi, SACS/Riso, Museo d'arte
    contemporanea della Sicilia, Palermo
    Photo: Bruno Giordano
23. Andrea Di Marco, SACS/Riso, Museo d'arte
    contemporanea della Sicilia, Palermo
    Photo: Bruno Giordano
24. Chiara Passa, Replicating Architecture, 2008,
    Courtesy l'artista / Courtesy the artist
25. Andrew Mania e / and Gatto nella / at the
    galleria Francesco Pantaleone, Palermo
26. Alessandro Piangiamore, La terra è pesante ma si
    può sollevare, SACS/Riso, Museo d'arte
    contemporanea della Sicilia, Palermo
27. Andrea Salvino, Ricominciare da capo non significa
    tornare indietro, 2002, olio su tela / oil on canvas,
    300 x 440 cm, Collezione privata / private
    collection, Milano. Courtesy l'artista / Courtesy
    the artist
28. Benny Chirco e / and Cristiana Perrella,
    SACS/Riso, Museo d'arte contemporanea della
    Sicilia, Palermo
    Photo: Bruno Giordano
29. canecapovolto (Enrico Aresu), SACS/Riso,
    Museo d'arte contemporanea della Sicilia,
    Palermo. Photo: Bruno Giordano
30. Adalberto Abbate e / and Pelin Uran, SACS/Riso,
    Museo d'arte contemporanea della Sicilia, Palermo
    Photo: Bruno Giordano

South Side Story

Laura Barreca
Pelin Uran

Laura Barreca: Pelin arrived from Istanbul on a still-hot September day. Our "journey" to discover the artists from Naples, Palermo, and Rome began on the third floor of the Palazzo delle Arti di Napoli (PAN) during a beautiful Neapolitan morning. We spent four days viewing the work of over thirty artists through many meetings and conversations, mainly thanks to the cooperation of the three major museums of the city. The idea of involving the head offices of PAN, Palazzo Riso, and MAXXI was born from the desire to experience the synergy between curators and artists along with contemporary art institutions, as well as to regard museums as "open spaces" and not as mere containers of works. Contemporary museums combine the role of place for promotion and cultural activities, of interaction and artistic production, where even the youngest artists have the opportunity for exchange, in this case, even with the presence of a foreign curator. We translated the selection of artists for the Premio FURLA 2009, both as an occasion of knowledge for us, Italian curators, and as an opportunity to dialogue with the five foreign curators that we invited to participate in the project. For my part, I intended to turn our attention to this reconnaissance to Southern Italy, in cities that I know and work in, and that—just for geographical reasons— are often regarded as places that are far from the art system. We organized meetings at the three museums, contacting Julia Draganovic, Art Director of PAN, Anna Mattirolo, Director of MAXXI-Arte, and Antonella Amorelli, of Palazzo Riso. The people participating in the intense days of our *South Side Story* (editor's note: a title thought up by Giacinto Di Pietrantonio) had an active role and were helpful, which made our little "grand tour" a very interesting experience, indeed, I would say unique.

The Gold of Naples

The days spent in Naples were intense, chaotic, and enjoyable: we called artists who live and work not only in that city but also in other places. Adriana Rispoli and Eugenio Viola—two energetic Neapolitan curators that participated in the meetings and introduced the Neapolitan artists to us—have kindly helped us. At PAN, we were allowed to use the meeting room, which was our "outstation" for three days.

Cesare Pietroiusti was the first one to meet. He told us about his artistic experience, about the crucial moment of transition to performance, about his interest in working on the boundary between the public and the private, always with the idea of challenging the rules of the art system, of economics, of society. We were impressed by the depth of his thought, his intellectual integrity, the brilliant oddness of his actions, and the participatory manner of his performances.

The outline of the meetings was thorough. Eugenio Tibaldi's drawings showed us the anthropological studies of Varcaturo, on the outskirts of Naples, a no man's land at the mercy of all sorts of private communication initiatives. The image of decadence returns in an ironic and noir way through the works by Walter Picardi and by Vincenzo Rusciano. The iconic and hyper-contemporary images of IABO scratch both the walls of Naples and the minds of Neapolitans, with biting sarcasm. His video, *Batt'e'mann*, shows the Neapolitan version of a superhero that only asks for trouble. Among the other works, the Pennacchio Argentato duo showed us—with disarming cheerfulness—the issue of garbage, by making three youngsters dance to the beat of the twist on a colorful sea of trash. The debunking *vis* evidently belongs to the Neapolitan soul as well as to the work by Roxy in the Box, who shows the criticism of contemporary society in an ultra-pop

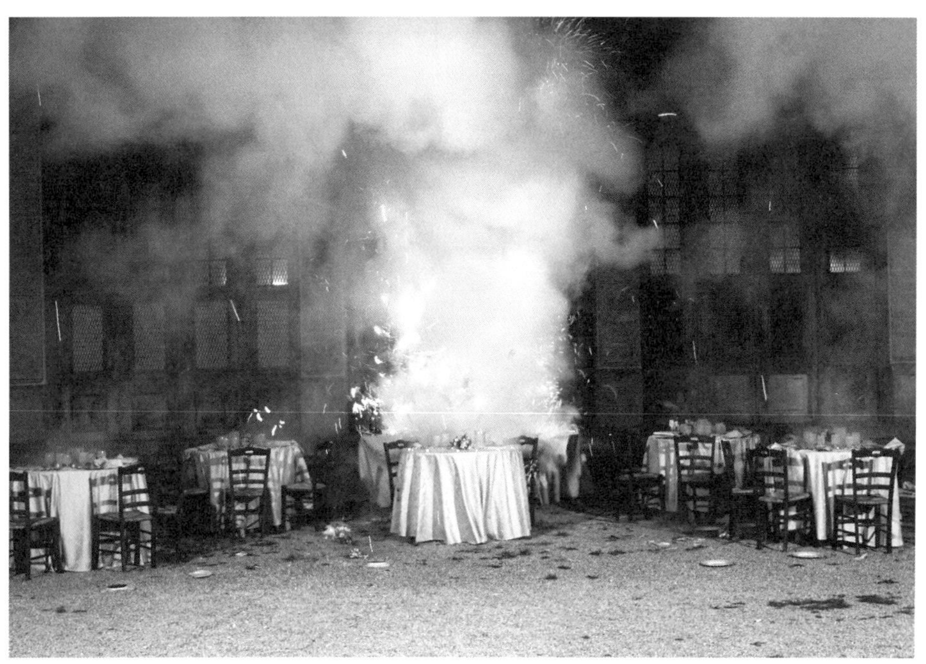

Loredana Longo
Explosion #15, The Wedding Feast, 2007
Courtesy SACS/Riso, Museo d'arte contemporanea della Sicilia, Palermo

version. The dreamy tonc of Maurizio Elcttrico's stories took us to a timeless and ancestral dimension.

The South seemed to be closer through Domenico Antonio Mancini's project: the public could move there thanks to a special office, activated during the exhibition *Dai tempo al tempo* held in the town of Guarene d'Alba. We ended the day with Rosy Rox and Anna Fusco, who welcomed us in the late afternoon in their studios in an aristocratic residence located in the historic center of Naples—which they share with Keller, an architecture office—between the whips embellished by crystals, skillfully made by Rosy Rox, and the dark but beautiful images of Anna Fusco. Besides their curious philosophical and digital processing, we discovered that Bianco & Valente are also two excellent cooks, who nourished us at the end of the day in their home studio. Our journey continued even more South.

South, South towards Palermo

When we arrived in Palermo, we were welcomed by Antonella Amorelli, of Palazzo Riso, and by Cristiana Perrella, head of S.A.C.S., a window for young artists as well as an initiative that allows a constant updating, monitoring, and promotion of the work by Sicilian artists. First, we met the Canecapovolto duo, who explained to us how a sharp political eye is shown through their audio and video works. The spontaneous irony of Adalberto Abbate's photographs shows us a lenticular view of reality, by reproducing images of great visual and emotional impact. From the same generation, Fulvio Di Piazza and Andrea Di Marco are painters of a "Palermo school" that has never existed, a concept followed by some Sicilian artists who share their passion for painting, but each one with a deep artistic individuality. The paintings by Fulvio Di Piazza, with their unique style, are the genetically modified result of a highly refined technique combined with an exaggerated baroque style. In the works by Domenico Mangano, we could appreciate the sensibility—and simplicity—of his first videos through his lucid criticism to current events and his concern with the problem of social alienation and indifference. Moving into the heart of the city, we arrived in the bizarre "art district" of Vucciria and reached Piazza del Garraffello, set up by the Austrian artist Uwe Jäntsch, where there stands the imposing building in which you can find the Francesco Pantaleone gallery and, a floor below, Alessandro Bazan's studio. The rooms of the building—worthy of some of the most beautiful sceneries of Luchino Visconti—welcomed us in a surreal evening that we spent in company of Andrew Mania, an English artist, host of the gallery and author of a solo exhibition that opened a few days later. It was Sunday morning, and together with Paola Nicita, a curator and journalist, we took Pelin and Andrew around the antiques market of Piazza Marina, where we bought *cannoli* and *arancine*—typical of Sicilian cuisine—to sanctify the end of our visit to Palermo.

Rome, Open City

The prolific Sicilian art (and not only that) dazed us. A fifty-minute flight took us to our last stop. We arrived in Rome and, unfortunately, it was raining. Our meetings were held at the Museo H. Andersen, the temporary location of MAXXI until the imminent opening of the new museum designed by Zaha Hadid. Anna Mattirolo accepted our request to see the Roman artists, symbolically "opening" the doors of the museum to our initiative. In the afternoon, we met Giuseppe Pietroniro, whose projects show a paradoxical vision of reality, a viewpoint that certainly feels the effects of his Roman collaboration with Joseph Kosuth. The work by Carola Spadoni shows that the loss of meaning of the image is connected with video and the dryness of cinematographic language. Andrea Salvino shows political protests through his paintings and pencil drawings. A conceptual taste can be found in the work by Alessandro Piangiamore—Sicilian by birth but Roman by choice—who manages to capture both randomness and concreteness from reality. The work by Donato Piccolo has a distinctly sculptural nature. Marco Papa's artistic and creative works are directed to an audience that is also interested in design. The only net-artist we met in our journey was Chiara Passa, who has been engaged in experiments on the web and in the creation of virtual and interactive architectures for years. Guendalina Salini—with great expressive style and small gestures—creates installations and video works that contain different stories. Francesco Arena stops time and collective memory in his sculpture-installations, like exercises for the mind against the denial of history and the past. Our journey ended among the video images by Daniele Puppi, for years in search of style for his physical actions, the so-called *Fatiche*, video installations created by combining architecture and rhythm, a balance of forces due to the relationship between the artist and the space of the work. At that point, we concluded our reconnaissance. It was time to stop and reflect.

Laura Barreca and Pelin Uran: Why Giulia Piscitelli?
Giulia Piscitelli's interdisciplinary approach, influenced by the experiments of happenings and body art, takes the form of performances, photographs, sculptures, and videos. Her videos recall the early conceptual videos of the 1960s, for which artists recorded ephemeral projects such as performances or moments from their daily lives in front of a camera without an audience.
Giulia Piscitelli impressed us because her work is direct, immediately understandable, cruel and poetic at the same time, and because words are not worth enough. It is the image that conveys concepts and ideas, which pass across visual expressions, shapes of objects created by the artist and debunking gestures that make the audience get involved. Giulia works on the conceptual shift of the object, from its existence and functionality in the world to its becoming a metaphor or a paradox. A mattress painted silver becomes a relic while a ladder is a seat. Life is a challenge.

Pelin Uran: Why focus on the process rather than the end result . . . ?
If a curator favors process-oriented art-practice, this does not necessarily imply that he follows the same strategy in his curatorial approach. A process-oriented approach demands time and energy, which are scarce resources in the superfast art world. However, the results are vastly rewarding. Laura Barreca and I gave ourselves ten days to do studio visits in the Southern part of Italy without the stress of focusing solely on the idea of selecting an artist for the Premio FURLA. We both utilized this time and space in different ways: I, more in terms of expanding my familiarity with art production in the South and Laura undoing her familiarity with the region with the help of local curators, institutions, and museums. We also used a certain amount of space and time (however limited) for discussion and conversation with all the artists we visited. These building blocks of the project allowed us to explore further possibilities. For me, this was a way to bypass the **biggest challenge**: *How to say something meaningful in a place where I've spent only a brief time while acknowledging the fact that I'm a stranger, a foreigner, that I'm too far away to understand anything deep enough?* If only I could understand what made us feel closer to the artist that we'd chosen— given the brief time for reflection—and what could free us from our preconceptions, then our experience would make sense.

We would like to thank:
Antonella Amorelli, Elena di Majo,
Julia Draganovic, Anna Mattirolo, Paola Nicita,
Anne Palopoli, Francesco Pantaleone,
Cristiana Perrella, Adriana Rispoli,
Mirtilla Rolandi Ricci, Monia Trombetta,
Marina Vergiani, Eugenio Viola,
and all the artists.

Giulia Piscitelli

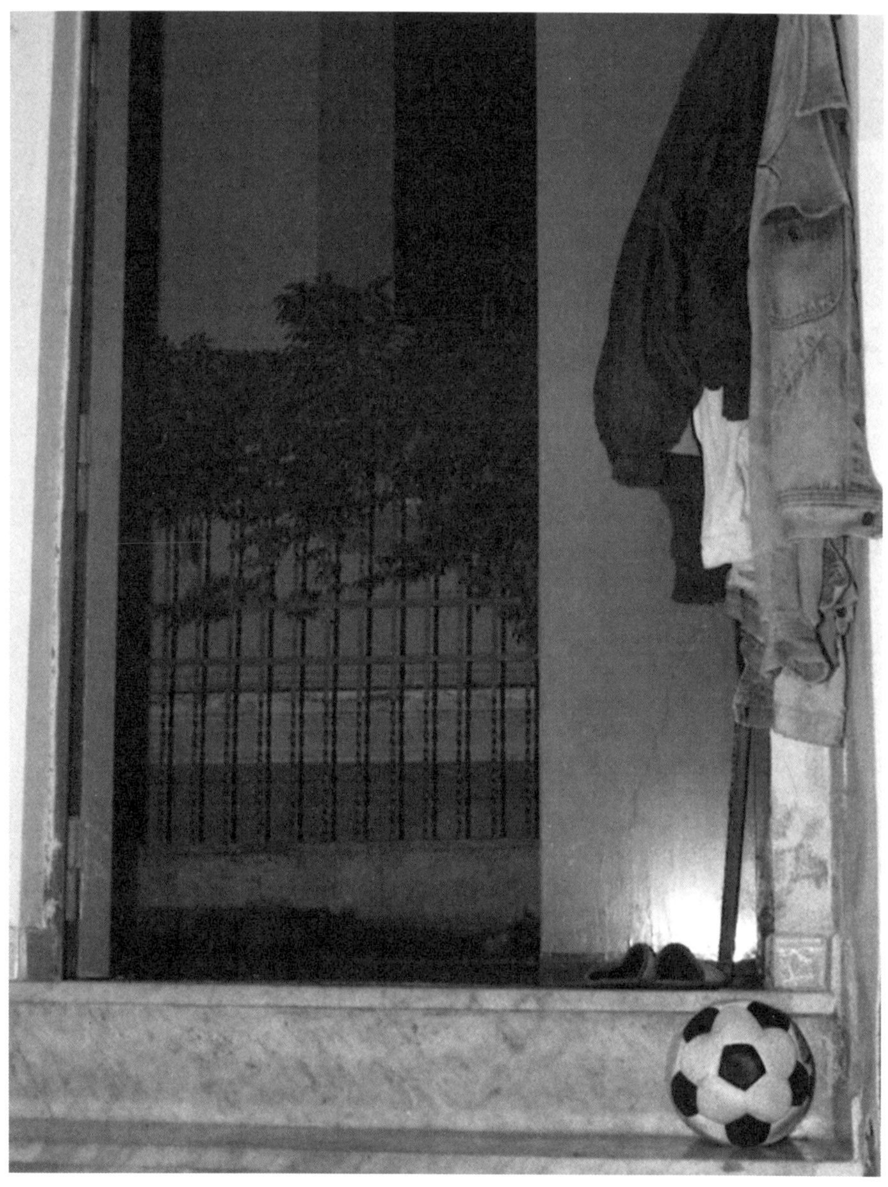

pp. 90-99
signor Z / Mr. Z, 2008
progetto per il Premio FURLA 2009 / the project for Premio FURLA 2009
Courtesy l'artista / Courtesy the artist

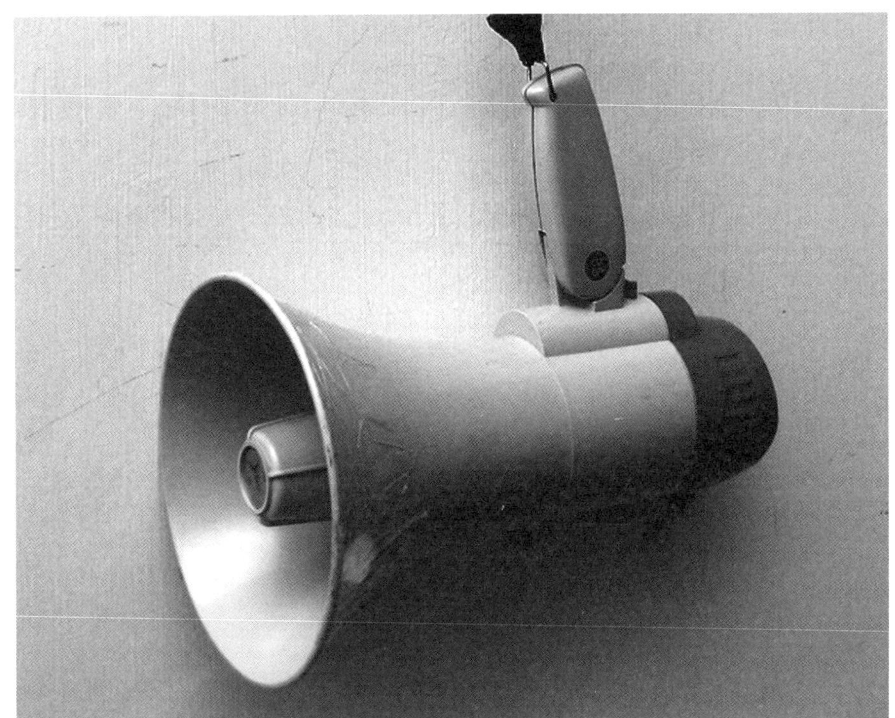

Signor Z / Mr. Z

Ho un'ora, un'ora di tempo. Tempo reale.
Quanto costano la mia vita, i miei pensieri, i miei gesti, i miei oggetti;
e quanto questi realmente mi appartengono.
Un'ora di tempo, un'ora di tempo reale.
Quanto costa la vita del signor Z, quanto costano i suoi ideali,
la sua immagine, i suoi oggetti.
Telefono al signor Z e glielo chiedo, e gli chiedo anche se vuole
vendermi la sua vita.
Chi è il signor Z?

I have one hour, one hour of time. Real time.
How much do my life, my thoughts, my acts, my objects cost?
And how much do all of them really belong to me?
One hour of time, one hour of real time.
How much does Mr. Z's life cost?
How much do his ideals cost? His image, his objects?
I phone Mr. Z and I ask him, I ask him even though he wants
to sell me his life.
Who is Mr. Z?

È un uomo di trentanove anni, nato a Napoli, celibe
con un figlio.
Perché scelgo il signor Z?
Perché ha cercato nella sua vita di non dividere mai
i suoi pensieri, i suoi principi-ideali dal proprio corpo,
con la coscienza che tutto ciò ha un prezzo.
E il prezzo non è sicuramente quello che io
gli propongo nel vendermi la sua vita.
Quali sono i pensieri del signor Z?

He is a thirty-nine-year-old man, born in Naples, unmarried,
and with a son.
Why do I choose Mr. Z?
Because I tried, in his life, to never share his thoughts,
his principles/ideals from his own body,
knowing that all this has a price.
And the price is certainly not the one
I propose to him in selling me his life.
What are Mr. Z's thoughts?

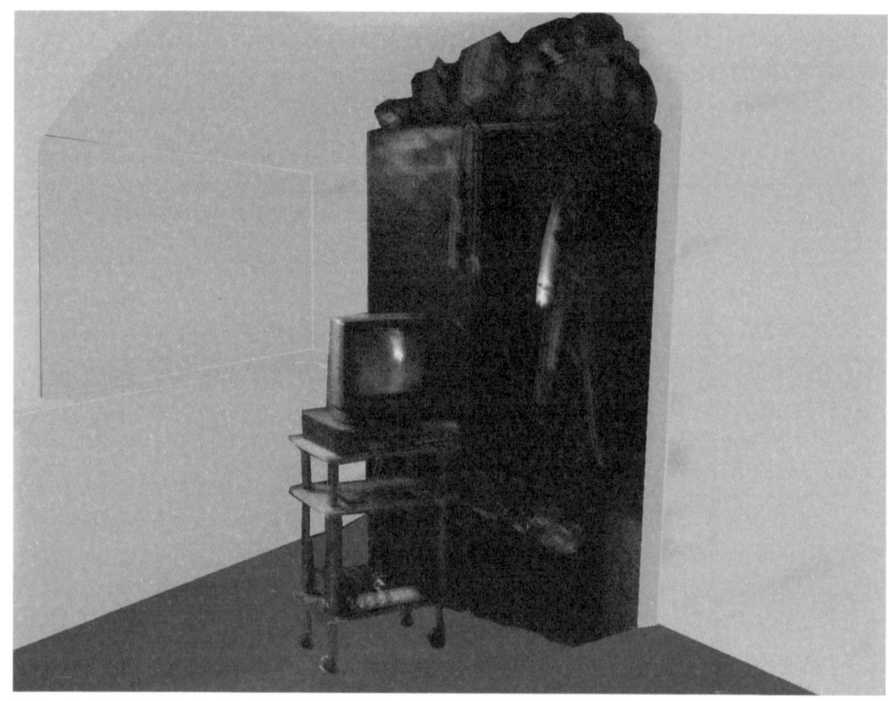

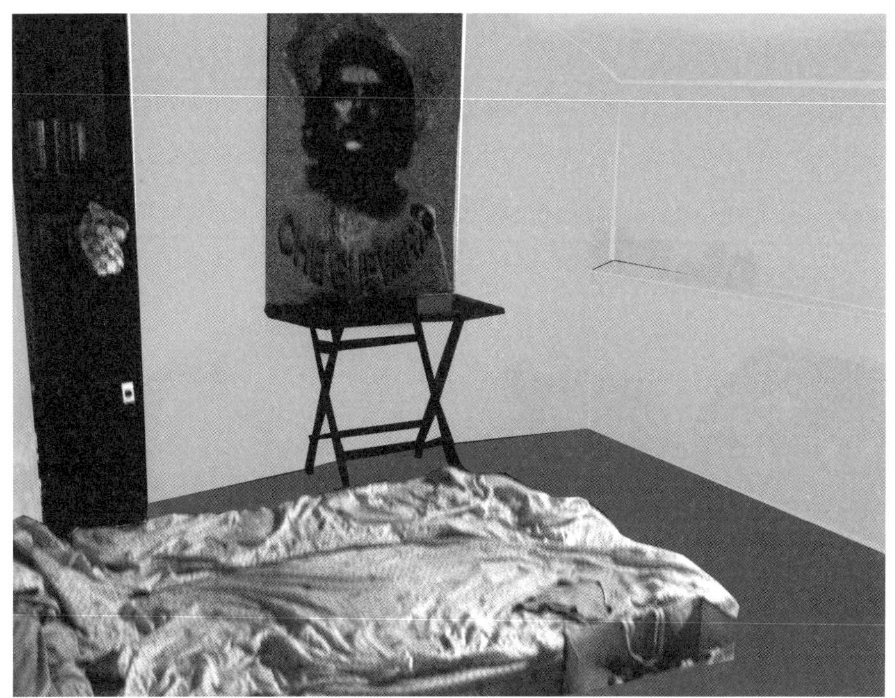

I suoi pensieri costantemente lavorano
sulla necessità di vivere al presente, nella realtà,
ogni singola cellula si interroga: quanto sono io e
quanto un riflesso di ciò che è fuori da me.
Per non perdersi a cosa si è agganciato il signor Z,
visto che per lui l'arte è troppo irreale e non può appartenergli?
Si è agganciato negli anni Ottanta al gruppo ultras dei Fedayn
della squadra di calcio del Napoli. In quegli anni essere
Fedayn (che in arabo significa *devoto*, usato dai militanti
della guerriglia armata palestinese) significava
sostenere ideali sociali di sinistra.

His thoughts constantly work on the necessity to leave the present,
in reality, each cell asks itself: how true is it that it is really me,
and how much am I a reflection of what there is outside of me?
In order not to lose himself, what did Mr. Z get himself into?
He got into the 1980s Fedayn "Ultras" group
of Naples' soccer team.
In those years, to be "Fedayn" (in Arabic it means "faithful,"
a term used by the militants of Palestinian military troops)
meant to support communist ideals.

Allora gli chiedo:
quanto costa la stoffa
dove c'è stampato Che Guevara;
quanto costa il mobile che ti porti dietro
da quando sei nato
perché ti ricorda tuo padre che non è più vivo;
quanto costa l'armadio senza una porta perché è così che ti piace,
con una cima di nave appoggiata sulla porta restante
e che non deve mai spostarsi;
quanto costa la foto allo stadio dove tre piccole frecce rosse
indicano che tra tutta quella gente
c'eri anche tu;
quanto costa la coperta del Napoli
che ti ha regalato tuo figlio quando era piccolo,
e dalla quale non ti separeresti mai;
quanto costa questo letto dove non riesci a dormire
se non da solo;
quanto costa la tua televisione
che riflette il tuo sonno.

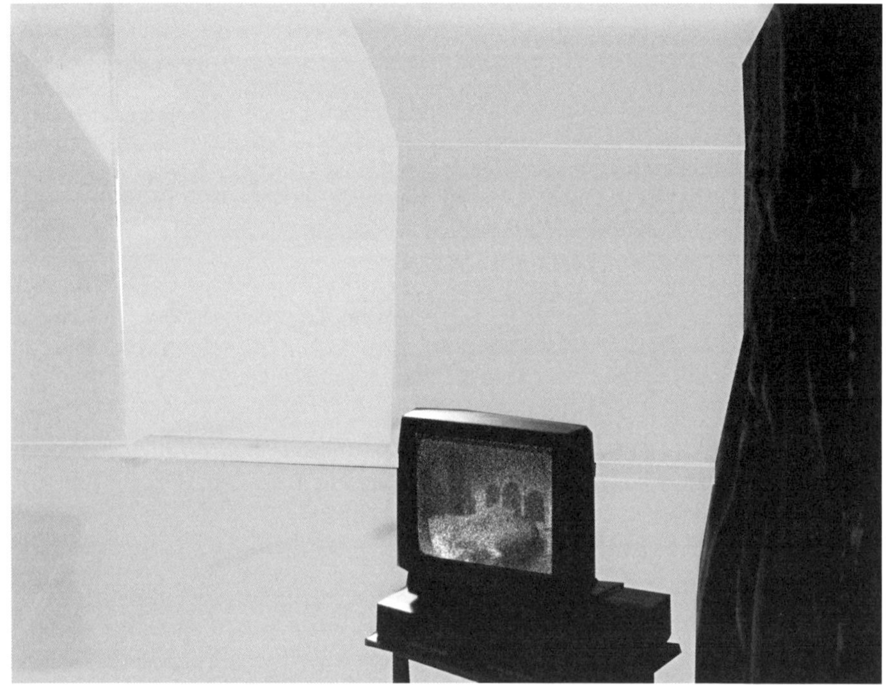

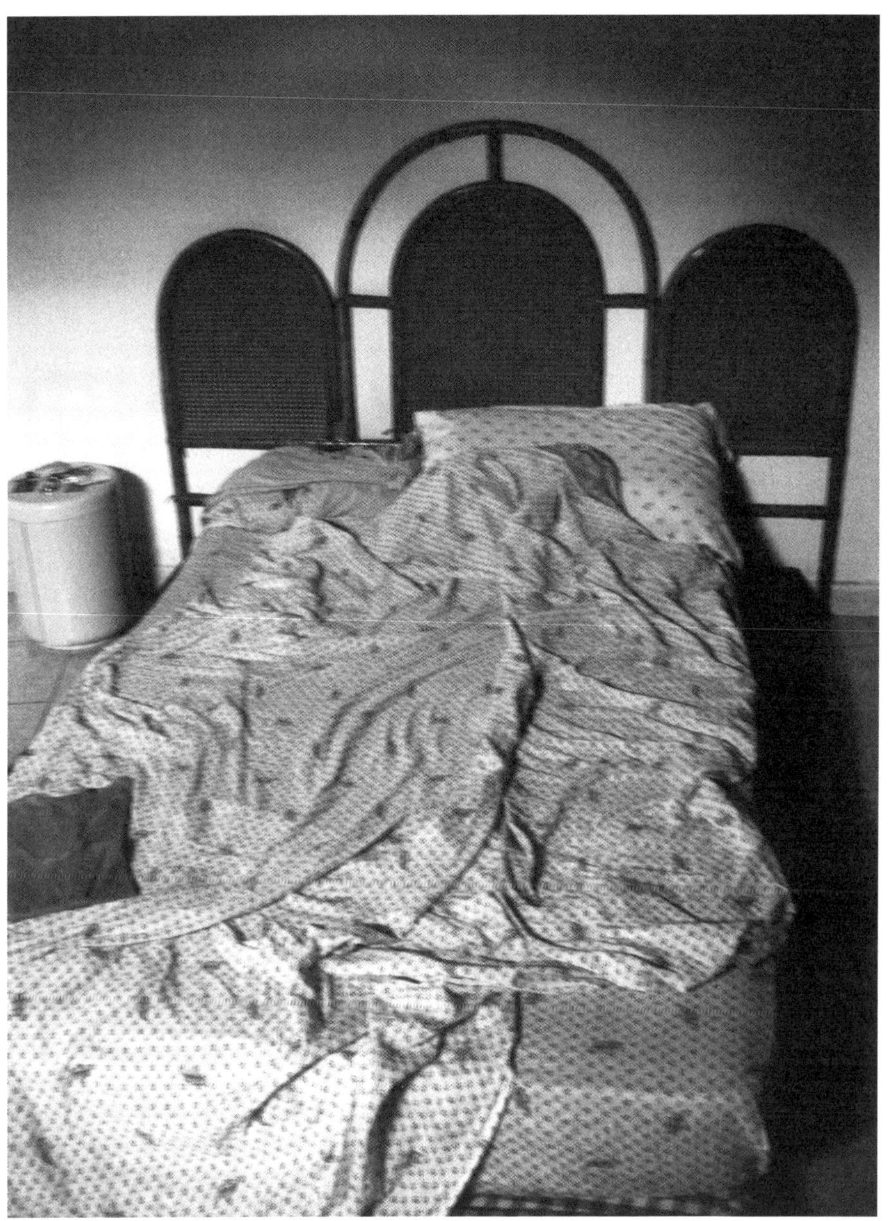

Se mi dai un prezzo, posso comprare queste cose,
quello che non posso comprare è il prezzo che tu paghi
per essere quello che liberamente sei.

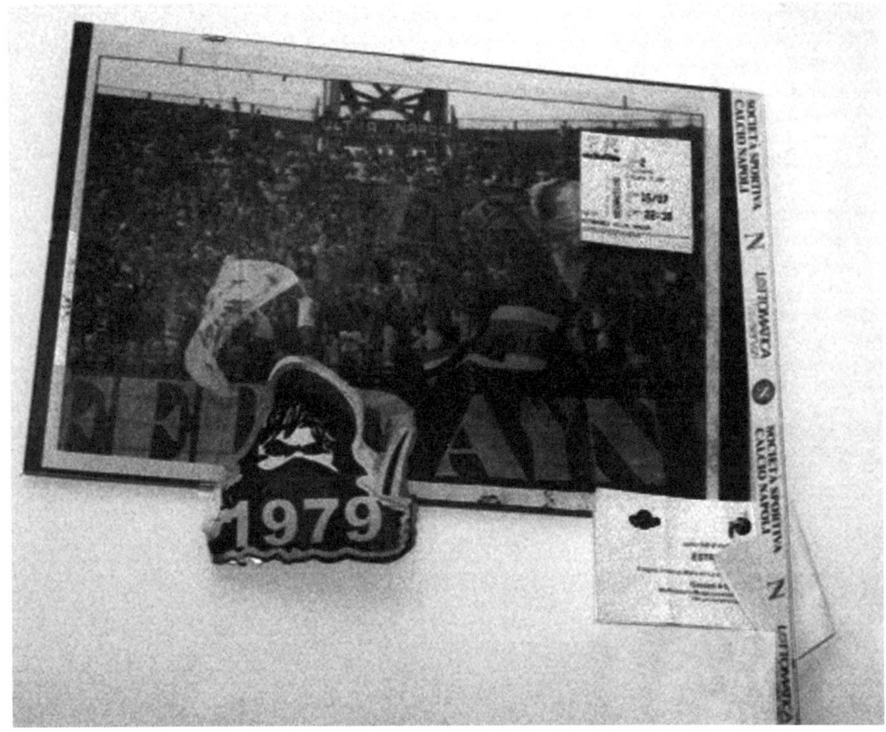

Then I ask him:
how much does the fabric
with Che Guevara printed on it cost?
How much does the furniture cost that you've been carrying with you
since you were born just because it reminds you of your father who is no longer alive?
How much does that cupboard without a door cost?
That cupboard kept without a door because that's the way you like it,
with a ship mast lying against the door
that has never be moved from there.
How much does that photo at the stadium cost?
The photo where three tiny red arrows indicate that,
amidst that entire crowd, you were there as well.
How much is the blanket with the Naples soccer team on it?
Your son gave it to you when he was a kid,
and you would never separate yourself from it.
How much does this bed cost,
the bed where you can sleep only by yourself?
How much does your TV cost,
the TV that is a reflection of your sleep?

If you tell me a price, I could buy these things.
What I could never buy is the price that you pay in order
to be what you freely are.

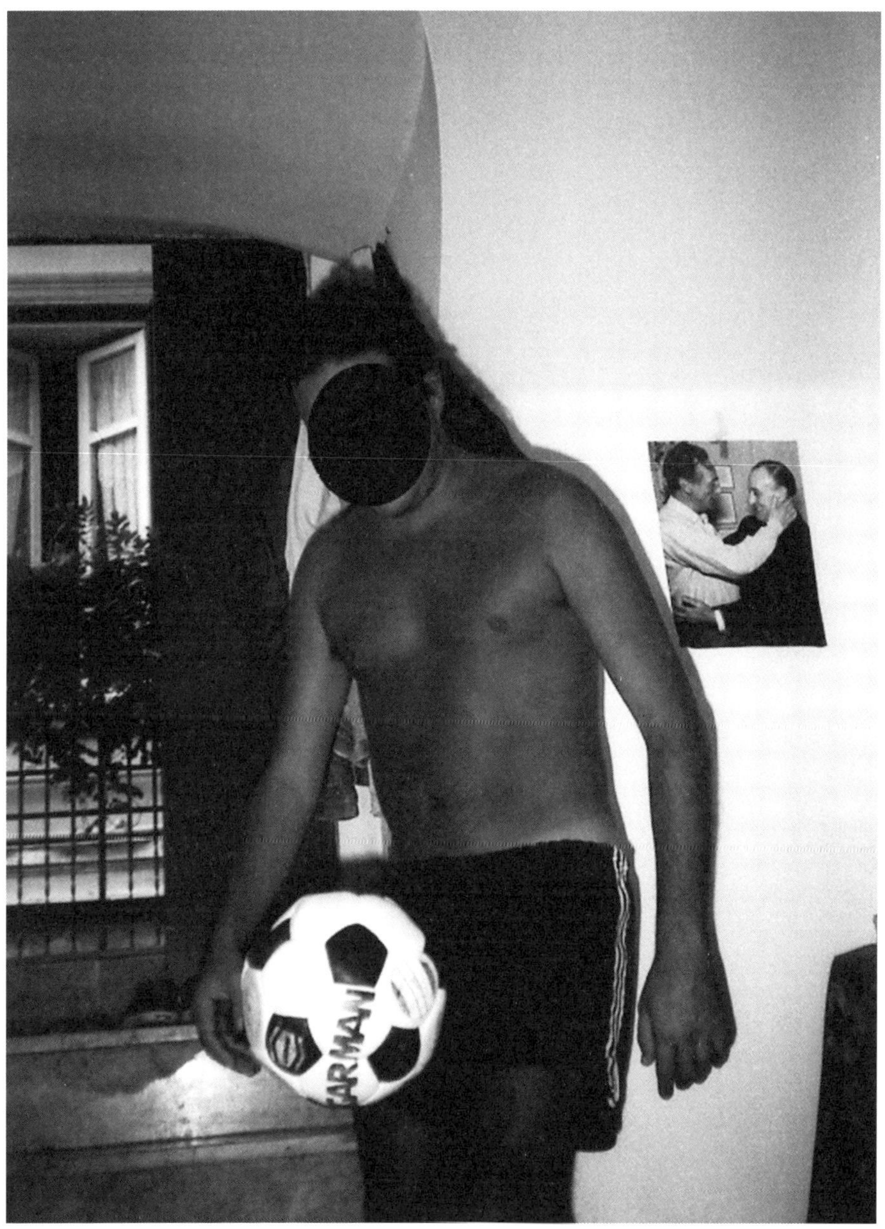

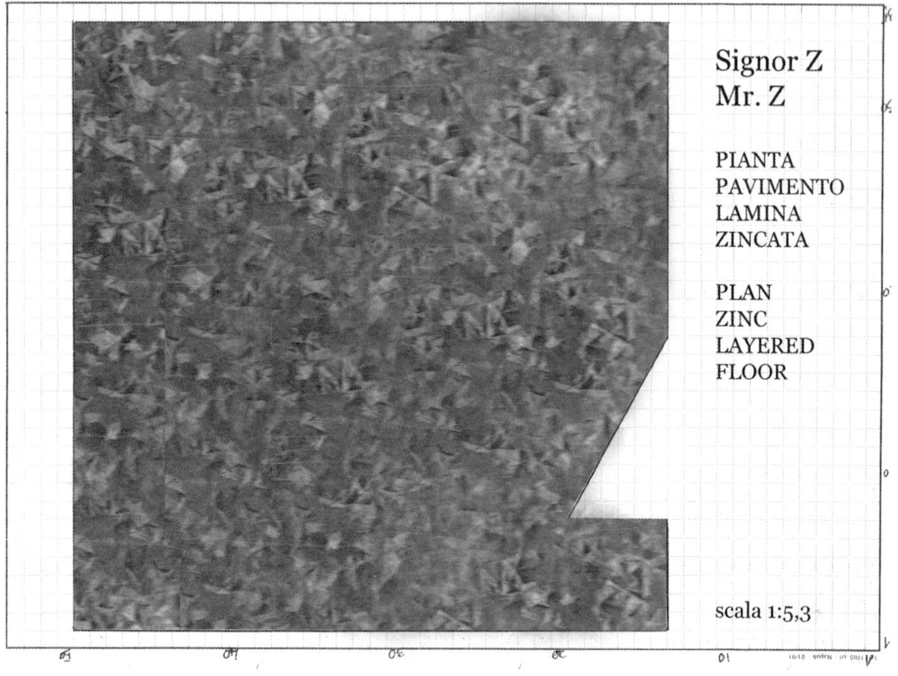

L'opera dal titolo *signor Z* consiste nell'acquistare gli oggetti
(letto, armadio, mobile, televisione ecc.) del signor Z,
creare un pavimento in lamina zincata della stessa quadratura
della stanza reale che contiene questi oggetti,
disporre sopra la lamina gli oggetti
a ricreare fedelmente la stanza,
inoltre la televisione proietterà un video
da me realizzato
che sarà in parte il progetto stesso.

"Mr. Z"'s work consists of buying objects
(bed, cupboard, furniture, TV, etc.)
that belong to Mr. Z himself,
to create a zinc layered floor, the same size
as the real room that contains these objects,
to arrange the objects over the layer
and to faithfully recreate that same room.
The TV will show a video made by me
that will partly be the project itself.

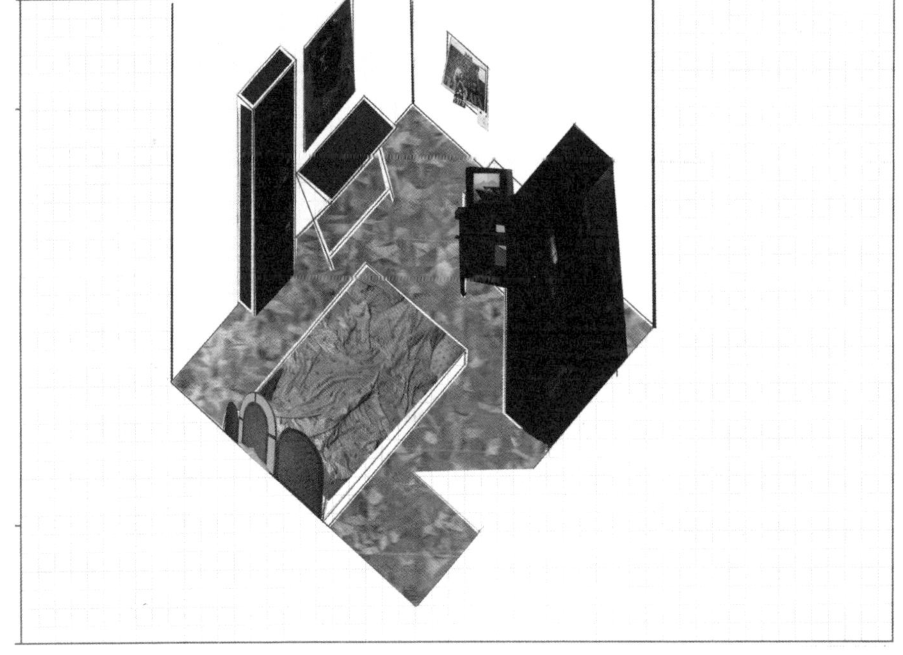

Caroline Corbetta
Daniel Birnbaum

Alberto Tadiello

Una giornata particolare (Daniel Birnbaum a Milano)

Caroline Corbetta

"Il genere che mi affascina è la fantascienza in cui storie frammentate e incomplete di viaggi misteriosi e pericolosi sono raccontate da viaggiatori impavidi e ignari che superano una serie di ostacoli per confrontarsi con un'altra realtà che ha a che fare con la rivelazione. La prospettiva può cambiare dalla prima persona alla terza, fino ad assumere i tratti del documentario." Raccontando del suo lavoro, delle influenze che esso ingloba e rielabora, Rosa Barba ha involontariamente fornito un riassunto metaforico, conferendogli tonalità quasi epiche, di una giornata particolare spesa in compagnia di un critico e curatore di fama internazionale e una dozzina di artisti italiani. Una manciata di ore, dalla mattina alla sera, per accompagnare – con mandato del comitato scientifico del Premio FURLA 2009 – Daniel Birnbaum in un viaggio attraverso l'arte italiana contemporanea. Più che un'escursione è stata un'incursione: una verifica sul campo necessariamente concentrata dato che l'intellettuale di origine svedese ultimamente è particolarmente impegnato sia nelle vesti di curatore della Triennale di Torino (già quasi in fase di allestimento nella giornata di cui qui si dà conto) che in quelle di direttore della Biennale di Venezia (in apertura il prossimo giugno). La sua estemporanea ma significativa presenza sulla scena italiana era un'occasione da cogliere al volo per contribuire a evitare che i suoi incarichi nostrani non costituissero – nonostante la sua indiscutibile sensibilità e curiosità intellettuale, già dimostrata includendo diversi artisti italiani nella Triennale torinese – l'ennesima operazione a senso unico per cui i curatori stranieri da noi mettono a frutto i loro prestigiosi contatti internazionali ma se ne ripartono avendo conosciuto poco e niente di quello che si fa dalle nostri parti.

Il viaggio è iniziato su un taxi da Malpensa ed è terminato la sera in un ristorante: circostanze abituali per altri sistemi artistici che qui (dove non esiste un insieme strutturato di residenze per curatori e artisti) hanno assunto un sapore straordinario, emozionante quasi da film di fantascienza, appunto. Il confronto "con un'altra realtà che ha a che fare con la rivelazione" ha avuto luogo a Milano perché nonostante tutto (e, sopra ogni cosa, l'assenza di un centro d'arte contemporanea) la città accoglie il maggior numero di gallerie e di artisti, il che la mette comunque al centro della mappa artistica nazionale.

Più che una ricognizione è stata una lunga corsa sull'ottovolante; un "dentro-fuori" undici differenti linguaggi, sensibilità, modi di comunicare e di pensare. L'unico denominatore comune, oltre alla qualità delle opere passate in rassegna, è stato lo schermo dei laptop, condensato portatile di un intero studio, che è diventato di volta in volta la cornice elettronica di una varietà – creativa e generazionale – che, nonostante l'assenza di un sistema che la coltivi e valorizzi, si esprime con necessaria intensità e quasi inaspettata (forse per il guest-curator) professionalità.

Rosa Barba (1972), Filippo Berta (1977), Rossana Buremi (1975), Valerio Carrubba (1975), Paolo Chiasera (1978), Flavio Favelli (1967), Francesco Gennari (1972), Jacopo Miliani (1979), Marcello Maloberti (1966), Valerio Rocco Orlando (1978), Alberto Tadiello (1983).

Sono gli undici artisti, il variegato campione di arte contemporanea italiana, che ho pre-selezionato a uso del curatore internazionale: un assortimento intenzionalmente eterogeneo per far perdere un po' l'orientamento a Birnbaum – per continuare la metafora del viaggio – e soprattutto per non dargli la falsa idea di un'identità artistica italiana. Tra l'artista più giovane e il più maturo ci sono diciassette anni di differenza; alcuni hanno già avuto numerose occasioni espositive anche all'estero, altri stanno muovendo i primi passi professionali, eppure nell'immaginario collettivo sono tutti indifferentemente eti-

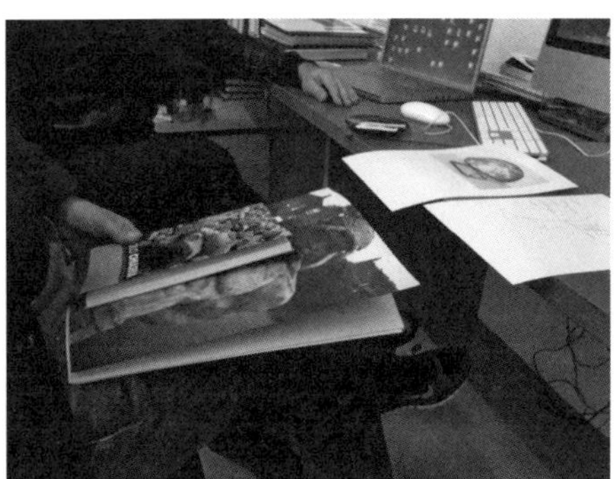

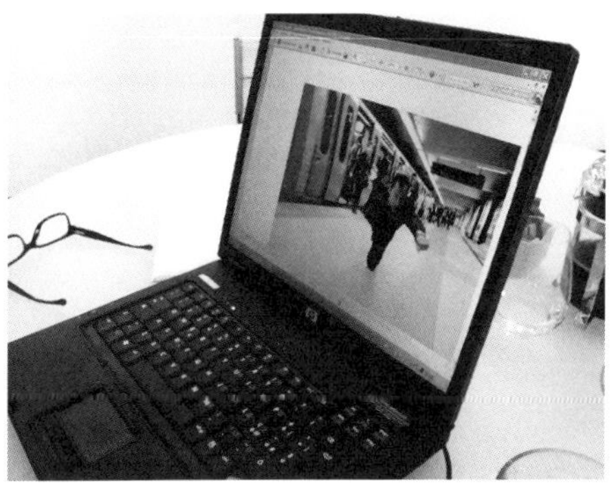

pp. 103-104
22 ottobre 2008
Photo: Caroline Corbetta

chettati come "giovani artisti" il che, in un paese ammalato di gerontofilia, vuol dire che non contano nulla o quasi. Per questo è necessario il consolidamento di una rete istituzionale che consenta loro di giocare le proprie carte a livello internazionale, là dove si disputano le partite importanti. Non sto facendo professione di esterofilia: oggi il sistema dell'arte è quanto di più globalizzato ci possa essere e l'Italia è una periferia piuttosto insignificante all'interno di questa galassia. Noi siamo il paese delle singole

eccellenze da esportazione – qualcuno più pessimista chiama il fenomeno fuga di cervelli. In attesa della costituzione di un sistema culturale forte, capace di dialogare a pari dignità con le altre realtà internazionali, viaggiare, e quindi conoscere, è l'esperienza necessaria e imprescindibile. Ed è, infatti, uno degli obiettivi principali dei cosiddetti "giovani artisti".

Una giornata particolare lo è stata non solo per l'opportunità di far conoscere il proprio lavoro a un protagonista del mondo dell'arte ma anche per la possibilità di confrontarsi con lui sui temi della propria ricerca. È stato anche un confronto ideale tra questi artisti che hanno fornito un'istantanea dello stato dell'arte italiana, oltre le singole esperienze, con testimonianze, riflessioni e battute che si possono arbitrariamente suddividere in tre capitoli:

Passato (o dell'educazione sentimentale)
"Pisanello e Beuys."
Paolo Chiasera

"Riconosco il valore importantissimo dell'arte concettuale italiana (Arte Povera, Informale, Transavanguardia...) anche se forse penso, non in maniera del tutto oppositiva, che il sistema artistico italiano continui a ricercare canoni troppo legati a questi contesti in fase di storicizzazione; limitando le potenzialità di rischio di una nuova scena di giovani che dovrebbero sempre più rapportarsi a una scena internazionale."
Jacopo Miliani

"Nella mia infanzia e adolescenza sono accaduti dei fatti importanti e drammatici che tutto il mondo ha conosciuto. Io li ho in qualche modo filtrati e rimangono presenti nelle mie immagini. Il progetto che sto facendo sull'Itavia lega i miei ricordi di ragazzino, le profondità del mare e i buchi neri del mio paese."
Flavio Favelli

Presente (o dell'identità e della mancanza)
"Essere un artista italiano significa conoscere un paesaggio, come Antonioni nella nebbia: è un'immagine eterna, anche quando è bel tempo Antonioni è sempre nella nebbia."
Paolo Chiasera

"Tutto sembra fermo e intoccabile. È un sistema retto da leggi non scritte e non trasgredibili ma il vero male è il non sentirsi parte di un mondo più grande o almeno di una Europa. L'unico rimedio a tutto questo sembra il fuggire verso luoghi ipoteticamente migliori appena possibile. L'estero ha il fascino del sostegno di uno Stato sempre presente, di uno Stato che ha capito che in quanto esiste economicamente, tale forza deve assolutamente riflettersi sulla cultura. Che la potenza di uno Stato è data soprattutto dall'immagine che dà di sé stesso al mondo."
Rossana Buremi

"Vedo che molti emigrano all'estero."
Flavio Favelli

"Non è molto facile a Milano incontrare curatori stranieri e soprattutto avere la possibilità di avere con loro una 'studio visit', opportunità che ho avuto modo di sperimentare maggiormente all'estero durante il mio periodo di studio (a Londra) o di residenza (a Istanbul)."
Jacopo Miliani

"In Italia ci sono supermercati che sembrano delle kunsthalle tedesche."
Marcello Maloberti

"Per quanto abbia viaggiato e studiato all'estero, per me è davvero necessario confrontarmi con la realtà italiana in cui sono cresciuto.
Nonostante infatti i concetti e le emozioni che fondano la mia ricerca tendano all'universalità,

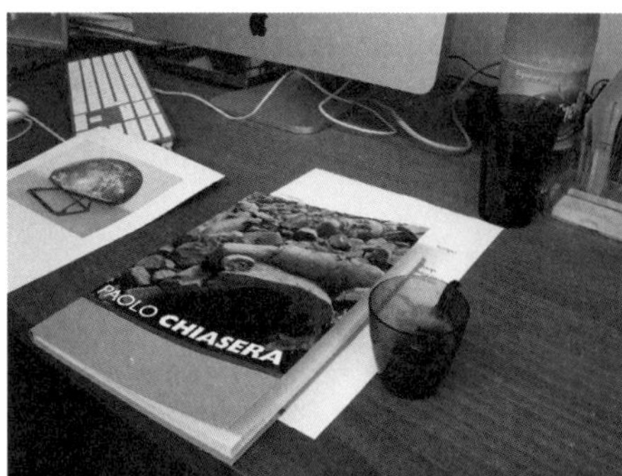

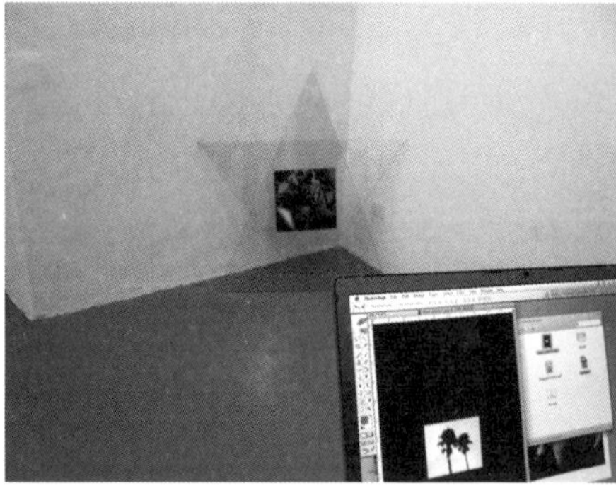

per permettere una maggiore condivisione con soggetti diversi, è inevitabile il riferimento alla società in cui vengono concepiti."
Valerio Rocco Orlando

"Il mondo dell'arte ha superato le rigide imposizioni delle Istituzioni Statali. L'informazione può essere utile visto che l'esigenza che accomuna le ultime generazioni di artisti italiani è il desiderio di fuga dall'Italia, e questo dipende certo dalla mancanza di qualcosa, ma definire con esattezza cosa manca non è facile. La soluzione? Dire che manca tutto. Che equivale a dire che non manca niente. Il disorientamento, generalmente vissuto come condizione da evitare, può

rivelarsi invece una forma di libertà. L'implosione dovuta dall'impossibilità di manifestarsi avva-
lora le potenzialità di un individuo. Implosione
seguita da una naturale esplosione può essere la
chiave che offre al nuovo panorama italiano un
futuro interessante, in modo da evitare di rima-
nere un bello specchio dove si riflette tutto ciò
che accade. L'artista è tale quando riesce a
generare qualcosa con niente. Ecco, forse è questa la prova alla quale il giovane artista italiano
è chiamato a rispondere. La difficoltà può essere
il mezzo per una vera crescita."
Filippo Berta

"Essere artisti italiani non significa nulla in sé,
non siamo, ormai da qualche secolo, punto di riferimento per nessuno. Vivere e operare in Italia ha
dei lati positivi e negativi…
Credo che in nessun altro paese, come in Italia,
l'artista sia così coccolato e vezzeggiato da colle-
zionisti e critici, anche al livello più basso della
carriera.
Se ci si accontenta di una modesta rendita e di
una riconoscibilità tutta locale, non credo esista
paese migliore del nostro.
Se, all'opposto, si hanno desideri di grandezza,
allora tutto cambia.
Non siamo abbastanza esotici da attrarre nessu
no, non abbiamo un contesto sociale interessante
internazionalmente, non abbiamo investimenti da
parte di chicchessia, siamo tendenzialmente
stanziali, è molto diffusa l'ignoranza di una seconda lingua e siamo pure in perenne infatuazione
per qualcuno venuto dall'estero.
Ciò premesso, ritengo che la qualità del lavoro
che gli artisti italiani producono sia molto alto.
Proprio perché sempre sotto pressione, vittima di
un pregiudizio secondo il quale tutto ciò che si
produce fuori è sempre meglio di quanto si faccia
in casa propria, sono convinto che l'artista italiano sia sempre molto attento alla qualità dell'ope-

ra, alla sua contestualizzazione e lettura, alla sua
decifrazione e al suo fraintendimento."
Valerio Carrubba

"Attualmente mi sembra che gli artisti sentano
sempre meno il bisogno di vedersi accomunati
da dei tratti riconoscibili, come accadeva ad
esempio ai protagonisti dell'Arte Povera; noto
una certa individualità e autonomia di singoli
artisti che lavorano in ambiti e usano linguaggi
molto diversi."
Alberto Tadiello

"Mancano le istituzioni, ma ciò non può essere un
alibi al non procedere del lavoro di un artista."
Francesco Gennari

Futuro (o della speranza)
"Per quanto riguarda il sistema milanese, sento
la necessità di uno scambio più proficuo, non
solo con le istituzioni, ma tra gli artisti stessi.
Penso infatti che la nascita di nuovi spazi e di
progetti ad hoc in questa direzione porteranno a
sorprese interessanti."
Valerio Rocco Orlando

"L'Italia continuerà forse ad essere un paese
povero con degli abitanti ricchi."
Flavio Favelli

"Ci sarà un rinascimento, un momento di viva-
cità e curiosità."
Marcello Maloberti

Tirare le fila, scrivere un epilogo, è impossibile
perché la storia è in corso.

A Strange and Special Day (Daniel Birnbaum in Milan)

Caroline Corbetta

"The genre that most intrigues me is science fiction, in which fragmented, incomplete tales of mysterious and dangerous voyages are told by fearless, unshakable travelers who overcome a series of obstacles to discover another reality—a reality that has to do with revelation. The narrative voice and perspective can change from first person to third person, to the point of assuming the characteristics of a documentary." In talking about her work and the influences it absorbs and elaborates upon, Rosa Barba has unwittingly provided a metaphorical summary of a strange and special day spent in the company of an internationally renowned critic and curator, as well as a dozen or so Italian artists—imbuing it with an almost epic tone. From morning to night, this group spent just a few hours, under the auspices of the advisory committee of the 2009 Premio FURLA, alongside Daniel Birnbaum, guiding him on a voyage through contemporary Italian art. More than an *ex*cursion, it was a veritable *in*cursion: it was a raid of sorts, an on-site overview of the Italian art scene carried out perforce in a highly concentrated way, since the Swedish-born intellectual has been kept quite busy lately as curator of the Turin Triennale (about to be installed that same day) and as director of the upcoming Venice Biennale (set to open next June). His impromptu yet significant presence on the Italian scene was not to be missed, as it was both a chance to invite his participation in the Premio Furla, as well as to avoid the risk that his recent curatorial undertakings in Italy didn't become—despite his unquestionable intellectual sensitivity and curiosity, already proven by his inclusion of various Italian artists in the Turin Triennale—yet another one-way operation like so many others, whereby foreign curators come here to cultivate and make the most of their prestigious international contacts and yet leave having gained little to no familiarity with what is going on across the contemporary Italian art scene.

The voyage began with a taxi ride from Malpensa Airport and ended that evening in a restaurant—circumstances that may be common in other places and other art scenes, yet here (where there is no real organized residency structure for curators and artists) have taken on a highly special feel, with emotional levels on par with your average science fiction film. This encounter with "another reality—a reality that has to do with revelation" took place in Milan because, despite it all (and especially despite the absence of a real, national center for contemporary art) this city has the greatest number of galleries and artists, which places it, by default, at the center of the Italian art scene.

More than a recognizance mission of sorts, it was actually a long, twisting ride on the loop-de-loop; a rapid "in-out" covering eleven different artistic languages, sensibilities, modes of communicating, and ways of thinking. The sole common denominator—aside from the consistent quality of works reviewed that day—was the many laptop screens, the condensed, portable representations of an entire studio. Time and time again these screens became the electronic frame through which we saw a great variety—both creative and generational—of work that, despite the absence of an organized system to encourage its growth, nevertheless expresses itself with a necessary intensity and almost unexpected (for the guest-curator, perhaps) level of professionalism.

The eleven artists were Rosa Barba (1972), Filippo Berta (1977), Rossana Buremi (1975), Valerio Carrubba (1975), Paolo Chiasera (1978), Flavio Favelli (1967), Francesco Gennari (1972), Jacopo Miliani (1979), Marcello Maloberti (1966), Valerio Rocco Orlando (1978), Alberto Tadiello (1983).

Taken together, they are an example of the sheer diversity of contemporary Italian art, and are the group I pre-selected for the international curator's visit. It was an intentionally heterogeneous assortment, both to disorient Birnbaum a little bit—to

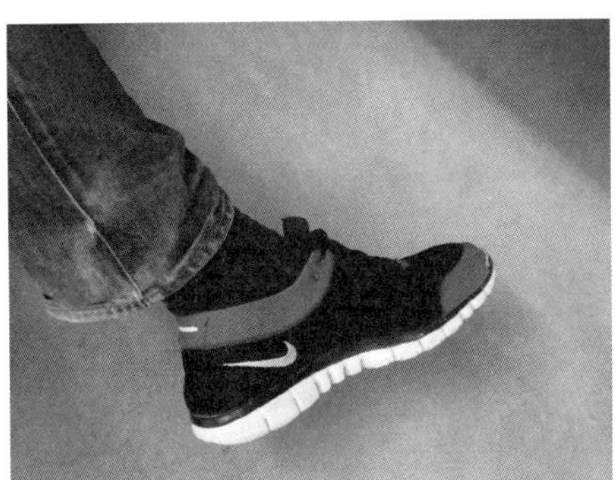

pp. 107-108
October 22, 2008
Photo: Caroline Corbetta

continue the metaphor of the voyage—and above all to avoid giving him some false impression of any sole, unified Italian artistic identity. There are seventeen years of difference between the youngest artist and the eldest; some have already had numerous chances to exhibit abroad, while others are still taking their first professional steps into the art world. Yet In the collective consciousness they have all been indifferently labeled "young artists," a detail that, in a country plagued by gerontophilia and a blind deference to age over accomplishment, means they count for little or nothing. This is why there has to be an organized, institutional network that allows them to show their cards on an international level, where the important games take place (to use another metaphor). I'm not advocating a blind predilection for all that is foreign: today the art world is as globalized as anything can be, and yet Italy remains a rather insignificant, marginal player when one looks at the broader universe—indeed, the veritable galaxy—that is today's art world. Italy is a country of isolated instances of excellence crafted for export; the more pessimistic among us term this phenomenon *fuga di cervelli,*

the national "brain drain." As we wait for someone to pen the constitution for a strong Italian cultural system, an organization capable of bringing Italy into the international dialogue on a par with other nations, traveling abroad, and therefore getting to know other realities, remains a key experience. And travel is, indeed, one of the main goals of these so-called young artists.

It was a special day for the participants not only because of the opportunity it gave them to show their work to one of the main figures of the contemporary art world, but also because it gave them the chance to discuss the themes of their artistic investigations with him. It was also an ideal encounter between the artists themselves—all of whom, as a group, provided a snapshot of the current state of Italian art that went beyond their own individual experiences—with testimonies and anecdotes, reflections, and jokes that could arbitrarily be divided into three main parts:

Past (or, On Sentimental Education)

"Pisanello and Beuys"
Paolo Chiasera

"I recognize the importance of Italian conceptual art (the Arte Povera, Informale, Transavanguardia, and other movements . . .), even if I think that—and not in an entirely opposing way—the Italian artistic system continues to look for canons that are too closely linked to those contexts that are in the process of becoming a part of history. That limits the risky possibility of a new scene of younger artists, who should increasingly be dealing with the international art scene."
Jacopo Miliani

"Throughout my childhood and teen years many important, dramatic events took place—events the entire world saw. I somehow filtered all that, and those events remain present within my

images. The project I'm doing (figuratively) links my childhood memories to both the depths of the sea and the black holes of my native country."
Flavio Favelli

Present (or, On Identity and the Lack Thereof)
"To be an Italian artist means you know a certain landscape, like Antonioni in the fog: it's an eternal image. Even when it's a beautiful, sunny day out, Antonioni's always in the fog."
Paolo Chiasera

"Everything seems immobile and untouchable. It's a system ruled by unwritten, inviolable rules, but the worst part of it is feeling like you're not part of the larger world, or at least a part of Europe. The only remedy for all this seems to be fleeing—to anywhere that is, at least hypothetically, a better place—as soon as possible. Foreign countries hold the attraction of a government that consistently supports the arts, a government that understands, insofar as it economically exists, that its strengths must absolutely be reflected in its culture. [Foreign countries understand] that a government's strength comes primarily from the images it chooses to give to the broader world."
Rossana Buremi

"I see a lot of people moving abroad."
Flavio Favelli

"In Milan it's not so easy to meet foreign curators, or get any chance to have them over for a studio visit—those are opportunities I had more of when I was studying abroad (in London) and when I did a residency (in Istanbul)."
Jacopo Miliani

"In Italy there are supermarkets that look like German *Kunsthallen*."
Marcello Maloberti

"As much as I've traveled and studied abroad, I really feel a need to deal with the Italian reality that I grew up in. Regardless of the fact that the concepts and emotions I base my artistic investigation on tend to be universal ones, in order to allow for a greater ability to share in various subjects, there is an inevitable reference to the society in which those subjects are conceived."
Valerio Rocco Orlando

"The art world has surpassed the rigid impositions placed on it by state and government institutions. Information can be useful, since the one need all the most recent generations of Italian artists seem to have in common is their desire to leave Italy; that certainly depends on the lack of something, but defining exactly what that *something* is isn't so easy. The solution? The solution is to say that *everything* is lacking—which is the same as saying nothing at all is lacking. This kind of disorientation, which is generally seen as a condition to be avoided at all costs, can instead become a form of freedom. The implosion provoked by this impossibility of fully realizing oneself and one's work brings out a person's latent potential. Such an implosion, followed by a natural explosion, could be the key that will bring the new Italian art scene an interesting future, so we

might hope to avoid getting stuck in a beautiful mirror that just reflects everything going on around it. The artist is truly an artist when he manages to make something from nothing. That is, perhaps, the test all young Italian artists are put to, and must now respond to as well. Difficulty can be the means toward real growth."
Filippo Berta

"Being an Italian artist means nothing in and of itself: we aren't—and for the last few centuries we haven't been—a point of reference for anyone. Living and working in Italy has its positives and negatives . . .
I think that in no other country, as much as in Italy, are artists coddled and spoiled by collectors and critics, even at the lowest levels of their career.
If you can make your peace with a modest income and a strictly local audience, I think there's no better country than this one.
If, on the other hand, you're after greatness, everything changes.
We aren't exotic enough to attract anyone, we don't have a social context that's interesting to people on an international level, we don't offer the promise of investments coming from who-knows-where, geographically speaking we're generally stable, a lot of us don't speak any second language, and on top of it all we're continually infatuated with anyone who's come from abroad.
That said, I think that the quality of work being produced by Italian artists is very high.
Precisely because we're under pressure—because we're the victims of a prejudice according to which anything produced anywhere else is invariably better than anything you could make at home—I'm convinced that Italian artists are always really attentive to the quality of their work, its contextualization and the possible readings it might receive, the way it will be deci-

phered and potentially misinterpreted or misunderstood."
Valerio Carrubba

"Right now, it seems to me that artists are feeling an ever lesser need to be grouped according to recognizable traits, as happened, for example, to the main artists of the Arte Povera movement; now I see a certain individuality and autonomy, with single artists working in different realms and using really diverse visual languages."
Alberto Tadiello

"There's a lack of [arts] institutions, but that can't really be an excuse for why an artist's work isn't moving forward."
Francesco Gennari

Future (or, On Hope)
"As far as Milan's art system goes, I feel the need for a more fruitful exchange—not only between institutions, but between artists themselves.
Actually, I think that the creation of new spaces and ad hoc projects moving in that direction could lead to some interesting surprises."
Valerio Rocco Orlando

"Italy just might go on being a poor country with a few rich inhabitants."
Flavio Favelli

"There will be a renaissance, a new moment of liveliness and curiosity."
Marcello Maloberti

Summing it all up to write an epilogue is impossible because this story—and history itself—is still unfolding.

Alberto Tadiello

SHIFT, 2008

"In musica, il Pitch shift è una variazione di frequenza della nota musicale, ridotta o aumentata di una certa quantità. Intuitivamente, l'effetto può essere banalmente riprodotto con un elastico teso fra le mani e pizzicato. Se durante la vibrazione l'elastico viene ulteriormente allungato, il suono prodotto diverrà più acuto; se esso viene rilasciato, il suono diverrà più grave."*

SHIFT è un sistema che permette la sonorizzazione dei cali di tensione di un impianto elettrico. L'impianto presente in un qualsiasi ambiente abitato si sviluppa in una distensione e ramificazione di cavi interna ai muri, ai solai, ai pavimenti; a seconda di quanti e quali apparecchi vengono ad esso collegati subisce variazioni e cali di tensione, dovuti alla maggiore o minore richiesta energetica degli apparecchi stessi.
La struttura è composta da un amplificatore e da una coppia di casse audio, connessi a una serie di trasformatori che alimentano quattro circuiti in grado di convertire le variazioni di una frequenza elettrica nelle corrispettive frequenze audio.
L'intero sistema, alimentato da una normale presa elettrica, risulta così dipendente dall'impianto al quale è collegato, trasformando in tempo reale la corrente in suono.
L'altissima frequenza del flusso elettrico crea un fischio estremamente penetrante e acuto che taglia e fora lo spazio.
Anche se ascoltato per pochi minuti, il sibilo possiede un'intensità tale da generare una memoria involontaria nel cervello, provocando nella testa e nei timpani una sorta di fruscio che – quando ci si allontana dalla fonte sonora – lentamente si affievolisce. Per circa cinque minuti si rigenera lo stesso scaricamento, che come una doppia conversione si insinua nello spettatore con discreta quanto aggressiva presenza e diviene residuo di un'esperienza fisica senza alcun contatto.
Una volta acceso e collegato, il suono vive di un proprio andamento, libero, non controllabile e dettato da una serie di variazioni che testimoniano lo svolgimento di un flusso e l'attività di un impianto, di una rete a cui quotidianamente ci si connette.
Il lavoro, appoggiato a terra, si presenta come un assemblaggio piuttosto articolato e denso di cablaggi, una sorta di piccola centrale o di reattore, con un'estetica molto scarna che ricorda visivamente la compattezza di una carica esplosiva.
Penso a questo lavoro come a un organismo che racconta di certe debolezze, stanchezze e cedimenti, lo immagino come una muffa che si dilata e restringe a seconda dei valori di temperatura e umidità di un ambiente o come un parassita che vive in rapporto di simbiosi con un corpo, attaccandosi e vivendo con esso.
Dimensioni 70 x 80 x 50 cm, diffusione sonora ambientale. Amplificatore, casse audio, alimentatori, cavi, circuiti.

*http://it.wikipedia.org/wiki/Pitch_shift

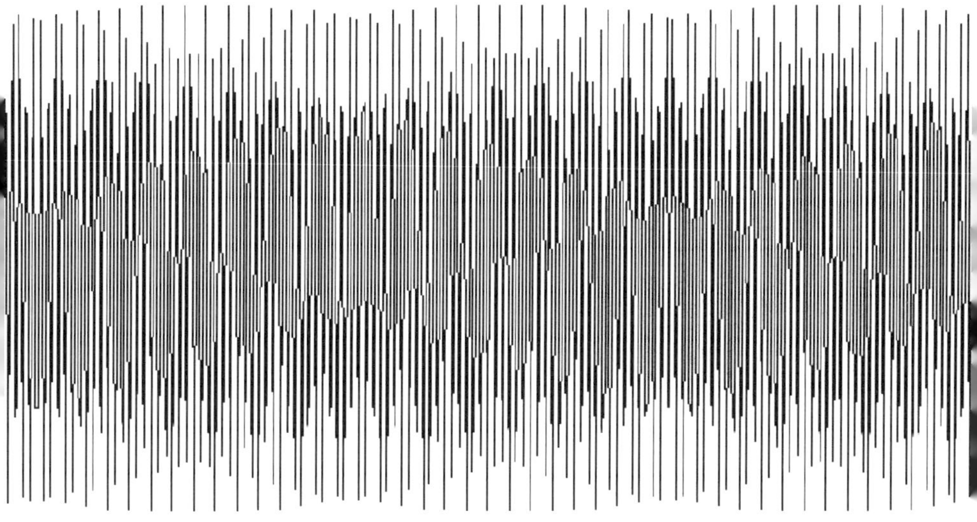

pp. 111-117
SHIFT, 2008
progetto per il Premio FURLA 2009 / the project
for Premio FURLA 2009
Courtesy l'artista / Courtesy the artist

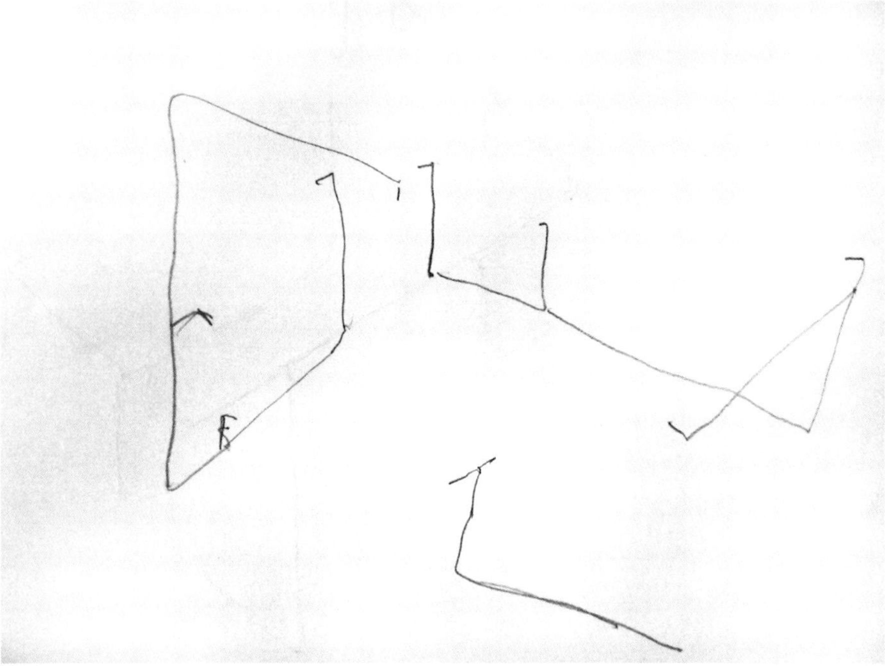

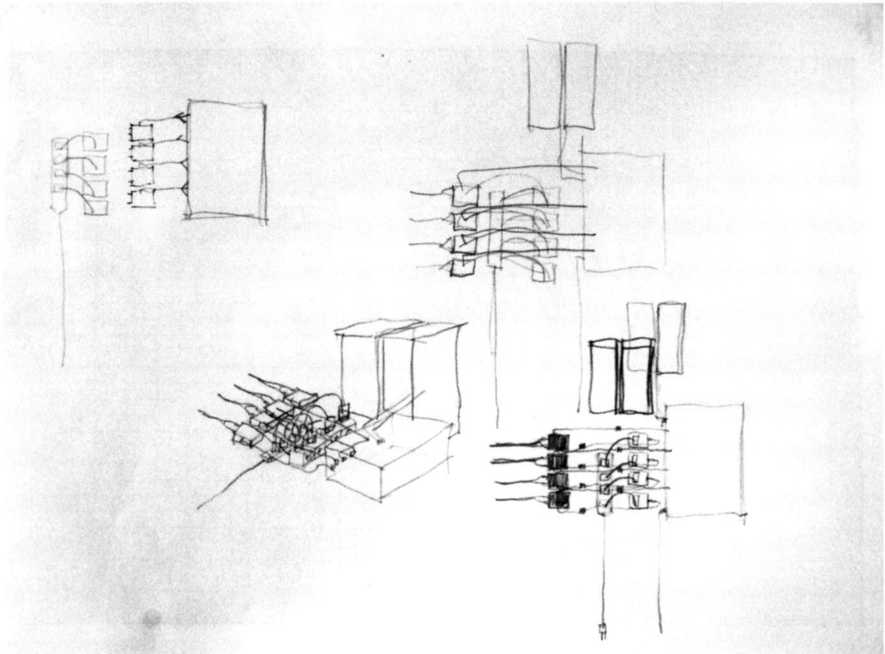

SHIFT, 2008

In music, the term "pitch shift" indicates a variation in the frequency of a musical note, which is raised or lowered ("shifted") by a certain pitch. Intuitively, the effect can be reproduced rather simply by stretching a rubber band between your hands and plucking it: if the rubber band is then stretched tighter as it vibrates, the sound it produces becomes a sharp note; if instead it is loosened, the sound becomes a flat note.*

SHIFT is a system that facilitates a recording of the sound of an electrical circuit's changes in voltage. The electrical system in any built structure branches into wired extensions running through walls, ceilings, and floors; depending upon how many and what type of devices and appliances are plugged into it, the circuit undergoes variations in voltage due to the greater or lesser electrical demands of each given device.
This particular structure is composed of an amplifier and a pair of speakers connected to a series of transformers that feed into four circuits, which then convert any variations in voltage frequency into corresponding audio frequencies.
The entire system, which works with a regular electrical socket, is therefore dependent upon the electrical circuit it is plugged into, and creates a real-time transformation of current into sound.
An extremely high-frequency electrical current creates an incredibly penetrating, acute screech that pierces through space.
If listened to for even just a few minutes, this whistle has enough intensity to generate an involuntary memory in the brain, leading to a sort of rustling noise in the head and eardrums of the listener. As the listener gets farther and farther from the source of the sound, this noise gradually weakens and disappears. For about five minutes the same level of aural discharge is regenerated and, like a double conversion—like feedback—it insinuates itself into the viewer's head with a discreet yet aggressive presence, becoming the residue of an experience that involves no actual contact yet is nevertheless highly physical.
Once it is plugged in and turned on, the sound comes to life and follows its own pace—free, uncontrollable, and dictated by a series of variations that attest to the flux and activity within an electrical circuit, a type of network people connect to each and every day.
This piece, set right on the floor, presents itself as a rather articulated and dense assemblage of cables—a sort of small-scale electrical plant, generator, or reactor—with a bare, sparse look visually reminiscent of an explosive charge's compactness.
I think of this work as an organism of sorts that exposes various weaknesses, fatigues, and breakdowns; I imagine it as a kind of mildew that spreads and contracts depending upon the temperature and humidity levels of its surroundings, or like a parasite that has a symbiotic relationship with another body, attaching to and living with it.
Size: 70 x 80 x 50 cm, spreading to fill the room it is exhibited in. Amplifier, speakers, electrical cords, cables, and circuits.

*http://it.wikipedia.org/wiki/Pitch_shift

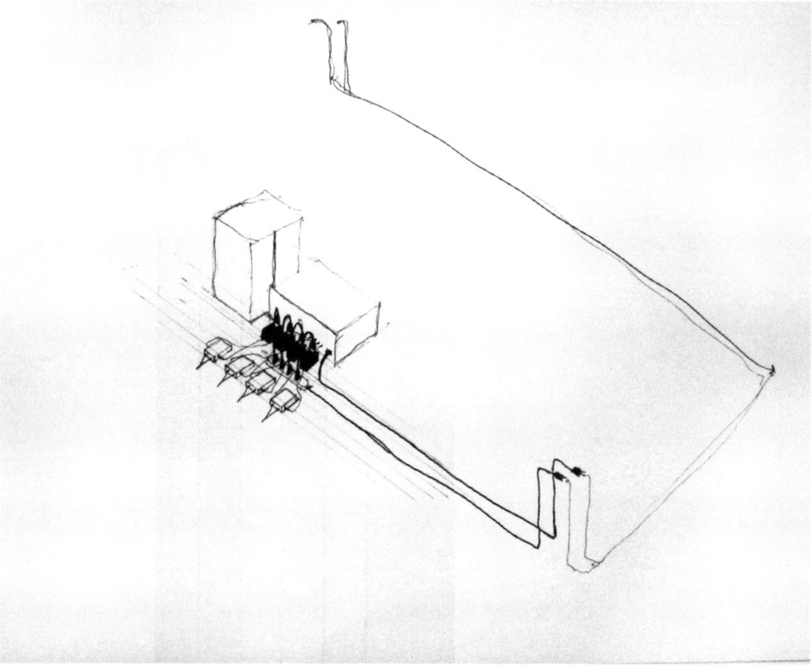

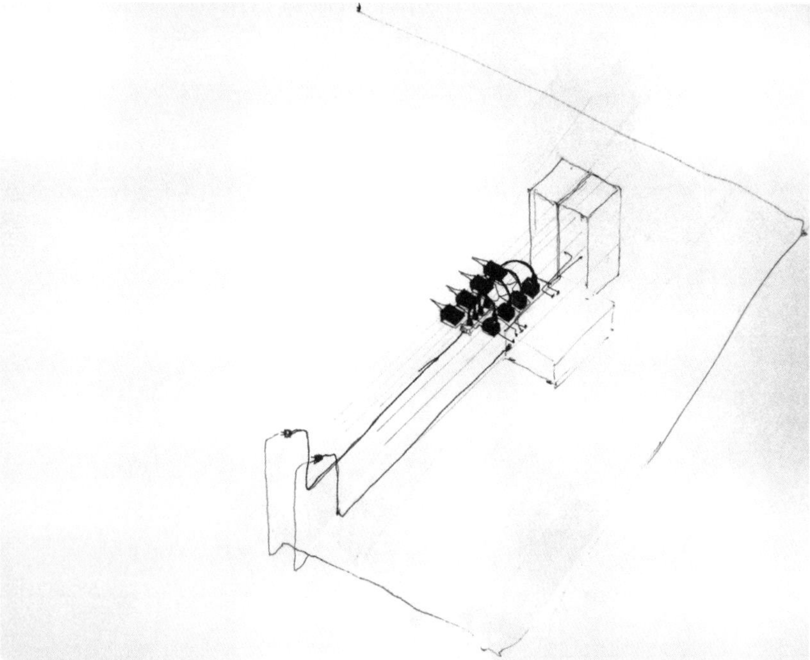

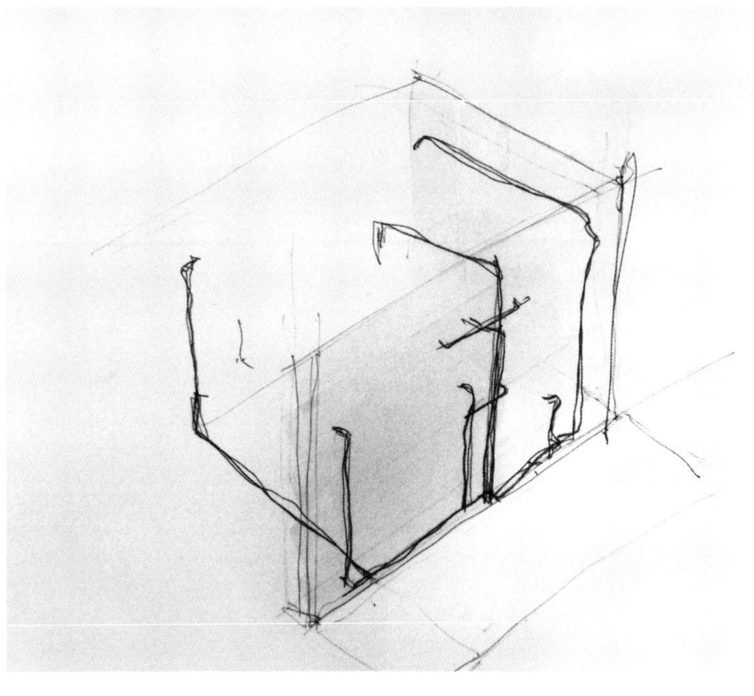

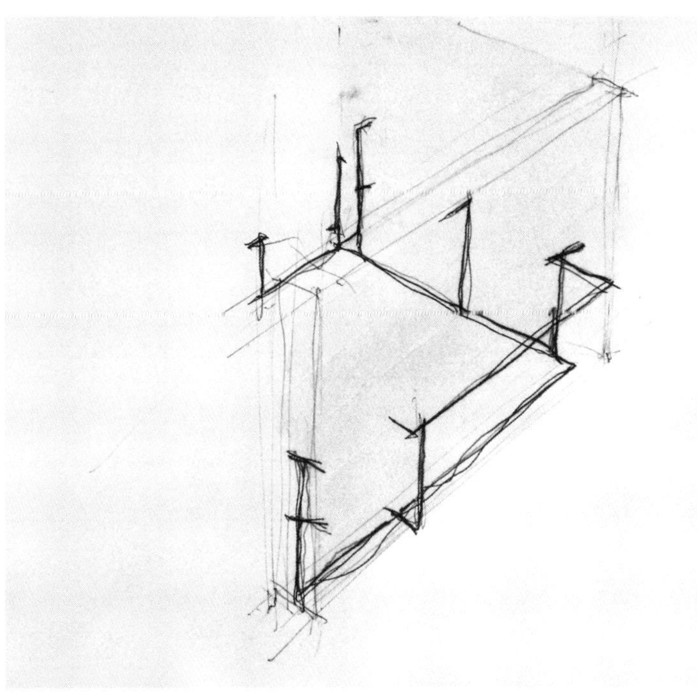

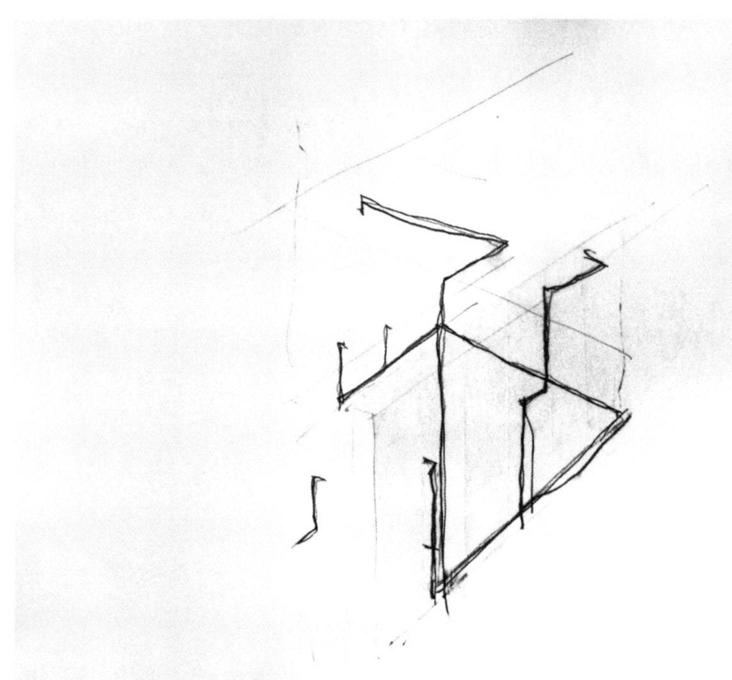

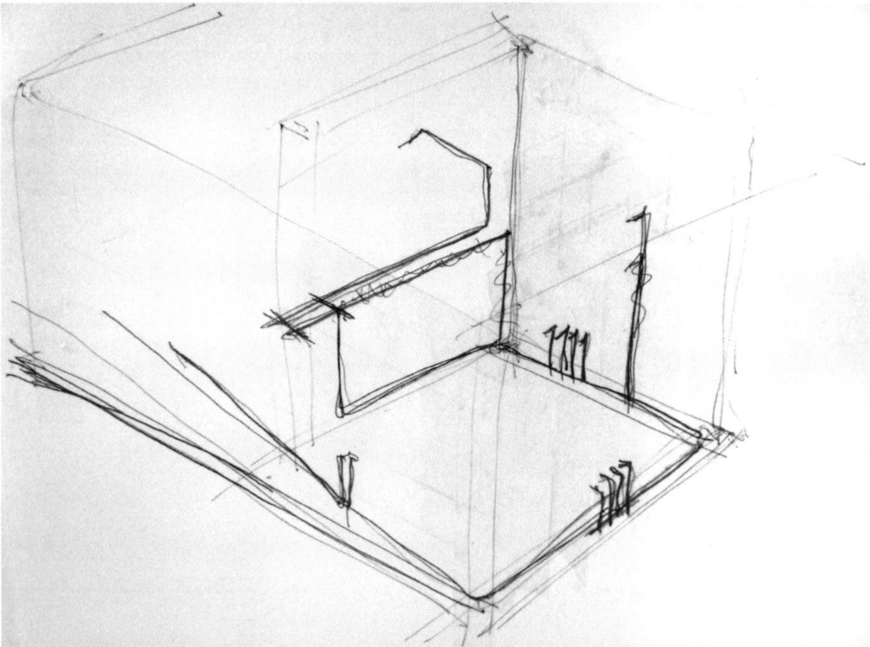

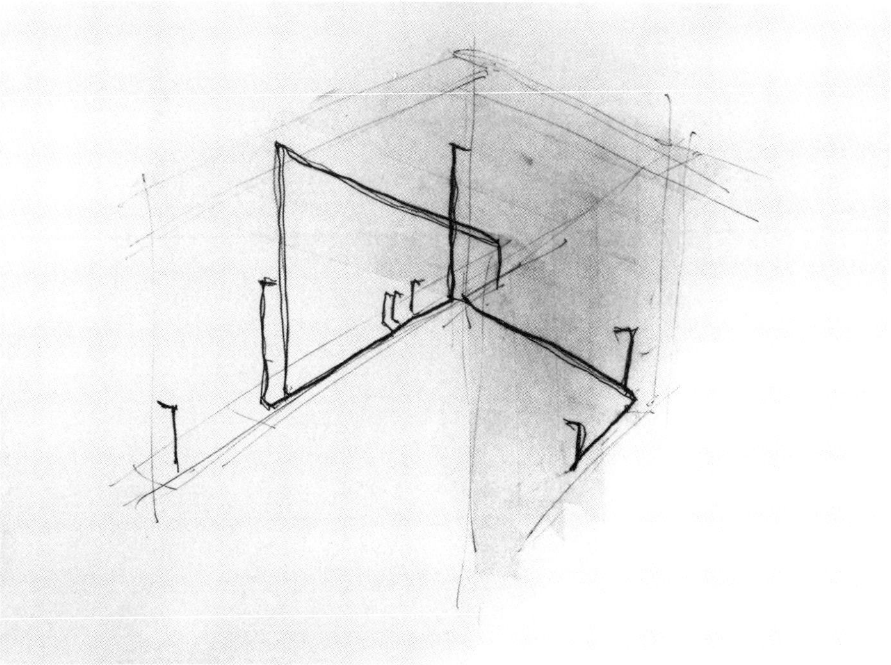

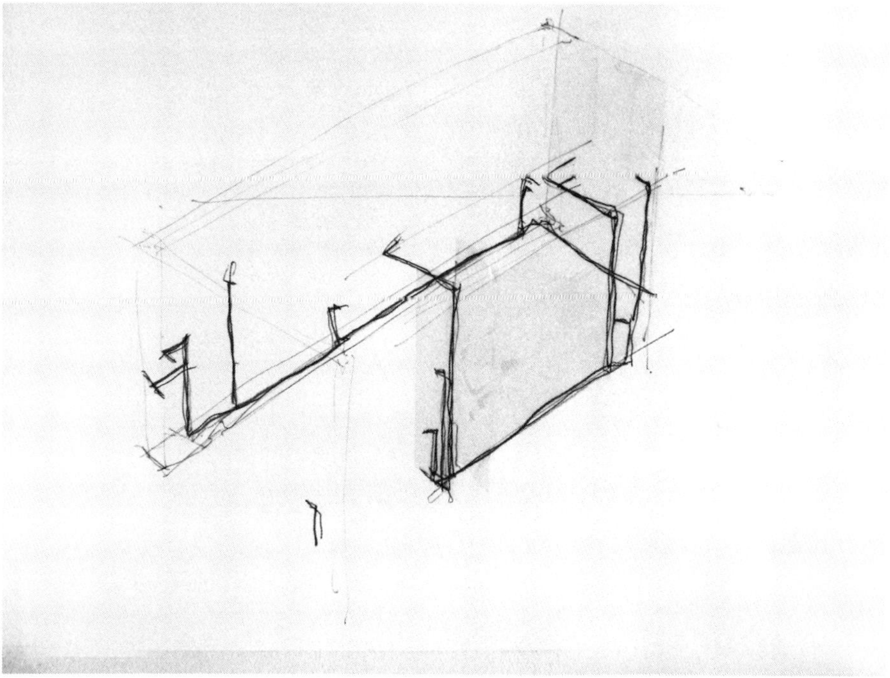

Alessandro Rabottini
Yilmaz Dziewior

Ian Tweedy

In quel punto della città dove è difficile fermarsi: una perlustrazione della giovane creatività italiana a fianco di Yilmaz Dziewior

Alessandro Rabottini

La nuova formula del Premio FURLA induce a sviluppare un atteggiamento progettuale non solo nei cinque artisti finalisti – invitati a presentare un progetto di opera piuttosto che concorrere partecipando a una mostra collettiva, come accadeva fino alla scorsa edizione – ma anche nei cinque critici e curatori italiani chiamati a svolgere la funzione di segnalatori. Questo è il primo punto di un nuovo assetto che ha posto, fin dall'inizio, una serie di questioni a tutti coloro i quali hanno preso parte a questa edizione. È noto che cinque curatori italiani, tra cui il sottoscritto, sono stati "invitati a invitare", ovvero a chiedere la collaborazione di un collega straniero, e intraprendere con lei o con lui un viaggio, una perlustrazione della creatività italiana delle ultime generazioni, al fine poi di candidare, congiuntamente, un artista finalista. La mia scelta di invitare Yilmaz Dziewior – direttore dal 2001 al 2008 del Kunstverein di Amburgo – è stata motivata da una serie di considerazioni, prima fra tutte il riconoscimento della sensibilità e dell'acume con cui Yilmaz si rapporta al lavoro degli artisti emergenti, dell'atteggiamento di curiosità intellettuale che caratterizza il suo operare e che, negli anni, gli ha permesso di lavorare con artisti come Simon Starling, Zhang Huan, Carol Bove, David Maljkovic e Wade Guyton (solo per citarne pochissimi) prima che giungessero all'attenzione della ribalta internazionale. Questo perché desideravo sottoporgli una selezione di artisti molto giovani, basando le mie scelte sulla potenzialità del loro lavoro piuttosto che sulla maturità dei risultati espressivi raggiunti. Con pochissime eccezioni ho scelto, infatti, di lavorare con artisti dal curriculum ancora molto ridotto, per via di una mia precisa e personalissima visione del Premio. Credo che un Premio come questo – che negli anni è servito ad artisti come Sislej Xhafa, Lara Favaretto, Massimo Grimaldi, Pietro Roccasalva e Luca Tre-

visani a poter approfondire le ragioni della propria pratica artistica nel contesto della competizione e che, a partire dalla scorsa edizione, si è arricchito della possibilità di una residenza all'estero –, sia da destinare a un artista che ha bisogno di definire la natura e i presupposti del proprio lavoro, cioè un artista in fase di formazione, insomma qualcuno che abbia la necessità di un riconoscimento che non sia da intendersi come un "tributo" alla sua pienezza espressiva, quanto piuttosto come un'ipotesi, una proiezione e una scommessa sul futuro. Soprattutto il fatto che, anche in questa edizione, una parte cospicua del Premio consista in una residenza all'estero e, nello specifico, una residenza della durata di tre mesi presso Gasworks a Londra, mi ha spinto a vedere nel Premio un luogo in cui un artista possa infondere una particolare energia, un'energia che derivi da una stretta necessità. Credo che questo sia uno dei punti in cui il Premio mostra uno degli aspetti più forti della sua identità, e che risiede nel suo porsi in rapporto con una drammatica carenza italiana: quella della formazione degli artisti. Questa non è la sede per cercare di capire le ragioni e le dimensioni di questa mancanza, ma è un dato di fatto che gli artisti italiani oggi – tranne rarissime eccezioni – si formano in accademie che risentono, a tutti i livelli, di un'arretratezza culturale impressionante. E le eccezioni positive di cui parlo non sono interi istituti sparsi sul territorio nazionale ma, purtroppo, singole personalità di docenti.

Ecco perché credo che il Premio svolga una sua necessaria e vitalissima funzione sul piano del completamento della formazione di un artista di talento, soprattutto in vista di un fenomeno nuovo, che riscontro nell'ultimissima generazione di artisti che si sono affacciati sulla scena artistica nazionale negli ultimi anni: ovvero una maggiore prontezza – rispetto alle generazioni che li hanno preceduti – alla mobilità, una più spiccata disponibilità ad andare all'estero per completare il proprio percorso di studi, un atteggiamento più disinvolto a tematizzare, concettualizzare e discutere il proprio lavoro e presentarlo a un critico o a un curatore in forma discorsiva. Insomma, ho l'impressione che per gli artisti di questa generazione ancora sul punto di nascere, ci sia una maggiore consapevolezza dei passi da fare per posizionare il proprio lavoro in una linea di orizzonte di professionalità. Il che non ha necessariamente a che fare con un maggiore o minore talento, né con la qualità intrinseca del lavoro rispetto a quello delle generazioni che li hanno preceduti. Mi sembra, però, un segno importante di come la frangia più recente degli artisti italiani stia tentando di smarcarsi dalle carenze del nostro sistema artistico e di come abbiano interiorizzato una più naturale e precoce propensione all'internazionalizzazione.

Nei due giorni che abbiamo trascorso insieme a Milano, Yilmaz ed io abbiamo incontrato artisti a loro agio con una condizione di transito. Con Patrizio Di Massimo abbiamo discusso del suo lavoro in un bar del centro, perché si trovava in Italia per un breve soggiorno, visto che da circa un anno sta studiando a Londra presso la Slade School of Fine Art. Alberto Tadiello l'abbiamo invece incontrato in Stazione: stava preparando la propria partenza per Parigi, dove è attualmente impegnato in una residenza al Centre International d'Accueil et d'Echanges des Récollets, promosso dalla Dena Foundation. Jacopo Miliani ci ha accolto da Brown, un nuovo spazio progettuale gestito dagli artisti Luca Francesconi e Luigi Presicce: anche lui era in procinto di partire, nel suo caso verso Istanbul, per una residenza al Platform Garanti Contemporary Art Center. Un altro incontro e un altro caffè: Francesca Grilli tornava da Amsterdam, dove vive dopo aver completato i due anni di borsa presso la Rijksakademie, mentre Giorgio Andreotta Calò –

con cui abbiamo parlato negli uffici della galleria zero... – stava per intraprendere lo stesso viaggio ma in direzione opposta, visto che i due anni presso la Rijksakademie deve ancora trascorrerli. Di Valerio Carrubba abbiamo visionato la documentazione e alcuni lavori presso la sua galleria di Milano, Pianissimo, perché in quel momento si trovava a New York per un workshop presso la Triangle Arts Association. Alice Cattaneo, invece, l'abbiamo incontrata nella galleria Suzy Shammah che, proprio in quei giorni, ospitava la sua personale, ma anche lei era in partenza alla volta di Bucarest dove avrebbe partecipato alla Young Artists' Biennial a cura di Ami Barak. Per un paradosso delle circostanze, l'unico artista che abbiamo incontrato nel suo studio, e che poi sarebbe divenuto il nostro candidato, è stato Ian Tweedy, che italiano non è ma che ha eletto l'Italia sua patria di formazione – ha studiato alla NABA, la Nuova Accademia di Belle Arti di Milano – e che proprio in Italia sta iniziando la sua carriera espositiva.

Yilmaz ed io, in quei due giorni di incontri molto intensi, abbiamo discusso e a lungo di molte cose, non solo del lavoro dei singoli artisti ma di uno stato più generale della creatività italiana più recente nel contesto internazionale. E dopo quei due giorni mi sono scoperto a riflettere su qualcosa su cui non sono ancora certo di poter trarre delle conclusioni. E cioè che nella maggior parte degli artisti che abbiamo incontrato – nonostante praticamente nessuno basi il proprio lavoro su pratiche discorsive o relazionali, insomma la maggior parte lavora con mezzi tutto sommato tradizionali, come la pittura, l'installazione e il video, e quasi sempre entro la dimensione dell'oggetto – ho riscontrato un certo agio nel parlare del proprio lavoro e, soprattutto, nel comunicarlo in modo molto semplice. Anche in questo caso la mia non è una valutazione, né in positivo né in negativo in merito alla correttezza

– sia essa poetica o strategica – di un atteggiamento del genere verso l'esposizione del proprio lavoro da parte degli artisti, ma mi limito a constatare come, forse, nelle generazioni più giovani stia scomparendo un modello linguistico, cioè quello dell'opera d'arte come "apparizione", come nucleo poetico inespugnabile dalla lingua e irriducibile alla comunicazione. Una logica di contrapposizione alla teoria e alla critica che, se ha avuto una sua ragione d'essere per gli artisti dell'Arte Povera, ha poi successivamente impoverito tanto la capacità degli artisti di concettualizzare il proprio lavoro, tanto quella dei critici di discuterlo in modo dialettico.

So di poter scrivere anche a nome di Yilmaz, se dico che tutti gli artisti che abbiamo incontrato avrebbero meritato di concorrere nella selezione finale del Premio, perché in tutti abbiamo riscontrato una propensione alla progettualità e una fase di ricerca nel lavoro che avrebbero potuto, sicuramente, essere approfondite ulteriormente. E il fatto che, al termine dei nostri incontri, abbiamo preferito Ian Tweedy agli altri è una cosa che ha a che fare con la natura stessa di un premio, qualunque esso sia, e non con le potenzialità e la complessità che abbiamo riconosciuto nel lavoro di ciascuno. Eppure questo è un punto importante della nuova formula del Premio che mi preme discutere: cioè che, al di là della competizione, gli artisti hanno la possibilità di mostrare il proprio lavoro a un curatore internazionale e discuterlo, e questa crea un sistema di circolazione del lavoro che non è una cosa ovvia in Italia, perché sappiamo quanto raramente il nostro paese sia oggetto di viaggi di ricognizione e conoscenza da parte di critici, curatori, direttori di museo e galleristi. Ancora non è chiaro ai più se sperare che l'Italia diventi "esotica" (e chissà a quale prezzo) per poter finalmente attirare di nuovo la curiosità del sistema dell'arte. Esiste un problema che tutti dobbiamo affrontare e a cui credo che il Premio, da parte sua, dia un contributo importante: i nostri artisti all'estero non sono conosciuti e, se qualche eco del loro fare giunge, la maggior parte degli addetti ai lavori fa fatica a identificare il loro lavoro, a farsene un'immagine e – anche se suona cinico, lo so – a rubricarlo sotto una voce dell'agenda critica.

Mi sembra doveroso che io non censuri in questa sede il fatto che, nello stesso periodo in cui abbiamo effettuato le selezioni, io avessi appena inaugurato una personale di Ian Tweedy alla GAMeC di Bergamo, dove lavoro come capo curatore. E in un paese come l'Italia, dove il concetto di conflitto di interessi fa ancora fatica a trovare una definizione chiara, credo che la mia posizione in questo contesto vada chiarita. È ovvio che un critico può trovarsi a disporre di più strumenti e occasioni per sostenere un artista in cui crede – inviti a mostre, articoli su riviste, selezioni a premi – e questo succede dovunque e quotidianamente. Nel caso di un artista emergente la dimensione del lavoro critico è quella dell'ipotesi, e anche questo è sotto gli occhi di tutti. Io credo personalmente – ed è stato un motivo di confronto con Yilmaz – che il lavoro di Ian abbia, da una parte, grandi potenzialità di riscontro a livello internazionale mentre, dall'altra, trovo nella libertà e nella disinvoltura con cui egli approccia tanto la varietà dei mezzi che usa quanto la complessità dei temi che tratta, un carattere assai poco "italiano" e, proprio per questo, interessante nel contesto del dibattito sull'arte recente del nostro paese. Nato in una base americana in Germania nel 1982, e formatosi come artista in Italia dopo aver viaggiato per l'Europa come graffitista, Ian Tweedy lavora con il disegno, la pittura, l'installazione, il video, l'oggetto e il collage a partire da un grande archivio di immagini del passato – legate soprattutto alla memoria della Guerra Fredda – che egli accresce e articola ogni volta in un nuovo capitolo di un saga fatta di autobiografia, finzione, storia collettiva e ricerca di identità. Quello che mi colpisce del suo lavoro è proprio questa capacità di non lasciarsi intimidire da una serie di fattori che, nella storia dell'arte italiana, sono sempre stati visti come problematici, come la pratica della ricerca archivistica e la manipolazione dei traumi collettivi – che, eccezion fatta per l'esempio di Fabio Mauri, ha sempre trovato scarso rilievo nella storia dell'arte contemporanea italiana – o l'inserimento, nel linguaggio pittorico, di uno spiccato carattere illustrativo – che Tweedy desume dalla sua passata esperienza di street artist –, nonché una certa passione per un approccio generoso e quasi scenografico alla pratica installativa.

L'arte di Ian Tweedy è un'arte di reazione alle condizioni del contesto, un'arte dell'adattamento performativo, in un continuo stato di transito tra un media e l'altro come fosse una massa di memoria alla ricerca di una locazione. Come molti artisti della sua generazione, Tweedy ha un atteggiamento estremamente libero nei confronti della pittura, che usa come gli altri mezzi, in un'ottica di economia, di necessità, ma in un modo quasi intuitivo.

Nel suo caso, il riferimento più immediato e scontato è a Robert Rauschenberg, che infatti è un artista della quantità, che ha certamente amato l'Italia per un suo sentimento tragico della storia (e, forse, anche per il suo sentimento della farsa), ma il cui orizzonte concettuale di affollamento e sovrapposizione non è certo mediterraneo. Non credo affatto che queste contrapposizioni, come quella tra cultura americana e cultura europea e italiana siano ancora valide per cercare di comprendere l'arte dei nostri giorni, anzi. È molto difficile oggi conferire un valore e una funzione culturale a un concetto come quello di nazionalità, e questo sembra un discorso su cui insiste solo la politica, e nelle sue peggiori derive populiste. Mentre, al contrario, per gli artisti è sempre stato normale viaggiare, portando così idee o cercando nuove visioni o, più semplicemente, un contesto migliore per la ricezione del proprio lavoro, o solo per sfuggire a un evento tragico.

Io non sono sicuro di cosa voglia dire, oggi, per un artista agli esordi trasferirsi in Italia, ma resta il fatto che Tweedy, quando è arrivato qui, è venuto alla ricerca di qualcosa che altrove non trovava, e non so se questo qualcosa sia la nostra relazione col passato – che sembra essere una tossina ineluttabile, un fraintendimento costante e un torrente di affabulazione – o il suo desiderio di comporre un affresco monumentale di storia e sentimento ultra soggettivo, o se non siano state le immagini cariche di mito e destino di Jannis Kounellis e Cy Twombly, non a caso due artisti che italiani non sono ma che hanno innervato con il lavoro il tessuto della nostra storia dell'arte in modo inestricabile.

In that Point of the City Where It's Hard to Stop:
A Survey of Young Italian Creativity alongside Yilmaz Dziewior

Alessandro Rabottini

The new format of this year's Premio FURLA calls not only for each of the five finalist artists—who are invited to present the *plan* for a project, rather than simply participate in a group show (as was the case up until last year)—to develop a specific approach to their project; the same is asked of the five Italian critics and curators who are called upon to select the finalists. This is the first part of a new setup that has posed a series of questions to everyone taking part in this year's edition. The five Italian curators, including myself, were "invited to invite," or rather to ask a foreign colleague to collaborate in the selection process—coming along on a voyage of discovery, a reconnaissance mission spanning the breadth of Italian creativity over the most recent generations—and ultimately agree to jointly name a candidate for finalist. My decision to invite Yilmaz Dziewior—who from 2001 to 2008 was curatorial director of the Hamburg Kunstverein—was driven by a series of considerations: above all, by a recognition of the sensibility and acumen with which Yilmaz relates to the work of emerging artists; secondly, by the intellectual curiosity that distinguishes his work; and finally, by the approach that, over the years, has allowed him to work with artists like Simon Starling, Zhang Huan, Carol Bove, David Maljkovic, and Wade Guyton (to name just a few) before they rose to international success. This was important because I wanted to focus on a group of very young artists, basing my choices on the potential displayed by their work, rather than on the "maturity" of the expressive results their work had already attained. With few exceptions, I chose to work with artists whose resumes aren't yet very lengthy, given my rather precise, highly personal vision for the Premio FURLA. I believe an award like this one—which in the past has allowed artists such as Sislej Xhafa, Lara Favaretto, Mas-simo Grimaldi, Pietro Roccasalva, and Luca Trevisani to deepen the lines of reasoning underlying their artistic practices and, since last year, has come to include an art residency abroad—should be given to an artist who still needs to define the nature and basic conditions of their work. Therefore, I feel it should go to someone who is still in their formative years as an artist, someone who could benefit from a recognition that should be understood not as a "tribute" to their fully developed practice, but rather as a possibility, a projection, a bet made in support of their artistic future. Above all, the fact that, once again this year, one of the main parts of the award involves a three-month residency abroad at the London Gasworks, led me to see the Premio FURLA as a special opportunity for an artist to experience a place that would instill their work with a particular energy, an energy derived from strict necessity. I think this is one of the strongest aspects of the Premio FURLA: its ability to relate to and redress one of Italy's most dramatic deficiencies—the lack of a strong educational and support system for artists. This isn't the best place to try and understand the reasons for and extent of such a deficiency, but it remains a fact that the Italian artists of today—with only incredibly rare exceptions—spend their formative years in academies that suffer, on all levels, from a shocking degree of cultural backwardness. And the few positive exceptions I can think of aren't entire institutions that can be found throughout the nation, but are instead, unfortunately, individual teachers.

That's why I believe that this Premio plays a highly necessary, indeed vital, role in helping talented artists complete their studies. It helps above all in light of a new phenomenon I've noticed among the latest generation of artists who've made their debut on Italy's national artistic scene over the last few years: a greater preparedness—compared to the generations that preceded them—for today's mobility; they're much more open to the idea of going abroad to finish their studies, and have a more relaxed attitude when it comes to discussing artistic themes, conceptualizing, and discussing their own work, as well as presenting it to a critic or curator in a discursive way. Basically, I get the distinct impression that, among artists of this emergent generation, there's a greater awareness of the necessary steps one has to take in order to professionally position one's work on the artistic horizon. This doesn't necessarily have anything to do with having greater or lesser talent, nor does it have to do with the intrinsic quality of this generation's work with regard to that of its predecessors. But it seems to me that this is an important sign of how the most recent wave of Italian artists is trying to disassociate itself from the evident shortcomings of the Italian artistic system, as well as showing how we've internalized a more natural, precocious propensity for working on an international level.

In the two days Yilmaz and I spent together in Milan, we met artists who were quite comfortable with their transitory condition. We discussed Patrizio Di Massimo's work with him at a bar in the city center because he had returned to Italy for only a short time after a year of study at the Slade School of Fine Art in London, and was about to fly back to finish his degree. We met Alberto Tadiello at the train station: he was preparing an imminent departure for Paris, where he's currently doing a residency at the Centre International d'Accueil et d'Echanges des Récollets, under the auspices of the Dena Foundation. Jacopo Miliani met us at Brown, a new project space run by artists Luca Francesconi and Luigi Presicce; he, too, was about to take off—in his case, for Istanbul and a residency at the Platform Garanti Contemporary Art Center. Another meeting, another coffee: Francesca Grilli had just come back from Amsterdam, where she's lived since completing a two-year scholarship at the Rijksakademie, while Giorgio Andreotta Calò—who we met with in the offices of zero... gallery—was about to take the same trip in the opposite direction, as he's just about to begin his two years at the Rijksakademie. We saw documentation and some of Valerio Carrubba's works at his gallery Milan—Pianissimo—because he was in New York at the time, doing a workshop at the Triangle Arts Association. We met Alice Cattaneo, on the other hand, at Suzy Shammah's gallery, where she was having a solo show; she was also about to take off for Bucharest, where she was participating in the Young Artists' Biennial curated by Ami Barak. Thanks to purely paradoxical circumstances, the sole artist we actually met in his studio (and who ultimately became our final candidate) was Ian Tweedy—who isn't even Italian, but who chose to study in Italy, at NABA (the Nuova Accademia di Belle Arti di Milano, or New Fine Arts Academy of Milan) and was launching his exhibiting career here.

Over those two days of intense meetings, Yilmaz and I discussed a lot of things in great depth—not just the work of each of these artists, but also the broader, general state of recent Italian creativity within the international context. And after those two days I found myself reflecting on something I'm still not sure I've come to any real conclusion about: despite the fact that almost none of the artists we met with base their work on discursive or relational practices—and are instead working in what could best be termed traditional media like painting, installation, or video, in a primarily object-oriented way—the majority of them nevertheless displayed a degree of comfort in talking about their work, and above all in talking about it in a straightforward way.

Again, I'm not trying to pass judgment, be it positive or negative, with regard to the poetic or strategic "correctness" of such an approach to exhibiting; I'll limit myself to the observation that perhaps, in the youngest generations of artists, a certain linguistic model is disappearing—that is, the model of artwork as "apparition," as an impenetrable poetic core that cannot be split from language or reduced to sheer communication. I noted a certain logic taking a stance *against* theory and critique—a logic that, while it may have had a *raison d'être* for the artists of the Arte Povera movement, later on began to increasingly impoverish artists' ability to conceptualize their own work. It also made it virtually impossible for critics to discuss the work in a discursive way.

I know that I am also speaking for Yilmaz when I say that all the artists we met with deserved to compete in the finals for the Premio, because all of them displayed a clear propensity for planning and the ability to follow an artistic investigation that could have benefited from a deeper period of research and development. The fact that, in the end, we chose Ian Tweedy over the others has more to do with the nature of any such award, and has virtually nothing to do with the great potential and complexity we saw in each of the artists' work. And yet this is also an important aspect of the new format of the Premio FURLA I feel it's necessary to mention: the fact that, beyond this competition in and of itself, the artists have the chance to show their work to an international curator and talk about it with them; this creates a circulation of work and ideas that is fairly new for Italy, because we all know how rare it is for this country to be the focus of curators', critics', museum directors', and gallerists' travels in terms of becoming familiar with and recognizing contemporary Italian artists' work. For most of them, it isn't yet clear whether they should hope that Italy become "exotic" (and at who knows what price) so it might, once again, finally attract the art world's curiosity. There's a problem we all have to confront—a problem whose solution I believe the Premio FURLA greatly contributes to: Italian artists abroad aren't well known, and, even if some echo of their work spreads more broadly, most people in the art world still struggle to identify it, to get a real grasp on it, and—this sounds cynical, I know—classify it according to established art-critical labels.

It seems to me this is a point that shouldn't be censored here, and in the interest of full disclosure I also have to say that, as we were making the final selections, I had recently overseen the opening of Ian Tweedy's solo show at the GAMeC in Bergamo, where I am chief curator. And in a country like Italy, where the concept of *conflict of interest* still isn't clearly defined, I think my position on this has to be cleared up. Obviously, a critic can easily find himself making use of various instruments and occasions for supporting an artist he believes in—exhibition invitations, magazine articles, award nominations—and this happens everywhere, every single day. In the case of an emerging artist, critics' work can become hypothetical and speculative, and this fact is also right under everyone's nose. Personally, I believe—and this also led to some discussion with Yilmaz—that, on the one hand, Ian's work has great potential for recognition on an international level; on the other hand, I also find—in the freedom and ease with which he approaches both a great variety of media and a deep complexity of subject and concept—a very "un-Italian" character in his work, and that's precisely why I find it interesting within the contextual debate of recent art throughout Italy.

Born on an American base in Germany in 1982 and having studied in Italy after traveling Europe as a graffiti artist, Ian Tweedy works in drawing, painting, installation, video, sculptural objects, and collage. He draws upon an immense archive of images of the past—most of them associated to memories of the Cold War—that he broadens and articulates each time he enters a new chapter of a saga made up of autobiography, fiction, collective history, and issues of identity. What most strikes me about his work is precisely this capacity of his to remain unfazed, and never be intimidated by a series of factors that, throughout Italian art history, have always been viewed as problematic: things like archival research and the manipulation of collective traumas; things that, with the exception of Fabio Mauri's work, have almost always been denied a place within contemporary Italian art history; or things like the insertion of a clearly illustrative approach within the context of pictorial language, which Tweedy takes from his past experience as a street artist; things like a real passion for a generous, almost scenographic approach to installation-based practices.

Ian Tweedy's art is the art of relating to the conditions of one's context, an art of performative adaptation, in a continuous state of transition between one medium and another as if it were a mass of memories in search of a new location. Like many artists of his generation, Tweedy takes an extremely free approach to painting, which he uses—just as he does any other media—with an eye toward the economy of means, of strict necessity, in an almost intuitive way.

In Tweedy's case, the most immediate, clear point of reference is Robert Rauschenberg—an artist of quantity, who certainly loved Italy in light of its tragic feel for history (and, perhaps, also its feel for farce), but whose conceptual approaches of visual crowding and overlapping weren't Mediterranean in the least. I don't believe such comparisons, like the comparison one might make between American culture and European culture, are valid any more as a way of trying to understand the art of our time—quite the contrary. Today it's really difficult to confer any cultural value or function on a concept like nationality, which instead feels like something that only politics, in its worst populist tendencies, insists upon. Meanwhile, for artists, it's always been normal to travel: artists travel to bring new ideas and outlooks to their work; to look for a context in which their work would be better received; or simply to seek refuge from a tragic event.

I'm not sure exactly what it means, nowadays, for an emerging artist to move to Italy; the fact remains that, in coming here, Tweedy came in search of something he couldn't find anywhere else. I don't know if this *something* has to do with our relationship to the past—which seems like an unavoidable toxin, a constant misunderstanding, a torrent of fictive fabulations—or with some desire of his to compose a monumental, ultra-subjective fresco of history and sentiment. Or maybe it was instead the mythically charged example of Jannis Kounellis and Cy Twombly that brought him here—two other artists who, rather un-coincidentally, aren't Italian but have nevertheless inexorably enriched and reinvigorated our art-historical fabric with their work.

Ian Tweedy

Signore e Signori della Giuria,

per il Premio FURLA 2009 è mia intenzione presentare un ulteriore sviluppo di una mia personale ricerca iniziata nella primavera del 2005, che prende il nome di *The History Out of Context Archive*: un archivio di immagini che è diventato negli anni un costante punto di riferimento e la base da cui si sviluppa tutto il mio lavoro.

Prendendo atto di una quasi totale mancanza di documentazione del mio passato, ho iniziato ad adattare una Storia per conto mio, che consiste in immagini prelevate – strappate, rubate, sottratte – da vecchi libri e riviste. All'inizio era qualcosa di completamente istintivo, senza nessun ordine o orientamento prestabilito, solo la crescente ossessione di stanare un'immagine che sentivo appartenermi. Lavorando quotidianamente su questo archivio mi sono ritrovato totalmente immerso nella grana fotografica di queste immagini.

Questo progetto, che chiamo *The Assimilation of Consequences*, si è rivelato quando ho iniziato ad accorgermi dell'esistenza di somiglianze e corrispondenze tra i polverosi ritagli di immagini che avevo accumulato. Ho scoperto tracce quando ho iniziato a collegare le immagini tra loro come in un grande puzzle, a volte trovando la combinazione perfetta a volte forzando deliberatamente l'incastro. Ciascuna delle più di duemila immagini che compongono questo puzzle è inserita in un determinato arco temporale e una nuova *time line* modificata è in posizione. Le immagini, una dopo l'altra, operando congiuntamente, stanno forgiando i resti del passato e componendo il *plot* di una storia che sono costretto a illustrare, Storia fittizia basata sulla realtà.

Il progetto *The Assimilation of Consequences* prende così la forma di una linea del tempo totalmente anonima e indipendente, costituita dalle immagini dell'archivio di cui mi servirò per realizzare una serie di lavori – studi, azioni, oggetti – sviluppati come parti di un processo che alla fine porterà alla produzione di un film in 16mm.

Il disegno a matita di un paesaggio arido mi spinge a trovare un'immagine corrispondente: una fotografia che ritrae un *panorama* anonimo in bianco e nero, dove in un barlume una figura sembra entrare lentamente nell'immagine. Da questo momento in avanti il film inizia a spiegarsi, un'immagine dietro l'altra. La macchina da presa zuma su un dettaglio, poi arretra, lentamente ritorna sul soggetto, attraversando tutte le tonalità dei grigi.

Il risultato è incerto, le possibilità infinite. Durante la ricerca il procedimento varierà, andando dal disegno alle azioni, documentando tutti gli obiettivi raggiunti. Il mio scopo non è quello di perseguire un unico approccio ma di essere in uno stato di permanente calibratura. L'adattamento è fondamentale, come lo è l'assimilazione dell'archivio nella mia vita. Il risultato di questo lavoro sarà un ampio assestamento di strategie, storie e conflitti.

Questo progetto è stato ideato e messo in atto come possibilità di andare oltre la Storia, di riscrivere le pagine del passato e adattarle al mio. Non è mancanza di considerazione degli eventi storici e delle loro implicazioni, ma piuttosto una assimilazione dei reperti lasciati dalla Storia e il rifiuto totale di cadere vittima delle geografie e delle potenze che cercano di controllarla. Prendere in mano la situazione, scegliere il proprio destino, seguire i propri sogni.

Cautamente, prendo coscienza dell'ovvio: mi pongo, in quanto effetto, sulla stessa linea dei miei antenati; sono il risultato di guerre combattute, milioni di morti e governi chiamati a decidere il destino dell'umanità. Pertanto, sono l'esortazione all'evoluzione, la causa di eventi dischiusi, il conducente che manda avanti il pesante treno merci della Storia.

Cordialmente vostro,

Ian Tweedy

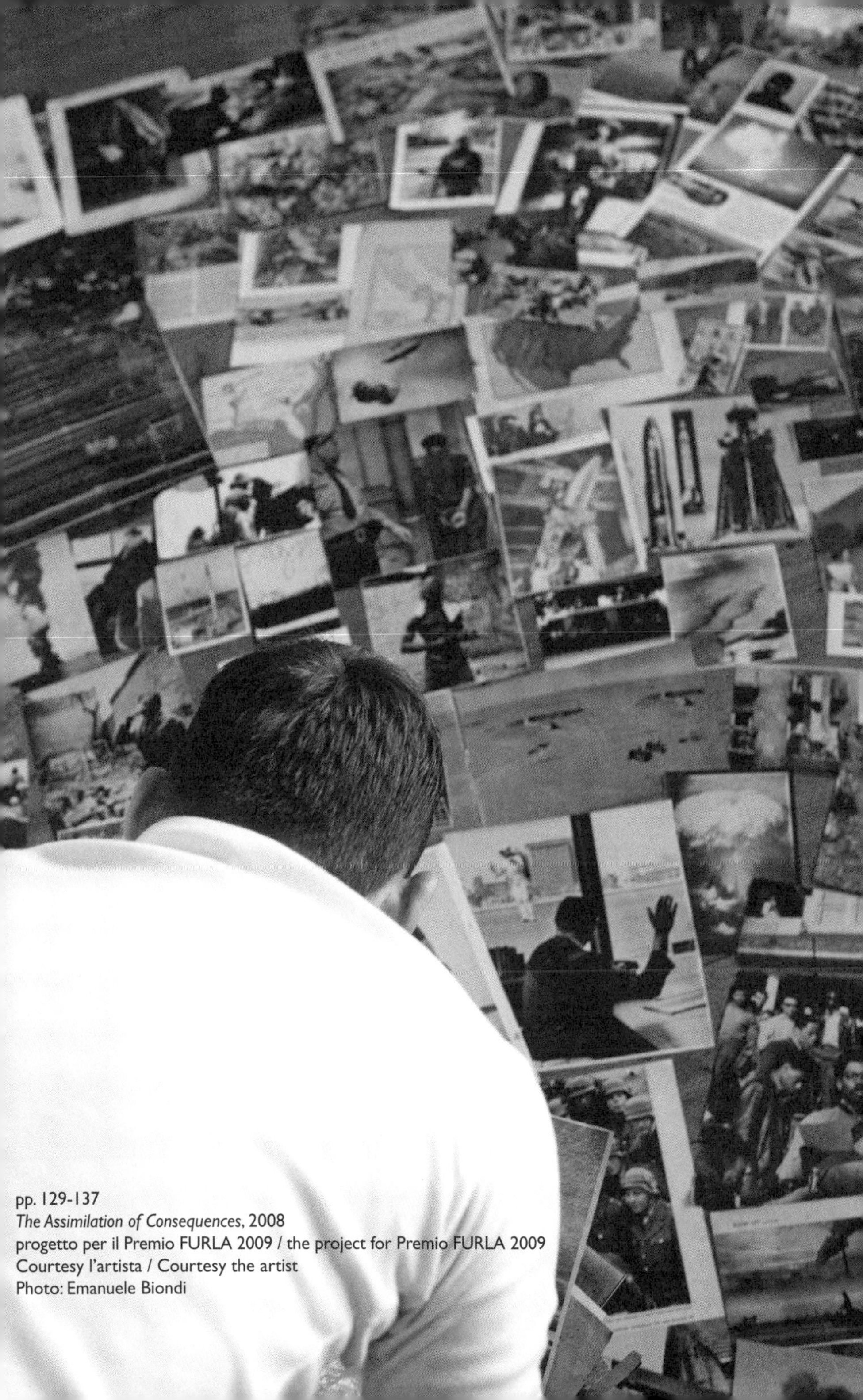

pp. 129-137
The Assimilation of Consequences, 2008
progetto per il Premio FURLA 2009 / the project for Premio FURLA 2009
Courtesy l'artista / Courtesy the artist
Photo: Emanuele Biondi

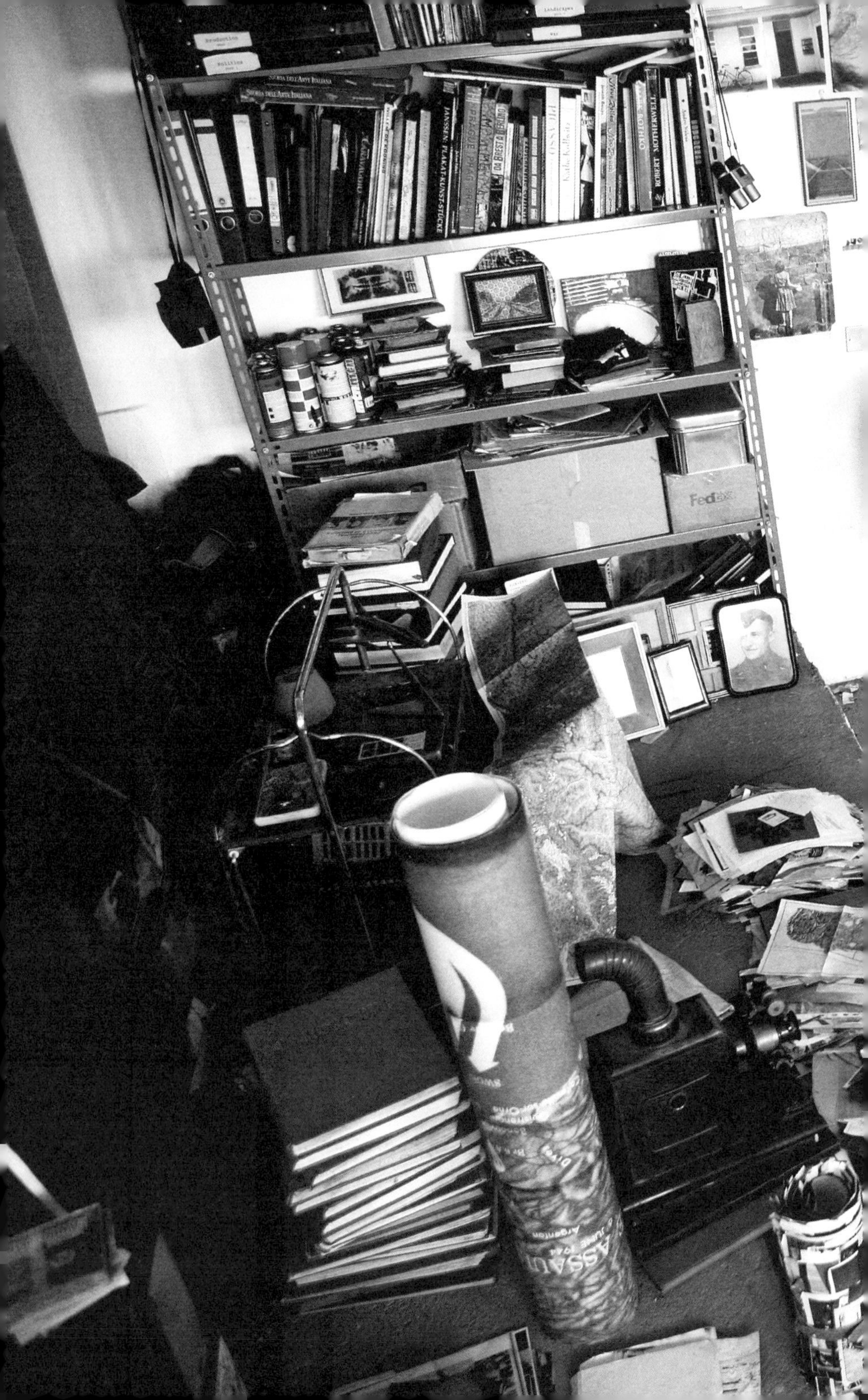

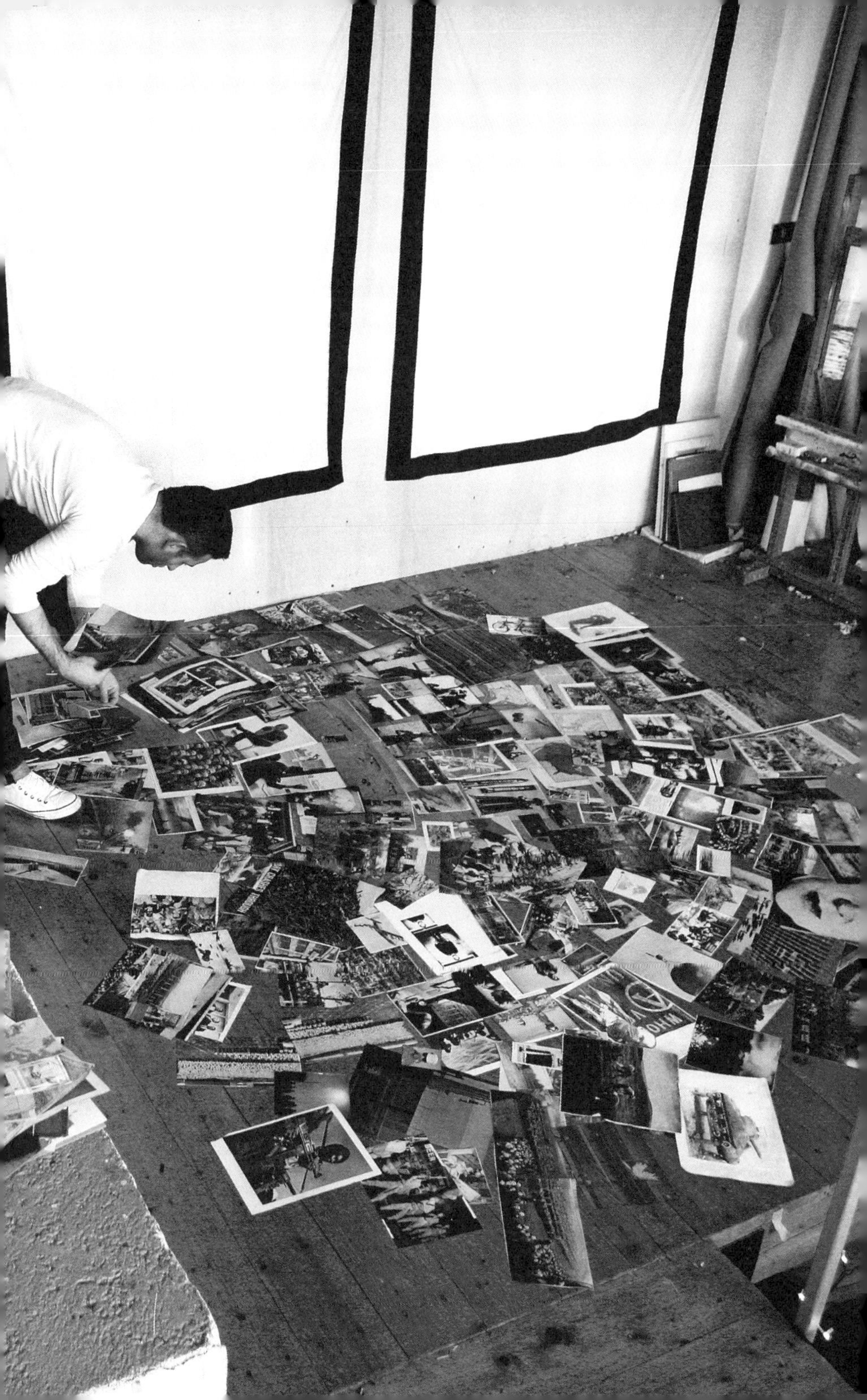

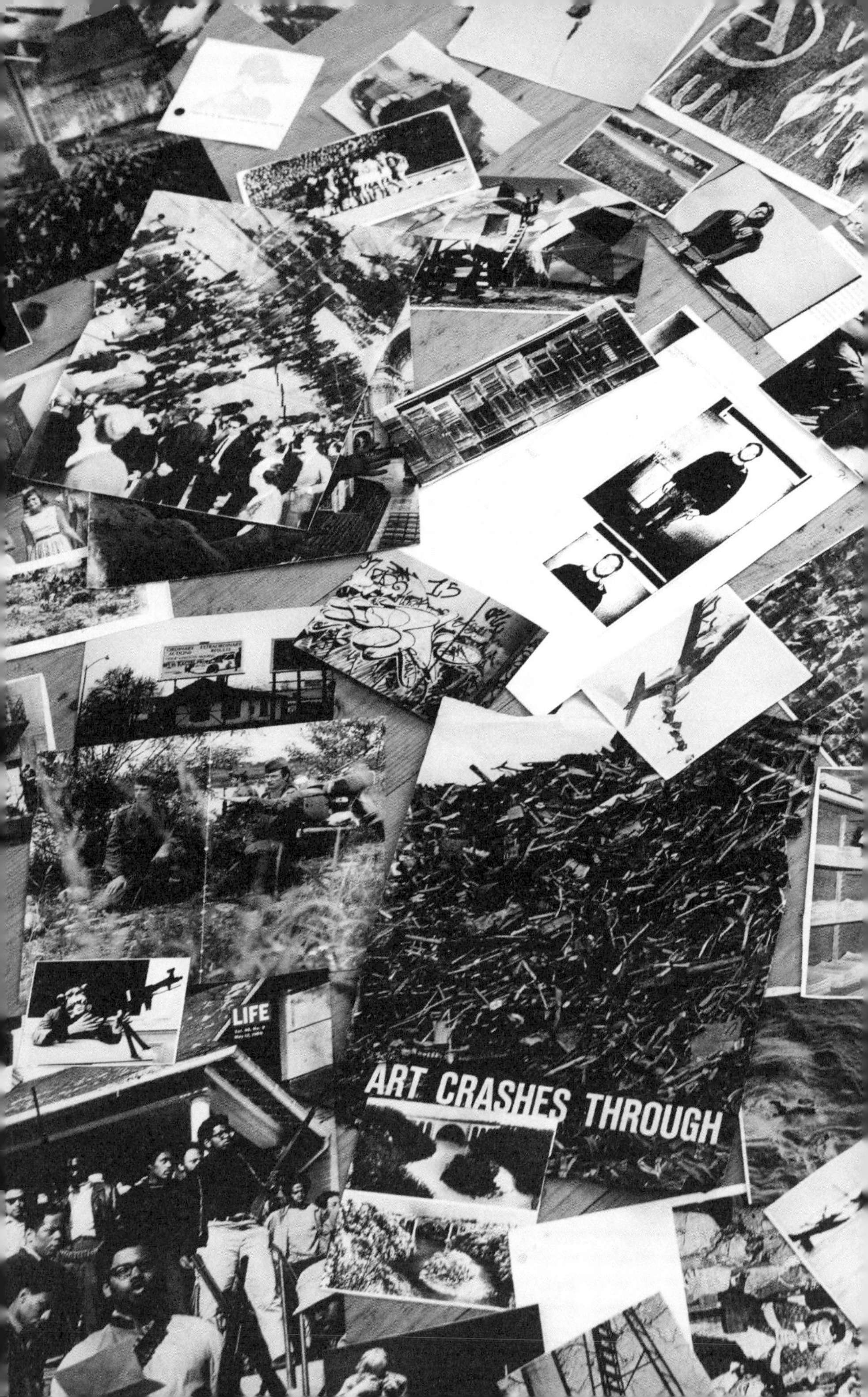
LIFE
ART CRASHES THROUGH

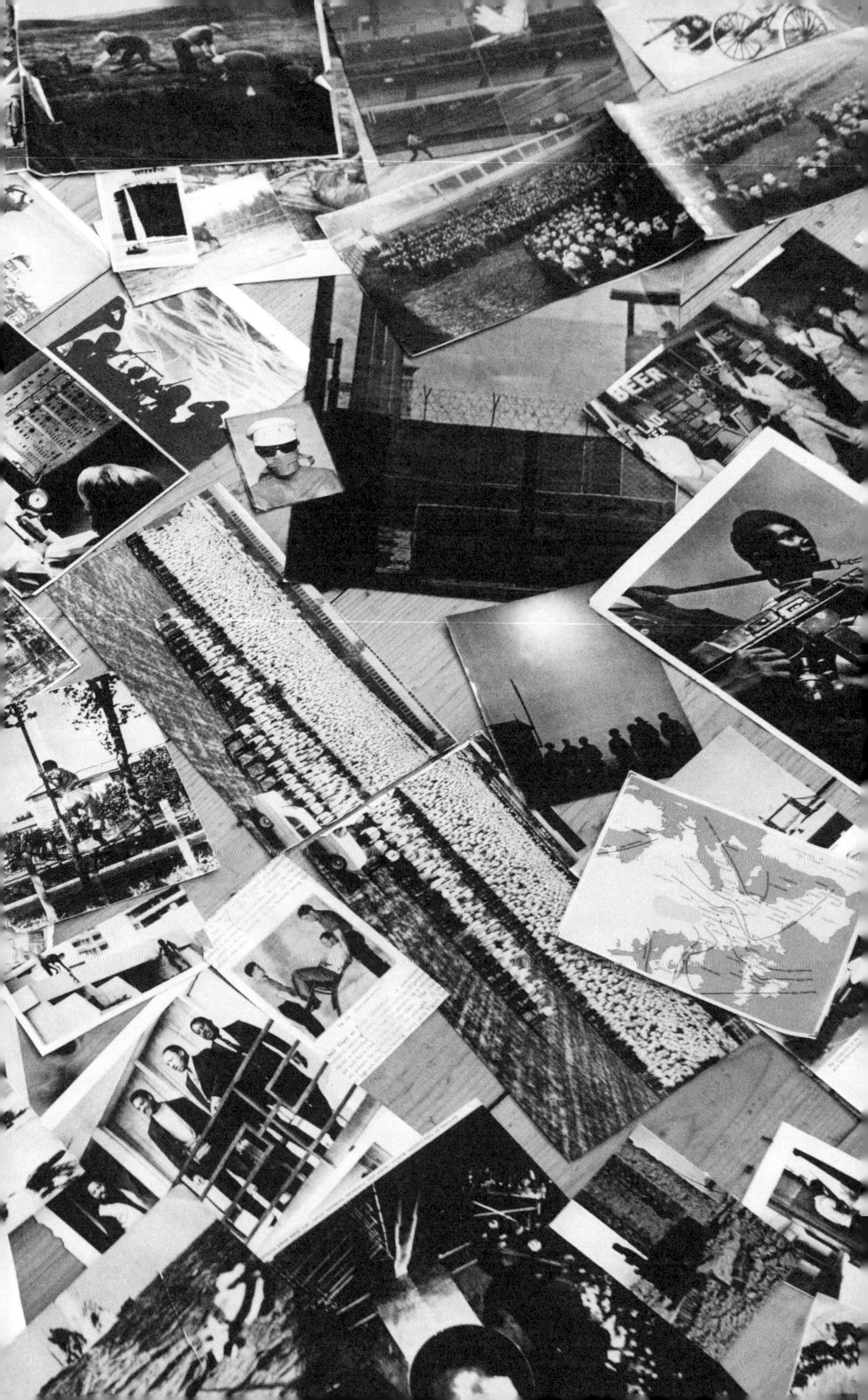

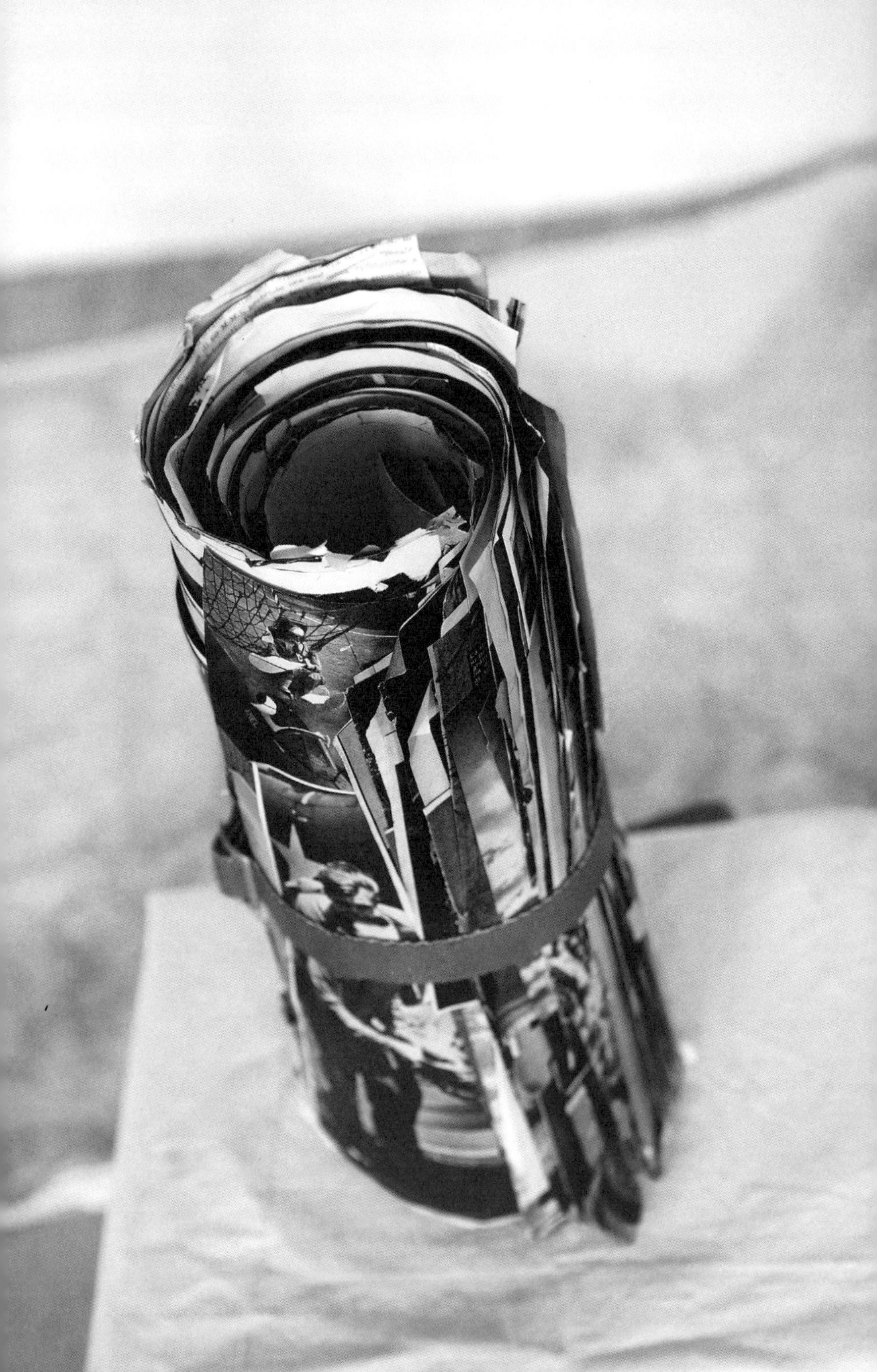

Ladies and Gentlemen of the jury,

For the Premio Furla 2009, I intend to present an ongoing project that began in the spring of 2005 and has been in constant refinement ever since. This project grew from previous research of mine and has become my personal archive and the basis of my work I call "The History Out of Context Archive."

Seeing a lack of documentation of my own past, I started to adapt a history of my own, consisting of extracted images: taken, stolen, found and sought after from many diverse magazines and books from the past, to include "Life" magazine, "Panorama" and "Epoca." In the beginning it was completely instinctive; there was no order, no preference laid out—only the increasing obsession for the hunt of an image I could call my own. Working daily with this archive, I found myself totally immersed within the photographic grain of these pictures.

This project that I refer to as "The Assimilation of Consequences" took its first steps when I started to notice similarities between each one of these dusty, cut out images. I had uncovered traces linking the pictures together in the manner of a large puzzle, sometimes finding a perfect fit, sometimes deliberately forcing images together. This puzzle is yet to be finished and consists of over 2000 cut-out images, all currently being placed into a determined time frame. At the present time there is an entire, modified timeline in position. The images, one after the other, working together, are forging the remains of the past and compose the plot of a story I am compelled to illustrate, a fictional history based on reality.

"The Assimilation of Consequences" project takes the form of a totally anonymous, independent timeline made of images from my archive that I will use to develop a series of works: studies, actions and objects that serve as part of the process leading to the making of a 16mm film. The film's title will be the same as the project and will encompass all the images in the timeline created.

A study of a barren landscape drawn in pencil impels me to find a picture similar to this, a photo depicting an anonymous black and white panorama with a glimpse of an individual slowly approaching the center of the image. Thereafter, the film begins to unfold, one image at a time. Occasionally, the camera zooms in on a detail of the still image, at other times it pans left to right, sometimes with the image's color fading due to time, but most in shades of gray. The soundtrack for the film will be part of an action I will do accompanying the video as a separate work.

The outcome is uncertain, the possibilities, countless. For the research carried out for this project, the procedure will vary, ranging from drawing to interventions, documenting all the angles and objectives reached. I make it a point not to stick to a singular approach, but to be in a constant state of calibration. Adaptation is essential, as is the incorporation of the archive into my own personal daily life. The result of this project will be an ample arrangement of strategies, stories and struggles.

This project is designed and implemented to overcome history, to re-write the pages of the past to fit my own. This is not to be seen as a lack of consideration for historical facts and their implications, but rather as the embodiment of historical evidence and the total refusal to fall victim to geography and powers that try to control history—to take matters into one's own hands, to choose one's own destiny, to follow one's own dreams. Cautiously, I acknowledge the obvious: my existence is the result of a long line of ancestors, wars fought, millions dead and politicians deciding the fate of humanity; therefore, I am the incitement of evolution, the cause for events unfolded, the conductor driving forward the heavy freight train of history.

Yours very truly,

n Tweedy

Note biografiche dei curatori e degli artisti
Curators' and Artists' Biographical Notes

Laura Barreca
Vive e lavora a Roma e a Napoli. È curatore junior al PAN Palazzo delle Arti Napoli e consulente esterno del MAXXI - Museo nazionale delle arti del XXI secolo di Roma. È Dottore di Ricerca ed esperta in Conservazione e Documentazione della New Media Art, collabora con la Facoltà di Conservazione dei Beni Culturali, Università della Tuscia. È membro del comitato scientifico del progetto di arte ambientale *Sensi Contemporanei* in Basilicata, per la PARC - Direzione generale per la qualità e la tutela del paesaggio l'architettura e l'arte contemporanee. Dal 2007 cura il progetto *Domani, a Palermo: Artisti italiani in residenza* presso la galleria Francesco Pantaleone di Palermo. Ha lavorato con diverse istituzioni, tra cui la Fondazione Quadriennale di Roma, con cui conduce il progetto pilota *Documentazione della New Media Art* della XV Esposizione della Quadriennale. Tra il 2005 e il 2006 ha curato il ciclo di mostre *Italian Contemporary Art in New York* presso l'Italian Academy for Advanced Studies at Columbia University, con il supporto dell'Istituto Italiano di Cultura di New York. Ha tenuto conferenze in Italia e all'estero sul tema della conservazione del contemporaneo e scrive di arte e conservazione su cataloghi e riviste specializzate, tra cui *Flash Art*, *NYArts*, *Arte e Critica*, *Velvet La Repubblica*.

Laura Barreca lives and works in Rome and Naples. She is Junior Curator at Naples' PAN palazzo delle arti and freelance consultant at MAXXI - Museo delle arti del XXI secolo in Rome. She has a Ph.D. and is an expert in Conservation and Documentation at New Media Art, and collaborates with the Faculty of Conservation of Cultural Heritage at the University of Tuscia. She is a member of the scientific committee for the environmental art project *Sensi Contemporanei*" (Contemporary Senses) in Basilicata, for PARC - Direzione generale per la qualità e la tutela del paesaggio l'architettura e l'arte contemporanee. Since 2007 she has been curator for the *Domani, a Palermo. Artisti italiani in residenza* project at the Francesco Pantaleone in Palermo. She has worked with various institutions, including the Fondazione Quadriennale in Rome, for which she leads the pilot project *Documentazione della New Media Art* for the 15th Quadriennale exhibition. From 2005 to 2006 she edited the exhibition cycle *Italian Contemporary Art in New York* at the Italian Academy for Advanced Studies at Columbia University, with the support of the Italian Cultural Institution of New York. She has held conferences in Italy and abroad on the theme of conservation of the contemporary and writes about art and conservation in catalogues and specialized journals, including *Flash Art*, *NYArts*, *Arte e Critica*, and *Velvet La Repubblica*.

Daniel Birnbaum
Nato a Stoccolma nel 1963, è curatore di istituzioni e mostre a livello internazionale. Dal 2001 è rettore della Staedelschule di Francoforte sul Meno (Germania), accademia internazionale che concilia l'arte tradizionale e quella contemporanea con lo sviluppo delle nuove pratiche e tecniche.

L'istituzione ha il compito di formare gli studenti non solo sul piano teorico, ma anche sul piano realizzativo, coinvolgendo giovani e artisti in una relazione rivolta al "fare arte". Su questa importante esperienza, nel 2007 Birnbaum ha pubblicato il volume *Teaching Art: Staedelschule Frankfurt am Main*. È direttore di Portikus, spazio espositivo che dal 1987 fa parte della Staedelschule.

Dal 1998 è redattore di *Artforum*, New York, con cui collabora regolarmente dal 1995. Dai primi anni Novanta ha collaborato regolarmente con altre riviste come *Parkett* e *Frieze*. È autore di numerose pubblicazioni e saggi per cataloghi in tutto il mondo. Tra i contributi critici più recenti, ha scritto su Olafur Eliasson, Pierre Huyghe, Dominique Gonzales-Foerster, Wolfgang Tillmans, Certih Wyn Evans, Paul Chan. Il suo ultimo libro è *Under Pressure*" (Francoforte 2008).

Ha compiuto studi di letteratura comparata e storia dell'arte all'Università di Stoccolma, di storia dell'arte e filosofia alla Freie Universität di Berlino e alla Columbia University di New York. Nel 1998 ha conseguito il dottorato in filosofia all'Università di Stoccolma.

Nel 2008 è stato co-curatore della Triennale di Yokohama e curatore di T2 Triennale di Torino. Nel biennio 2006-2007 è stato co-curatore di *Airs de Paris* al Centre Pompidou, di *Uncertain States of America* (assieme a Hans Ulrich Obrist) presso il Bard College (New York) e la Serpentine Gallery di Londra, e della seconda Biennale di Arte Contemporanea di Mosca.

Nel 2005 è stato co-curatore della prima Biennale di Mosca e nel 2003 è stato co-curatore per la sezione internazionale della 50. Esposizione Internazionale d'Arte della Biennale di Venezia. Dal 2004 è curatore associato dello spazio espositivo Magasin 3 di Stoccolma.

Dal 2001 fa parte del board della manifestazione Manifesta di Amsterdam.

Nel 2008 è stato designato direttore del Settore Arti Visive della 53. Biennale di Venezia 2009.

Born in Stockholm in 1963, Daniel Birnbaum is the curator of institutions and exhibitions on an international level.

Since 2001 he has been Rector of the Staedelschule in Frankfurt (Germany), an international academy that brings together traditional and contemporary art with the development of new practices and techniques.

The role of the institution is to train students not only on a theoretical level, but also in creation, involving young people and artists in a relationship aimed at "making art." Based on this valuable experience, in 2007 Birnbaum published *Teaching Art: Staedelschule Frankfurt am Main*. He is the Director of Portikus, an exhibition area that has been part of the Staedelschule since 1987.

Since 1998 he has been the editor of *Artforum*, New York, with whom he has collaborated regularly since 1995. Since the early 1990s he has collaborated regularly with other journals such as *Parkett* and *Frieze*. He is the author of numerous publications and essays for catalogues all over the world. Among his most recent critical contributions, he has written about Olafur Eliasson, Pierre Huyghe, Dominique Gonzales-Foerster, Wolfgang Till-mans, Certih Wyn Evans, and Paul Chan. His latest book is *Under Pressure* (Frankfurt 2008).

He has carried out studies of comparative literature and history of art at the University of Stockholm, history of art and philoso-phy at the Freie Universitaet in Berlin and at Columbia Univer-sity in New York. In 1998 he obtained a doctorate in philosophy from the University of Stockholm.

In 2008 he will be co-curator of the Yokohama Triennial Exhibi-tion and curator of the 2nd Turin Triennale. From 2006 to 2007 he was co-curator of *Airs de Paris* at the Centre Pompidou, *Uncertain States of America* (together with Hans Ulrich Obrist) at Bard College (New York) and in London's Serpentine Gallery and the 2nd Biennial Exhibition of Moscow.

In 2005 he was co-curator of the 1st Biennial Exhibition of Moscow and in 2003 he was co-curator of the international sec-tion of the 50th International Art Exhibition at the Venice Bien-nial Exhibition.

Since 2004 he has been associate curator of the Magasin 3 exhi-bition area in Stockholm.

Since 2001 he has been a board member for the Amsterdam Manifesta event.

In 2008 he was nominated Director of the Visual Arts for the 53rd Venice Biennale 2009.

Caroline Corbetta

È critica d'arte e curatrice independente. I suoi testi sono pub-blicati su riviste di settore internazionali tra cui *Domus*, *Vogue*, *L'Uomo Vogue*, *Mousse*, *Flash Art*, *Frieze*, *Tema Celeste*, *Boiler*, *ArtReview*, *Art Press*, *Art Moscow Magazine*, *L'Art Même*. È sta-ta Associate Editor di *NU: The Nordic Art Review*. Attualmente è Corresponding Editor da Milano per *Contemporary*. Per *Ven-tiquattro*, magazine del *Sole 24 Ore*, ha ideato e cura la rubrica mensile "Cose d'artista". Per la collana Supercontemporanea di Electa, ha scritto la monografia di Carsten Höller.

Ha curato mostre in spazi pubblici e privati tra cui *I'M ONLY HUMAN. Contemporary Videoart* (CACT - Centro d'arte Con-temporanea Salonicco, 2007); *Nathalie Djurberg. Why do I have this urge to do these things over and over again?* (Galle-ria Gio' Marconi, Milano, 2005); Momentum. The Nordic Festival of Contemporary Arts (Moss, Norvegia, 2004); *Italianamente* (UKS, Oslo, 2003); *Interferenze. Paesi Nordici* (Palazzo delle Papesse, Siena, 2001); *Playmakers. Dinamiche di competizio-ne e cooperazione* (ex Manifattura Tabacchi, Firenze, 2001).

Attualmente sta co-curando la mostra *Dalì Dalì featuring Francesco Vezzoli* che aprirà al Moderna Museet di Stoccolma a settembre 2009.

Caroline Corbetta is an art critic and independent curator. Her writing is published in international sector journals including *Domus*, *Vogue*, *L'Uomo Vogue*, *Mousse*, *Flash Art*, *Frieze*, *tema celeste*, *Boiler*, *ArtReview*, *Artpress*, *Art Moscow Magazine*, and *L'Art Même*. She has been Associate Editor of *NU: the Nordic Art Review*. She is currently Corresponding Editor in Milan for

Contemporary Magazine. For *Il Sole24Ore*'s *Ventiquattro* mag-azine, she created and edits the monthly *"Cose d'artista"* sec-tion. For Electa's *Supercontemporanea* series, she has written Carsten Höller's monograph.

She has curated exhibitions for public and private areas includ-ing *I'M ONLY HUMAN. Contemporary videoart* (CACT, Center of contemporary art of Salonicco, 2007); *Nathalie Djurberg. Why do I have this urge to do these things over and over again?* (Galleria Gio' Marconi, Milan, 2005); *Momentum. The Nordic Festival of Contemporary Arts* (Moss, Norway, 2004); *Italianamente* (UKS, Oslo, 2003); *Interferenze. Paesi Nordici* (Palazzo delle Papesse, Siena, 2001); *Playmakers. Dinamiche di competizione e cooperazione* (former Manifattura Tabacchi, Florence, 2001).

She is currently co-curating the *Dalì Dalì featuring Francesco Vezzoli* exhibition that will open at Stockholm's Moderna Museet in September 2009.

Yilmaz Dziewior

Nato nel 1964 a Bonn, ha studiato storia dell'arte a Bonn e Lon-dra e si è laureato con una tesi su Mies van der Rohe. Suoi arti-coli sono stati pubblicati regolarmente su *Artforum*, *Camera Austria* e *Texte zur Kunst*. Ha scritto saggi per cataloghi di Cosima von Bonin, Thomas Demand, Marcel Odenbach, Jorge Pardo, Manfred Pernice, Jack Pierson, Gregor Schneider e Rosemarie Trockel.

Come curatore indipendente, ha collaborato con il Museum Ludwig di Colonia per un progetto di Sarah Lucas (1997) ed è stato responsabile per l'arte contemporanea della mostra *Art Worlds in Dialogue: From Gauguin to the Global Present* (1999-2000). Da gennaio 2001 è direttore del Kunstverein di Amburgo dove ha presentato progetti e mostre, tra gli altri di Willie Doherty, Andrea Fraser, Jack Goldstein, Bodys Isek Kin-gelez, Louise Lawler, Cildo Meireles and Paul McCarthy.

Tra le mostre collettive si ricordano *Andere Räume / Other Spa-ces; Zusammenhänge herstellen / Contextualize and Bühne 03 / Stage 03; Formalismus. Moderne Kunst heute / Formalism. Modern Art, Today*, e *This Place Is My Place – Begehrte Orte*.

Da ottobre 2003 è docente di Teoria dell'arte alla Hochschule für bildende Künste di Amburgo.

Yilmaz Dziewior, born 1964 in Bonn, Germany, studied art histo-ry in Bonn and London and wrote his Ph.D. thesis on Mies van der Rohe. His texts have been published regularly in *Artforum*, *Camera Austria*, and *Texte zur Kunst*. He wrote catalogue essays for artists like Cosima von Bonin, Thomas Demand, Mar-cel Odenbach, Jorge Pardo, Manfred Pernice, Jack Pierson, Gre-gor Schneider, and Rosemarie Trockel.

As a freelance curator he worked for the Museum Ludwig in Cologne on a project by Sarah Lucas (1997) and was responsible for the contemporary part of the exhibition *Art Worlds in Dia-logue. From Gauguin to the Global Present* (1999/2000). Since January 2001 he is the director of the Kunstverein in Hamburg where he presented projects and exhibitions (e.g. by Willie

Doherty, Andrea Fraser, Jack Goldstein, Bodys Isek Kingelez, Louise Lawler, Cildo Meireles, and Paul McCarthy).
Among his group exhibitions there are *Andere Räume / Other Spaces*; *Zusammenhänge herstellen / Contextualize and Bühne 03 / Stage 03*; *Formalismus. Moderne Kunst heute / Formalism. Modern Art, today*, and *This Place is My Place – Begehrte Orte*.
Since October 2003 he works as a professor of art theory at the Hochschule für bildende Künste in Hamburg (Art Academy Hamburg).

Raimundas Malasauskas
È scrittore e curatore all'Artists Space di New York. Tornato in auge nel 2007, sta scrivendo la nuova sceneggiatura di *F for Fake* di Orson Welles e ha partecipato in veste di codirettore alla pubblicazione della rivista *Dot Dot Dot* n. 16. Ha inoltre curato pubblicazioni ed eventi rivolti a un pubblico di età differente e in periodi diversi. Prima di dedicarsi alla sua attività attuale, ha trascorso dieci anni a elaborare concetti e progetti presso il CAC Contemporary Art Centre di Vilnius.
Questa sua occupazione lo ha portato a produrre, in collaborazione con il CAC, due stagioni del programma per la TV *Every Program Is a Pilot, Every Program Is the Final Episode*. Nel 2007, ha collaborato con Aaron Schuster alla redazione del libretto dell'opera di Loris Greaud, *Cellar Door*, presentata al Palais de Tokyo di Parigi. Oltre a insegnare all'Higher Institute for Fine Arts (HISK) di Anversa, scrive anche per www.rai.lt.

Writer, curator at large of Artists Space, New York. Raimundas Malasauskas is currently writing a new script for *F for Fake* by Orson Wells and guest co-editing issue 16 of *Dot Dot Dot* magazine. As a speculative curator/editor he produced events and publications for audiences of various ages and time periods (www.rye.tw). In the past he spent ten years engineering concepts and projects at Contemporary Art Centre (CAC), Vilnius. It included producing two seasons of CAC TV program also known as "Every program is a pilot, every program is the final episode." In 2007 together with Aaron Schuster he co-wrote the libretto of *Cellar Door* opera by Loris Greaud at the Palais de Tokyo, Paris. He also teaches at HISK in Antwerp and writes for www.rai.lt.

Francesco Manacorda
Nato nel 1974 a Torino, si è laureato in Scienze Umanistiche (1993-2000) ed è diventato curatore di arte contemporanea, conseguendo il relativo titolo di Master presso il Royal College of Art di Londra (2001-2003). Manacorda ha pubblicato numerosi articoli in riviste specializzate come *Domus, Flash Art Italia* e *Flash Art International, Frieze, Metropolis M, Piktogram, Untitled* e *ArtReview*. Ha curato e cocurato la pubblicazione di numerose opere, come la *Martian Encyclopeadia of Terrestrial Life - Vol. VIII Art* (2008), *Subcontingente* (2006) e *Marcello Levi. Ritratto di un collezionista* (2005), e ha scritto la mono-

grafia di numerosi artisti, tra cui Simon Starling (2004), Chris Orr (2004 e 2005), Rainer Ganahl (2005), Phil Collins (2005), Maurizio Cattelan (2006), Henrik Hakansson (2006), Ryan Gander (2007) e Anna Lucas (2007). Suoi contributi in numerosi cataloghi, tra cui: *Ideal Worlds: New Romanticism in Contemporary Art* (Schirn Kunsthalle/Hatje Cantz Verlag, 2005); *Savage* (Ikon Gallery, 2007); *Psycho-Buildings*, Hayward Gallery (imminente) e *Italics: Arte italiana tra tradizione e rivoluzione 1968-2008* (Electa, 2008).
Nel 2007 è diventato curatore presso la Barbican Art Gallery di Londra. In seguito, ha codiretto la mostra su grande scala intitolata *Martian Museum of Terrestrial Art* e ha realizzato la mostra *Hans Schabus: Next Time I'm Here, I'll Be There*, sta lavorando a una grande mostra incentrata sull'interazione tra arte, natura e impegno ecologico, che si terrà nel 2009. Nel 2007 ha curato il progetto intitolato *Venetian, Atmospheric* di Tobias Putrih, per il padiglione sloveno alla 52. Biennale di Venezia.
La sua attività di curatore si è estesa anche ad alcuni progetti indipendenti come *A Certain Tendency in Representation: Cineclub at Thomas Dane* presso la Thomas Dane Gallery di Londra (2005), *Subcontingente: Il subcontinente indiano nell'arte contemporanea* presso la Fondazione Sandretto Re Rebaudengo di Torino (2006) e *Satellites: Ryan Gander, Ian Kier, I-Cabin, Simon Popper, Sue Tompkins* presso la Tanya Bonakdar Gallery di New York.
Francesco Manacorda tiene inoltre dei corsi presso il Curating Contemporary Art Department del Royal College of Art di Londra.

Born in 1974 in Turin, Manacorda got his degree in liberal arts (1993-2000) and his MA in Curating Contemporary Art at the Royal College of Art, London (2001-2003). He has published extensive articles and reviews in publications such as *Domus, Flash Art Italia* and *Flash Art International, Frieze, Metropolis M, Piktogram, Untitled*, and *Art Review*. He has edited and co-edited numerous publications such as *Martian Encyclopeadia of Terrestrial Life - Vol. VIII Art* (2008), *Subcontinent* (2006), *Marcello Levi. Portrait of a Collector* (2005), and written for artist's monographs including Simon Starling (2004); Chris Orr (2004 and 2005); Rainer Ganahl (2005); Phil Collins (2005); Maurizio Cattelan (2006); Henrik Hakansson (2006); Ryan Gander (2007); Anna Lucas (2007). Group exhibition catalogues Francesco as written for include *Ideal Worlds - New Romanticism in Contemporary Art*, Schirn Kunsthalle/Hatje Cantz Verlag (2005); *Savage*, Ikon Gallery (2007) and *Psycho-Buildings*, Hayward Gallery (forthcoming), and *Italics – Italian art between Tradition and Revolution* (Electa, 2008).
In 2007 he joined the Barbican Art Gallery in London as a curator. Since then he has realized the large-scale *Martian Museum of Terrestrial Art* (with co-curator) and *Hans Schabus: Next time I'm Here, I'll Be There*, and is working on a large exhibition on the interplay between art, nature, and ecological commitment to be realized in 2009. In 2007 he curated *Venetian, Atmospheric* by Tobias Putrih for the Slovenian Pavilion at the 52nd Venice Biennale. His curatorial practice has also included freelance projects such as *A certain Tendency in Representa-*

tion – Cineclub at Thomas Dane at Thomas Dane Gallery (2005), *Subcontinent - The Indian Subcontinent in Contemporary Art* at Fondazione Sandretto Re Rebaudengo (2006), and *Satellites: Ryan Gander, Ian Kier, I-Cabin, Simon Popper, Sue Tompkins* at Tanya Bonakdar Gallery in New York. He is a visiting lecturer in Curatorial Studies at the Curating Contemporary Art department at the Royal College of Art.

Chus Martínez
Nata in Spagna nel 1972, ha compiuto studi di filosofia e storia dell'arte.
Dal mese di gennaio 2005, è direttrice del Frankfurter Kunstverein. Nel mese di luglio 2008, è diventata chief curator del MACBA Museo d'Arte Contemporanea di Barcellona. Dal 2002 al 2005, ha lavorato come direttrice artistica dello spazio Sala Rekalde di Bilbao, dedicato all'arte contemporanea. Tra le mostre principali di cui si è occupata, occorre ricordare *After Trisha Brown* di Sergio Prego, *Some Near Distance* di Mark Lewis e la mostra collettiva intitolata *The Invisible Insurrection of a Million Minds*, diretta in collaborazione con Lars Bang Larsen e Carles Guerra. Quando lavorava presso la Sala Rekalde, Chus Martínez era responsabile di una serie di pubblicazioni volte a contestualizzare l'attività di alcuni artisti "locali", come Ibon Aranberri o Asier Pérez (entrambi editi da Revolver Verlag). Tra il 2001 e il 2002, Chus Martínez si è occupata dello spazio della Fondazione "La Caixa" di Barcellona, curando le cinque mostre personali di Dora García (Spagna), Begoña Muñoz (Spagna), Oriol Font (Spagna), Elmgreen & Dragset (Danimarca/Norvegia) e Tobias Rehberger (Germania), nell'ambito dell'evento intitolato *The Lowest Common Denominator*. In occasione della 50. Biennale di Venezia (2005) ha curato il padiglione nazionale di Cipro, intitolato *Gravy Planet*. Insegna regolarmente presso il Royal College of Art di Londra, la Fine Art Academy di Oslo e l'Higher Institute for Fine Arts di Anversa. Si è occupata della redazione dei testi di numerosi cataloghi e molti dei suoi saggi critici sono stati pubblicati in riviste come *Afterall*. Ha fatto parte della commissione consultiva della Carnegie International Exhibition, inaugurata a Pittsburg nel mese di giugno 2008.

Born in Spain in 1972, she studied philosophy and art history. Since January 2005 she has been director of the Frankfurter Kunstverein, and since July 2008 she has acted as chief curator of MACBA in Barcelona. From 2002 to 2005 she worked as the artistic director of Sala Rekalde, the contemporary art space of the city of Bilbao. Among the exhibitions she curated there are Sergio Prego's *After Trisha Brown*, Mark Lewis' *Some Near Distance,* and the group show *The Invisible Insurrection of a Million Minds* co-curated with Lars Bang Larsen and Carles Guerra. At Rekalde Chus Martínez was in charge of an extensive series of publications intended to contextualize the art practices of "local" artists such as Ibon Aranberri or Asier Pérez (all available at Revolver Verlag). Between 2001 and 2002 Martínez headed the project space of "La

Caixa" Foundation in Barcelona, where she curated five solo projects under the general title *The Lowest Common Denominator* which featured Dora García (Spain), Begoña Muñoz (Spain), Oriol Font (Spain), Elmgreen & Dragset (Denmark/Norway), and Tobias Rehberger (Germany). For the 50th edition of the Venice Biennale (2005) she curated the National Pavilion of Cyprus under the title *Gravy Planet*. Chus Martínez lectures regularly at the Royal College (London), the Oslo Fine Art Academy, and HISK (Antwerp). She has written numerous catalogue texts and her critical essays have appeared in magazines such as *Afterall*. She is currently in the advisory board of the Carnegie International, opened in Pittsburgh in June 2008.

Alessandro Rabottini
È critico d'arte e capo curatore alla GAMeC - Galleria d'Arte Moderna e Contemporanea di Bergamo, dove ha curato mostre personali di Sterling Ruby, Victor Man, Mircea Cantor, Kris Martin, Johannes Kahrs, Pietro Roccasalva, Keren Cytter, Jordan Wolfson, Ian Tweedy e Mungo Thomson tra le altre.
Ha inoltre curato le prime monografie di Victor Man, Pietro Roccasalva e Sterling Ruby per la casa editrice JRP|Ringier.
Attualmente sta lavorando a mostre personali e progetti site specific di Tris Vonna-Michell e Marcello Maloberti.
Suoi scritti appaiono regolarmente su riviste internazionali come *Frieze, Modern Painter, Flash Art, MAP Magazine* e *Mousse*, oltre che su cataloghi internazionali per la Biennale di Berlino, l'OK Zentrum di Linz, il Casino Luxembourg, il Frac Languedoc-Roussillon, il Koninklijk Museum voor Schone Kunsten e il MUHKA di Anversa.
È co-curatore, insieme con Giacinto Di Pietrantonio, del premio Bonaldi per l'Arte - EnterPrize, dedicato a curatori internazionali emergenti, e del convegno internazionale per curatori che accompagna il premio.

He is an art critic and curator at the Gallery of Modern and Contemporary Art in Bergamo, where he curated the solo exhibitions of Sterling Ruby, Victor Man, Mircea Cantor, Kris Martin, Johannes Kahrs, Pietro Roccasalva, Keren Cytter, Jordan Wolfson, Ian Tweedy, and Mungo Thomson among others.
He also edited the first monographs of Victor Man, Pietro Roccasalva, and Sterling Ruby for JRP|Ringier publishers.
He is currently working on solo exhibitions and site specific projects for Tris Vonna-Michell and Marcello Maloberti.
His writing regularly appears in international journals such as *Frieze, Modern Painter, Flash Art, MAP Magazine,* and *Mousse*, as well as in international catalogues for the Berlin Biennial Exhibition, the OK Zentrum in Linz, the Luxembourg Casino, the Frac Languedoc-Roussillon, the Koninklijk Museum voor Schone Kunsten, and the MUHKA in Antwerp.
He is co-curator, together with Giacinto Di Pietrantonio, of the premio Bonaldi per l'Arte - EnterPrize, dedicated to emerging international curators, and of the international curators convention that accompany the prize.

Pelin Uran

È una curatrice di Istanbul. Prima di trasferirsi negli Stati Uniti, è stata curatrice aggiunta in occasione della mostra retrospettiva di Erol Akyavas. Terminati gli studi presso il Bard College Center for Curatorial Studies nel 2005, ha iniziato a lavorare presso la Fondazione Sandretto Re Rebaudengo di Torino. Lavorando come curatrice freelance, Uran ha recentemente codiretto la mostra intitolata *Dai tempo al tempo* al Palazzo Re Rebaudengo, Guarene d'Alba (CN) (2008), il programma *Nightcomers* per la 10ª Biennale di Istanbul nel settembre 2007 e la mostra *If it Is not Love, it Is the Bomb* presso il Bard College di New York. Inoltre, ha curato le mostre *Endgame* nello Space Loop di Seoul - Corea (2008), *An Artist Who Cannot Speak English Is No Artist* presso l'Artists Space di New York nel maggio 2006 e *A Forest and a Tree* a Newbourg - New York nell'aprile 2005. Quest'ultima mostra è stata portata al Kunsthalle Exnergasse di Vienna nel marzo 2007.
Oltre a contribuire alla redazione del bisettimanale online sull'arte contemporanea *Might Be Good*, Pelin Uran scrive regolarmente su *Speech* – un progetto collaborativo – e *Insight*, la rivista dell'Artists Pension Trust, oltre a contribuire alla pubblicazione di *UOVO Magazine*.

Pelin Uran is an Istanbul-based curator. She worked as an assistant curator for the retrospective exhibition of Erol Akyavas before she left for the United States. After she completed her studies at Bard College Center for Curatorial Studies in 2005, she has worked at the Fondazione Sandretto Re Rebaudengo in Turin. Now, working as a freelance curator, Uran recently co-curated *Dai tempo al tempo* in Palazzo Re Rebaudengo, Guarene d'Alba (CN) (2008), the night program: *nightcomers* for the 10th Istanbul Biennial in September 2007, *If it Is not Love, it Is the Bomb* at Bard College, New York, and curated *Endgame* in Space Loop in Seoul (2008), *An Artist Who Cannot Speak English is No Artist* at Artists Space, New York in May 2006, and *a forest and a tree* in Newbourg, New York in April 2005 which traveled to Kunsthalle Exnergasse, Vienne in March 2007. Besides contributing to an online contemporary art biweekly, *Might Be Good*, she regularly writes for *Speech*, a project by the collaborative duo, a constructed world, for *Insight*, the magazine of Artists Pension Trust, and is a contributor for *UOVO* magazine.

Andrea Viliani

È curatore al MAMbo - Museo d'Arte Moderna di Bologna. Ha precedentemente lavorato in qualità di assistente curatore presso il Castello di Rivoli - Museo d'Arte Contemporanea (Rivoli - Torino). Nel 2005 ha curato presso la GAMeC Galleria d'Arte Moderna e Contemporanea di Bergamo la mostra collettiva *No Manifesto,* focalizzata sull'oscillazione fra gli approcci contraddittori che strutturano la pratica artistica e curatoriale contemporanea. Interamente orientato sulll'eredità contemporanea dell'institutional critique degli anni Sessanta e Settanta, il programma presentato al MAMbo si articola in progetti allestiti sia all'interno che all'esterno del contesto museale. Per la serie + *Museum – Shows* e *MAMbo Practices (No Dance Lessons)* ha curato – tra le altre – le mostre di Nico Docks con il collettivo Building Transmissions, Ryan Gander, Jay Chung & Q Takeki Maeda, Markus Schinwald, Adam Chodzko, Bojan Sarcevic, Guyton\Walker, Natascha Sadr-Haghighian. Nel contesto dello stesso programma sta preparando le mostre di Trisha Donnelly, Seth Price, Ibon Aranberri. Nel 2006 e 2007 ha curato (con Gianfranco Maraniello) la mostra personale di Christopher Williams, che ha celebrato la chiusura della sede della GAM di Bologna dopo trent'anni di attività espositiva, la retrospettiva del duo olandese Jeroen de Rijke & Willem de Rooij e la più recente mostra in un museo italiano di Giovanni Anselmo. I confini del lavoro curatoriale e del contesto istituzionale, le (dis)avventure di ogni attività espositiva oggi in relazione alla sparizione (moltiplicazione) della figura tradizionale dell'artista sono i temi principali di questo programma. Uno dei 60 "players" della Biennale di Lione 2007, Viliani collabora regolarmente con alcune riviste di settore, tra cui *Mousse* e *Frog*.

Curator of the MAMbo - Museum of Modern Art in Bologna. He has previously worked as assistant curator at the Castello di Rivoli - Museum of Contemporary Art (Rivoli-Turin). In 2005 he curated at the GAMeC in Bergamo the collective exhibition *No Manifesto*, which focused on the oscillation between the contradictory approaches that structure contemporary artistic and curatorial practice. Entirely oriented towards the contemporary inheritance of the institutional critique of the 1960s and 1970s, the program presented at MAMbo was organized in projects which were mounted both in the interior and exterior of the museum. For the + *Museum - Shows* and *MAMbo Practices (No Dance Lessons)* series he curated—among others—the exhibitions of Nico Docks with the Building Transmissions collective, Ryan Gander, Jay Chung & Q Takeki Maeda, Markus Schinwald, Adam Chodzko, Bojan Sarcevic, Guyton\Walker, and Natascha Sadr-Haghighian. In the context of the same program he is preparing exhibitions of Trisha Donnelly, Seth Price, and Ibon Aranberri. In 2006 and 2007 he curated (with Gianfranco Maraniello) the solo show of Christopher Williams, who celebrated the closure of the GAM in Bologna after thirty years of exhibition activity, the retrospective of Dutch duo Jeroen de Rijke & Willem de Rooij, and the most recent Giovanni Anselmo exhibition in an Italian museum. The confines of curatorial work and the institutional context, the (mis)adventures of every exhibition activity today in relation with the disappearance (multiplication) of the traditional image of the artist are the principal themes of this program. One of the sixty "players" of the Lyon 2007 Biennale exhibition, Viliani regularly contributes to various sector journals, including *Mousse* and *Frog*.

Giorgio Andreotta Calò

Nato a Venezia nel 1979, vive e lavora ad
Amsterdam e Venezia / Born in Venice in 1979,
he lives and works in Amsterdam and Venice.

Selezione di interventi, azioni e progetti
Selection of Interventions, Actions, and Projects

2008
Volver, zero…, Milano
Il prodigioso Cristo di Limpias, cammino di
1600 km attraverso Francia, Spagna e Portogallo /
1,600 km walk through France, Spain, and
Portugal
Beirut-Tripoli, cammino di 98 km lungo la
vecchia ferrovia costiera del Libano / 98 km walk
along the old Lebanon coast-railway

2007
SEI, intervento realizzato all'interno dell'ex
Ospedale Psichiatrico Rizzeddu a Sassari /
intervention realized into the abandoned
Rizzeddu Psichiatric Hospital in Sassari, in
occasione del / on the occasion of Premio Marco
Magnani, progetto a cura di / project curated by
Mara Ambrozic

2006
Dal tramonto all'alba, intervento luminoso sulla
Torre del Parlamento Bosniaco / light
intervention on the Bosniac Parliament Tower,
Sarajevo

2005
IT, intervento luminoso sonoro / light and sound
intervention, XII Biennale dei Giovani Artisti
dell'Europa e del Mediterraneo, Castel Sant'Elmo,
Napoli

2003-2004
Sunset Boulevard, uno studio dell'opera di
Gordon Matta-Clark / a study of Gordon Matta-
Clark's work, edificio abbandonato / abandoned
building, Venezia

Mostre collettive selezionate
Selected Group Exhibitions

2008
KABUL 3000 (love among the cabbages), zero…,
Milano
Dai tempo al tempo, a cura di / curated by Pelin
Uran, Palazzo Re Rebaudengo, Guarene d'Alba
(CN)
UOVO open office, Rosenthal Garage, Basel

2007
Spritz Time!, a cura di / curated by Milovan
Farronato, Fondazione Bevilacqua La Masa,
Venezia

2006
Fragmented Show, XII Corso superiore di Arti
Visive, Fondazione Antonio Ratti, a cura di /
curated by Anna Daneri, Roberto Pinto, Cesare
Pietroiusti, Fabbrica del Vapore, Careof,
Viafarini, Milano

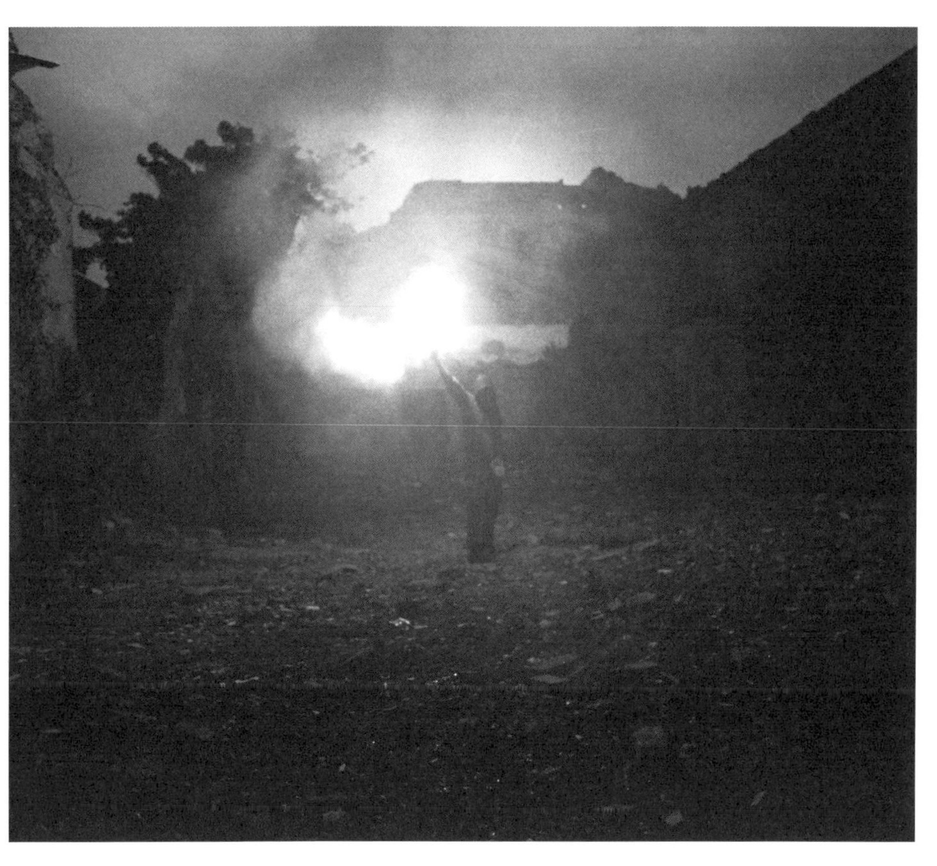

pp. 145-147
Monumento ai Caduti, 2007
azione, sequenza fotografica / action, photographic sequence
Scalera Film, Venezia
Photo: Plamen Bontchev e / and Giorgio Andreotta Calò

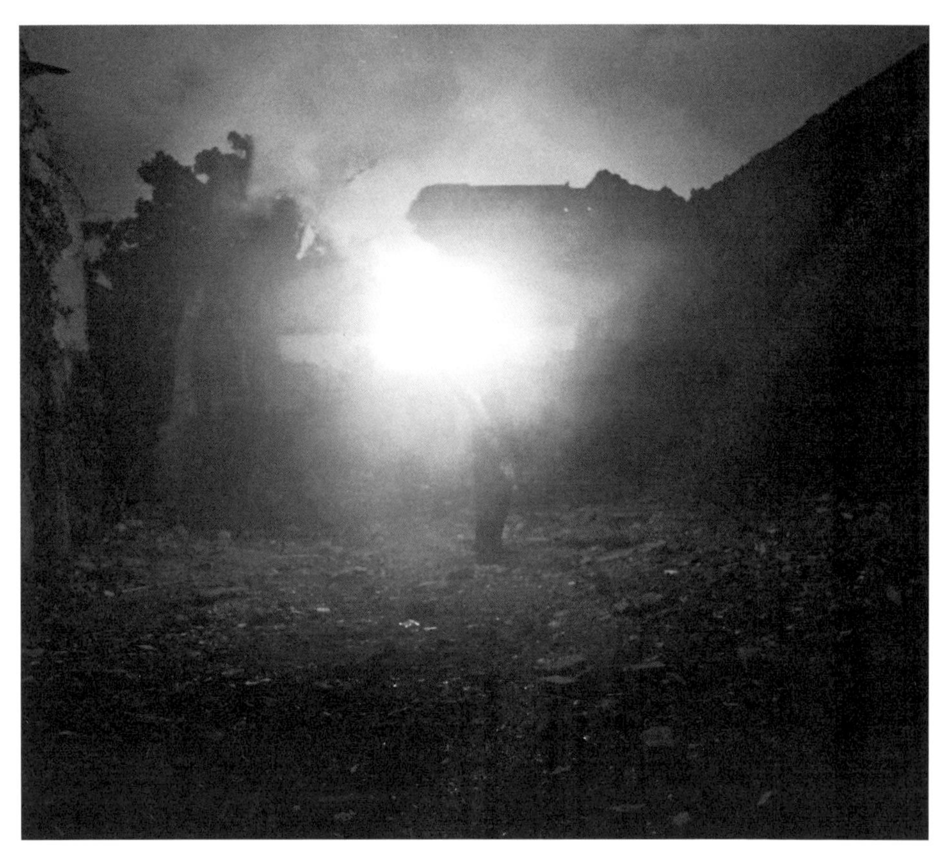

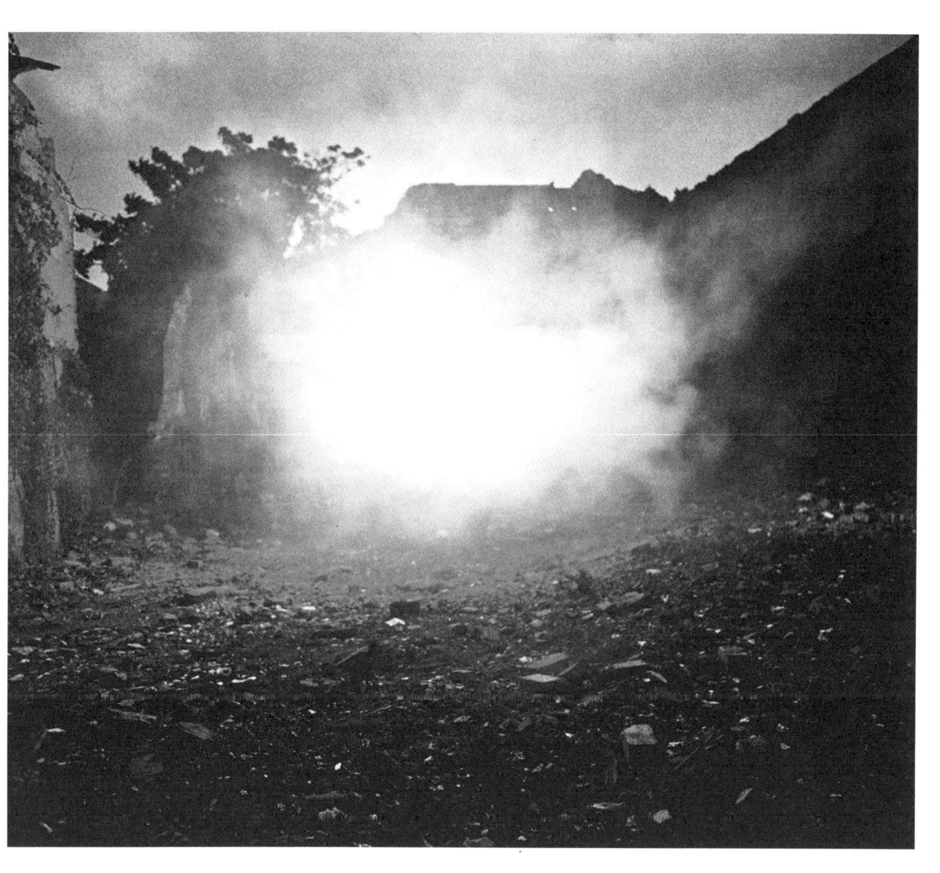

Meris Angioletti

Nata a Bergamo nel 1977, vive e lavora a Parigi e Milano / Born in Bergamo in 1977, she lives and works in Paris and Milan.

**Mostre personali
Solo Exhibitions**

2008
Haunted, Galleria Tiziana di Caro, Salerno

2007
L'uomo che cadde sulla terra, a cura di / curated by Chiara Agnello, Careof, Milano

2006
TravelTales, Hogeschool Zuyd - Conservatorium, Maastricht

2005
Once, a cura di / curated by Laura Garbarino, FuoriZona Arte Contemporanea, Macerata

**Mostre collettive selezionate
Selected Group Exhibitions**

2008
T2 Torino Triennale, *50 lune di Saturno*, a cura di / curated by Daniel Birnbaum, Castello di Rivoli, Fondazione Sandretto Re Rebaudengo, Palazzina della Società Promotrice delle Belle Arti, Torino
VideoReport Italia 2006-2007, a cura di / curated by Andrea Bruciati, GCAC - Galleria Comunale d'Arte Contemporanea, Monfalcone
Pavillon#7, a cura di / curated by Judicäel Lavrador, Palais de Tokyo (mezzanine), Paris

2007
Art4Lux-forum européen de la jeune création, Casino Luxembourg-Forum d'Art Contemporaine, Luxembourg

2006
Guest Room, a cura di / curated by Patricia Pulles, Straatgalerij-Museum Boijmans Van Beuningen, Rotterdam

**Bibliografia selezionata
Selected Bibliography**

2008
Bonacossa, Ilaria. "Milano crocevia dell'arte italiana", *Domus*, n. 919, p. 77.
Calderoni, Irene. "Meris Angioletti", in *50 lune di Saturno*, catalogo della mostra / exhibition catalogue T2 Torino Triennale. Milano, Skira, pp. 180-185.

2007
Agnello, Chiara. "Ouverture: Meris Angioletti", *Flash Art Italia*, n. 266, ottobre-novembre, p. 143.
/seconds, issue 7, dicembre / December. http://www.slashseconds.org/issues/002/003/index.php

2006
Viscardi, Sara Micol. *Mousse*, n. 5, p. 70.

2001
Marina Abramović. Quaderni del Corso Superiore di Arte Visiva. Milano-Como, Charta-Fondazione Antonio Ratti, p. 84.

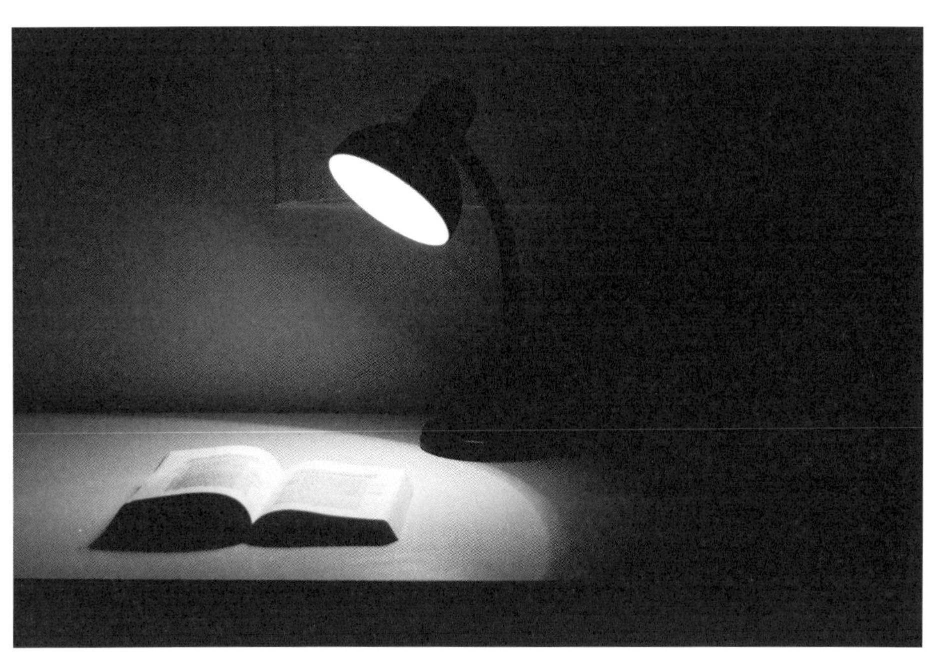

James Joyce, Finnegans Wake, faber and faber,
London 1975, 2008
pp. 640, 13,5 x 21 cm
Courtesy Le Pavillon-Palais de Tokyo, Paris

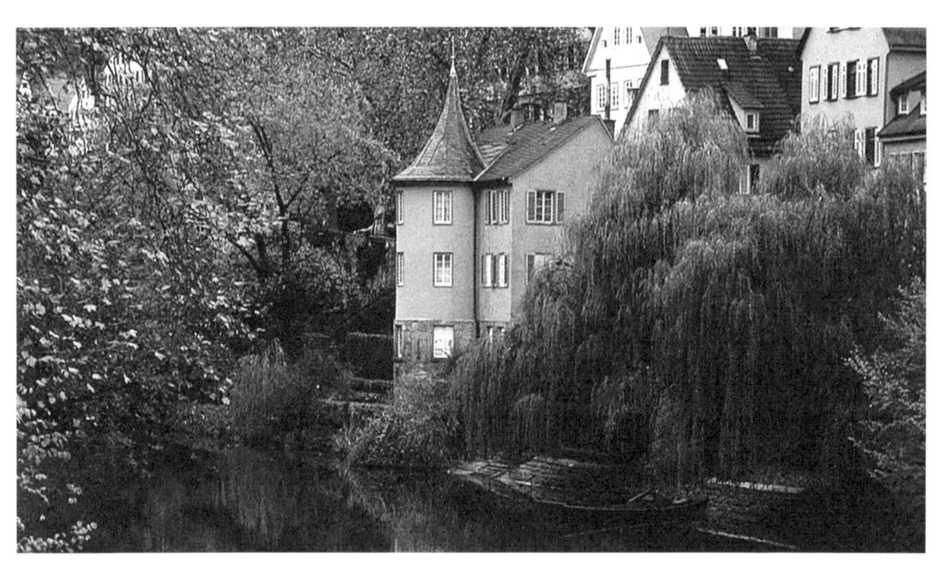

Aussicht, 2008
video 1ch DVPAL 16:9, audio 4ch, 4'51"
Courtesy Galleria Tiziana Di Caro, Salerno

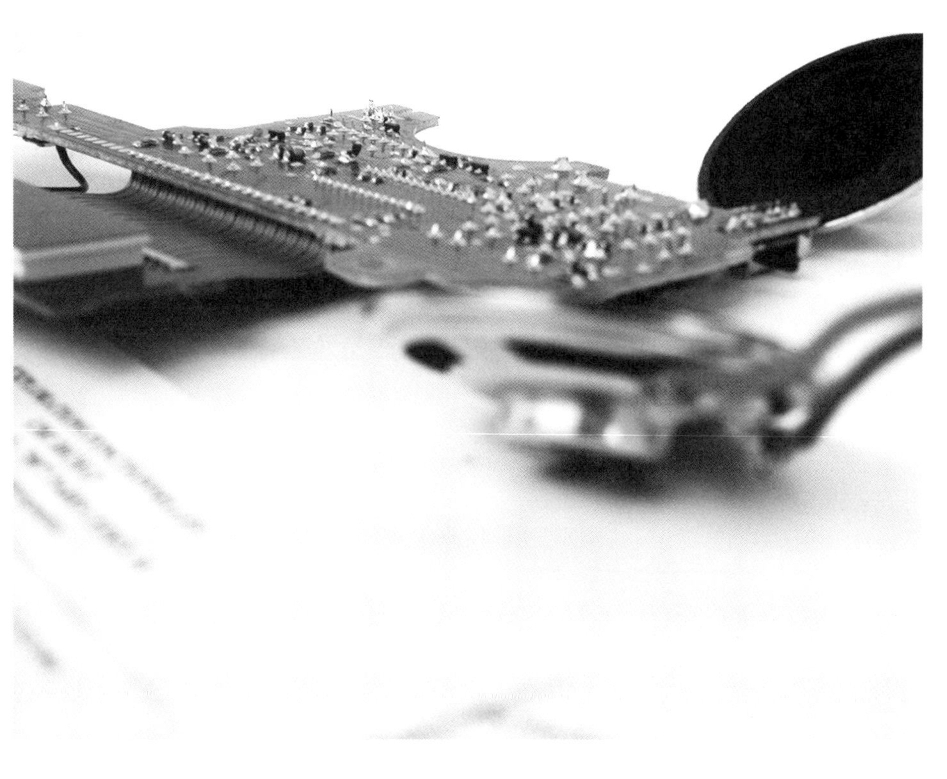

Wake-Note per un film, 2008
sceneggiatura, altoparlanti / script, loudspeakers,
18'43" (in progress)
Courtesy l'artista / Courtesy the artist

Giulia Piscitelli

Nata a Napoli nel 1965, vive e lavora a Napoli / Born in Naples in 1965, she lives and works in Naples.

Mostre personali
Solo Exhibitions

2008
Ballhaus, a cura di / curated by Salvatore Lacagnina, Cappella dell'Incoronazione, Riso, Museo d'arte contemporanea della Sicilia, Palermo

2006
Selected video works 1989-2002, Galleria Fonti, Napoli

1995
One Fax Show, Galleria Volante

Mostre collettive selezionate
Selected Group Exhibitions

2008
T2 Torino Triennale, *50 lune di Saturno*, a cura di / curated by Daniel Birnbaum, Castello di Rivoli, Fondazione Sandretto Re Rebaudengo, Palazzina della Società Promotrice delle Belle Arti, Torino
5th Berlin Biennial for Contemporary Art, *When Things Cast No Shadow,* a cura di / curated by Adam Szymczyk e / and Elena Filipovic, sedi varie / different venues, Berlin

2004
Utopia Station Revisited / Incursione vesuviana, a cura di / curated by Gigiotto Del Vecchio, Mostra d'oltremare, Napoli

1997
Laboratorio politico di fine secolo 2, a cura di / curated by Gabriele Perretta, Teatro degli Artisti, Roma
Train to Nowhere, Spazio Collant, Napoli

Bibliografia selezionata
Selected Bibliography

2008
Chiodi, Stefano. "Arte, non icone pubblicitarie", *Specchio*, n. 577, dicembre 2008, p. 133.
da Silva, Angela. "Giulia Piscitelli" in *Italia Italie Italien Italy Wlochy*, catalogo della mostra / exhibition catalogue, a cura di / curated by Gigiotto Del Vecchio, Alessandro Rabottini, Elena Lydia Scipioni, Andrea Viliani, ARCOS Museo d'Arte Contemporanea Sannio, Benevento. Milano, Electa, 2008, pp. 108-113.
Fonseca, Giuseppe. "L'inquietudine del quotidiano" in *Fate presto. 5 artisti per 5 curatori in emergenza,* catalogo della mostra / exhibition catalogue, a cura di / curated by Anne Marie Bonnet, Giuseppe Fonseca, Salvatore Lacagnina, Vera Riera, Eugenio Viola, Complesso monumentale di Santa Sofia, Salerno. Salerno, Grafica Metelliana, pp.79-86.
Vecellio, Marianna. "Giulia Piscitelli" in *50 lune di Saturno*, catalogo della mostra / exhibition catalogue, T2 Torino Triennale. Milano, Skira, pp. 366-371.
When Things Cast No Shadow, catalogo della mostra / exhibition catalogue, 5th Berlin Biennial for Contemporary Art, Berlin. Zurich, JRP|Ringier, pp. 352-355.

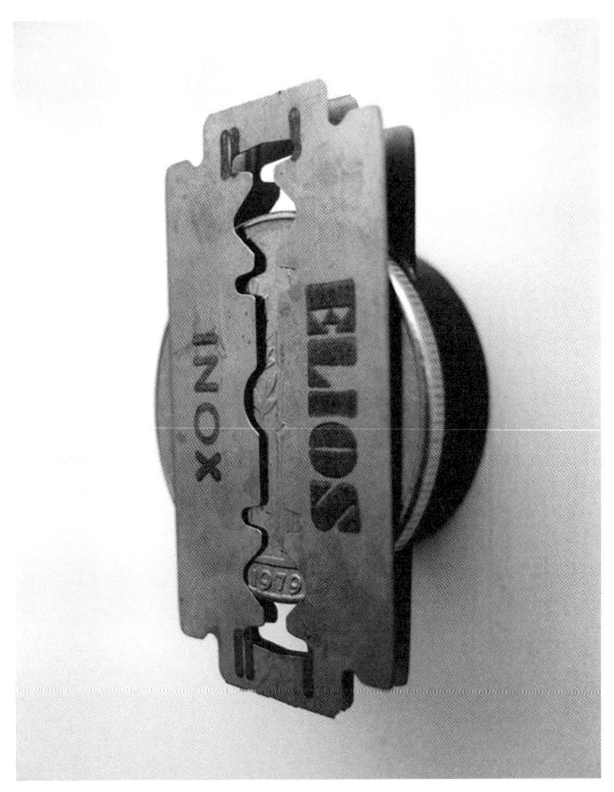

Goal, 2007
calamita, moneta, acciaio / magnet, coin, steel
4,3 x 2 x 2,7 cm
Courtesy Galleria Fonti, Napoli

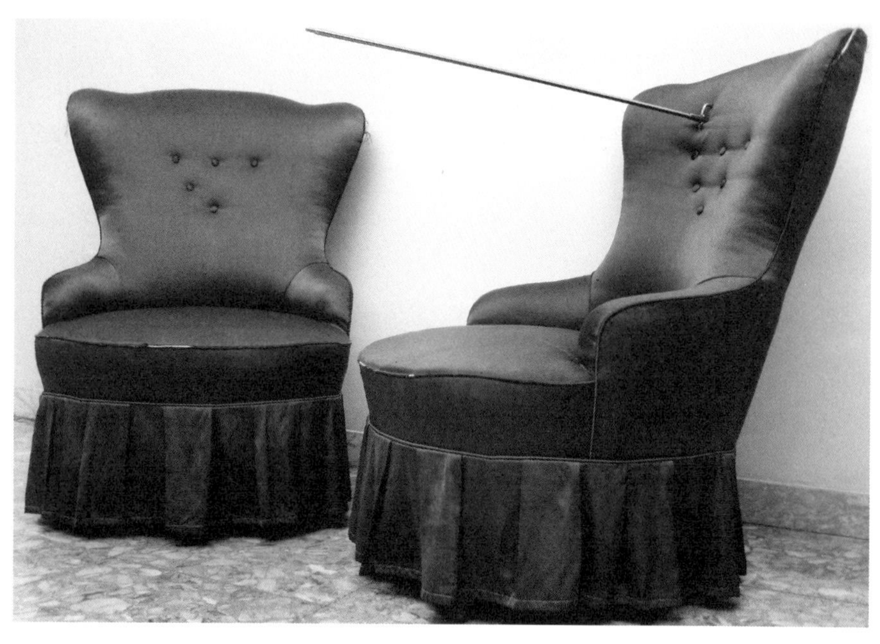

Untitled, 2008
tecnica mista / mixed media
180 x 84 x 150 cm (area)
Courtesy Galleria Fonti, Napoli

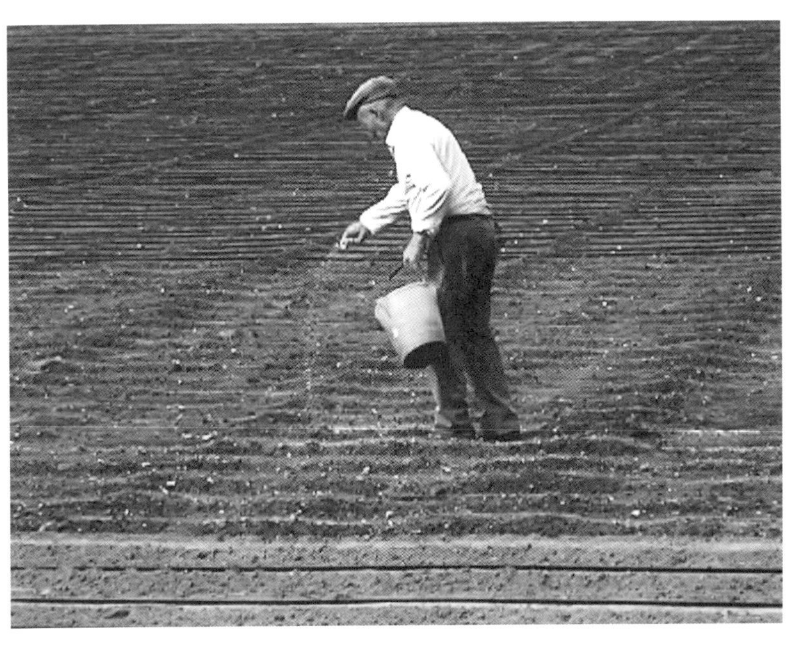

Work in progress, 2004
DVD (still), 5' 30"
Courtesy Galleria Fonti, Napoli

Alberto Tadiello

Nato a Montecchio Maggiore (VI) nel 1983, vive e lavora a Venezia / Born in Montecchio Maggiore (VI) in 1983, he lives and works in Venice.

Mostre personali
Solo Exhibitions

2008
20 kHz, a cura di / curated by Daniele Capra, Premio artista emergente europeo, Studio Tommaseo, Trieste
Erasable Programmable Read Only Memory, T293, Napoli
VIR Viafarini-in-residence, Milano

2005
RMN Sound Event, Galleria A+A, Venezia

Mostre collettive selezionate
Selected Group Exhibitions

2008
T2 Torino Triennale, *50 lune di Saturno*, a cura di / curated by Daniel Birnbaum, Castello di Rivoli, Fondazione Sandretto Re Rebaudengo, Palazzina della Società Promotrice delle Belle Arti, Torino
Opera 2008. Artisti degli atelier, a cura di / curated by Mara Ambrozic, Stefano Coletto, Fondazione Bevilacqua la Masa,Venezia
Soft Cell. Dinamiche nello spazio in Italia, a cura di / curated by Andrea Bruciati, GCAC Galleria Comunale d'Arte Contemporanea, Monfalcone
Dat the verte Nabijer dan ooit was, Poeziezomer 2008, a cura di / curated by Giacinto Di Pietrantonio, sedi varie / different venues, Watou, Belgium

2007
Silenzio. Una mostra da ascoltare, a cura di / curated by Francesco Bonami, Fondazione Sandretto Re Rebaudengo, Torino

Bibliografia selezionata
Selected Bibliography

2008
Boehm, Frank. "Alberto Tadiello", Frieze.com, aprile / April.
Calderoni, Irene. "Alberto Tadiello", in *50 lune di Saturno*, catalogo della mostra / exhibition catalogue T2 Torino Triennale. Milano, Skira, pp. 402-407.
Tenconi, Roberta, "Alberto Tadiello", *Mousse*, n. 15, pp. 98-99.
Zangrando, Daniela. "Dizionario della giovane arte veneta", *Flash Art Italia*, n. 270, giugno-luglio, p. 94.

2007
Riva, Caterina. "Alberto Tadiello. Esercizi di sensibilità", *Work - Art in Progress*, n. 20, pp. 166-167.

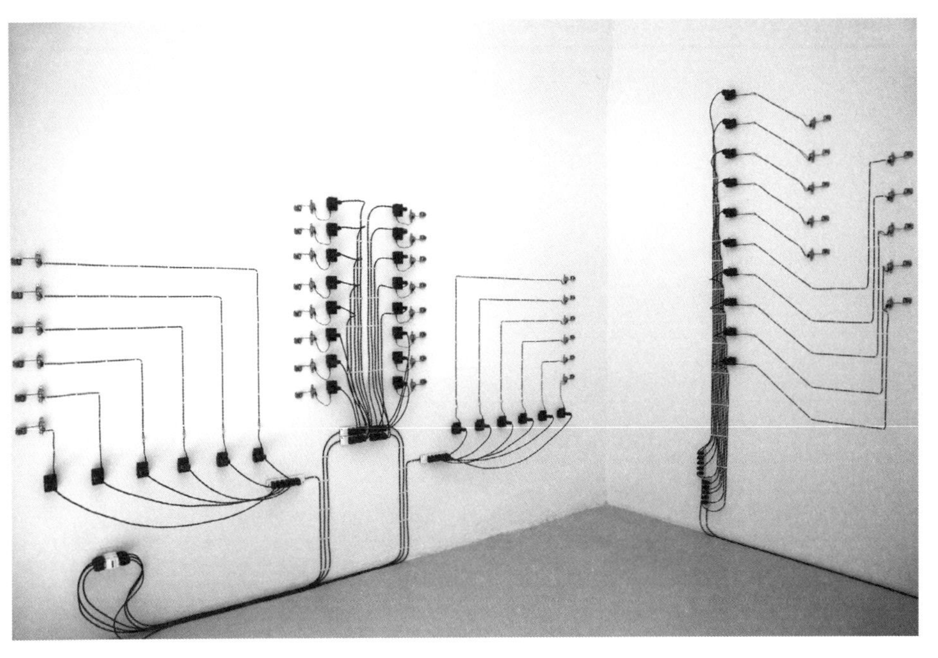

EPROM, 2008
(veduta della mostra / exhibition view)
carillon, motorini elettrici, trasformatori, cavi elettrici /
carillon, electric starters, transformers, eletrical cables
Courtesy T293, Napoli
Photo: Danilo Donzelli

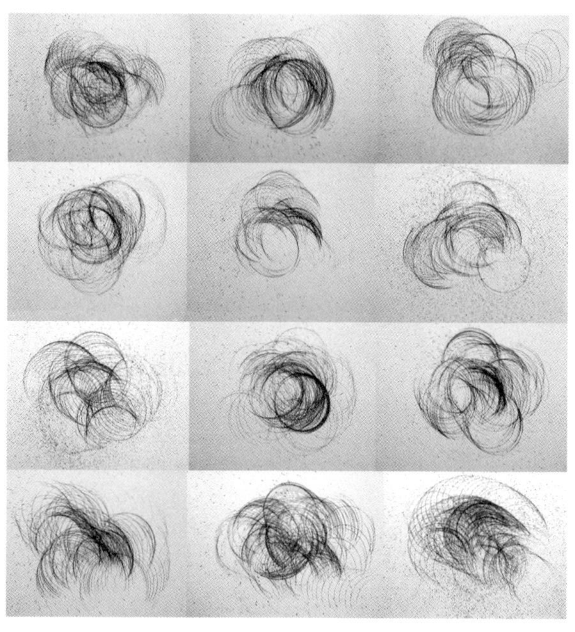

Untitled, 2008
inchiostro, 100% fibra di cotone Westminster / ink,
100% Westminster cotton fiber
81,2 x 101,6 cm ciascuno / each
collezione privata / private collection, Roma
Courtesy T293, Napoli

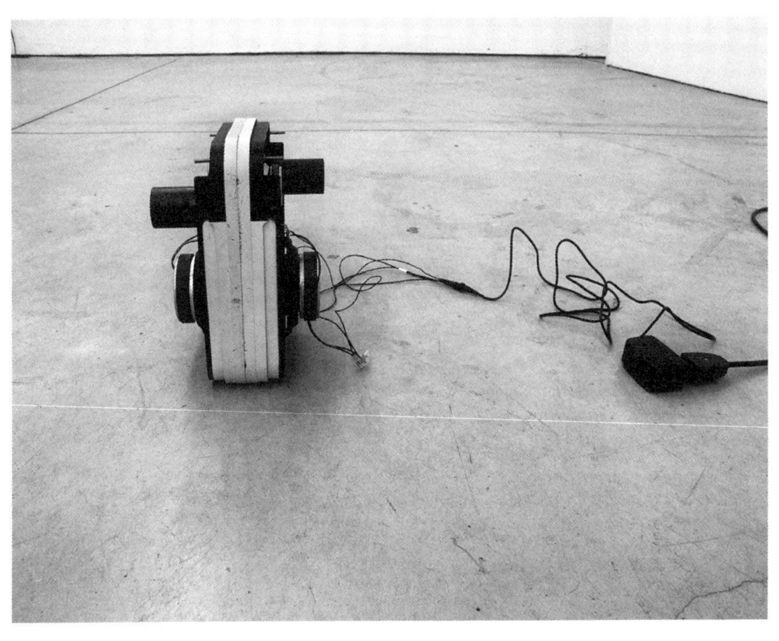

Switch (_02), 2008
casse, cavi, morsetti, barre filettate, trasformatore
switch, corrente elettrica / speakers, ropes, terminals,
threading bars, switch transformer, electric current
25 x 20 x 28 cm
installazione presso / installation at Viafarini, Milano

Ian Tweedy

Nato a Hahn, Germania, nel 1982, vive e lavora a Milano / Born in Hahn, Germany, in 1982, he lives and works in Milan.

Mostre personali
Solo Exhibitions

2009
Without a Glimmer of Remorse, Monitor Video&Contemporary Art, Roma

2008
I'll Meet You at the Rendezvous, a cura di / curated by Alessandro Rabottini, GAMeC - Galleria d'Arte Moderna e Contemporanea, Bergamo

2007
It's Only a Matter of Time, a cura di / curated by Marco Scotini, Studio Dabbeni, Lugano

2006
A History out of Context, a cura di / curated by Marco Scotini, Prometeogallery, Milano

Mostre collettive
Group Exhibitions

2008
T2 Torino Triennale, *50 lune di Saturno*, a cura di / curated by Daniel Birnbaum, Castello di Rivoli, Fondazione Sandretto Re Rebaudengo, Palazzina della Società Promotrice delle Belle Arti, Torino
Same Democracy, a cura di / curated by Marinella Paderni e Elvira Vannini, neon>campobase, Bologna

2007
Prague Biennale 3, *Der Prozess*, a cura di / curated by Marco Scotini, Prague
Cities from Below, a cura di / curated by Marco Scotini, Fondazione Teseco per l'Arte, Pisa

2006
Capital Culture, a cura di / curated by Marco Scotini, Prometeogallery, Milano

Bibliografia selezionata
Selected Bibliography

2008
Husni-Bey, Adelita, "Reviews: Ian Tweedy at Studio Dabbeni, Lugano", *Flash Art International*, n. 258, January-February, p. 153.
Moulton, Aaron. *-30: pratiche pittoriche in Italia*, catalogo della mostra / exhibition catalogue, Galleria d'Arte Moderna e Contemporanea della Repubblica di San Marino.
Rabottini, Alessandro, Luca Cerizza. *Ian Tweedy - I'll Meet You at the Rendezvous*, catalogo della mostra / exhibition catalogue, GAMeC - Galleria d'Arte Moderna e Contemporanea di Bergamo. Bergamo, Lubrina Editore.
Tenconi, Roberta. "Introducing Ian Tweedy", *Mousse*, n. 13, pp. 84-85.

2007
Rabottini, Alessandro. "Ian Tweedy", *Work - Art in Progress*, n. 20, pp. 172-173.
Scotini, Marco. "Ouverture: Ian Tweedy", *Flash Art Italia*, n. 264, giugno-luglio, p. 120.

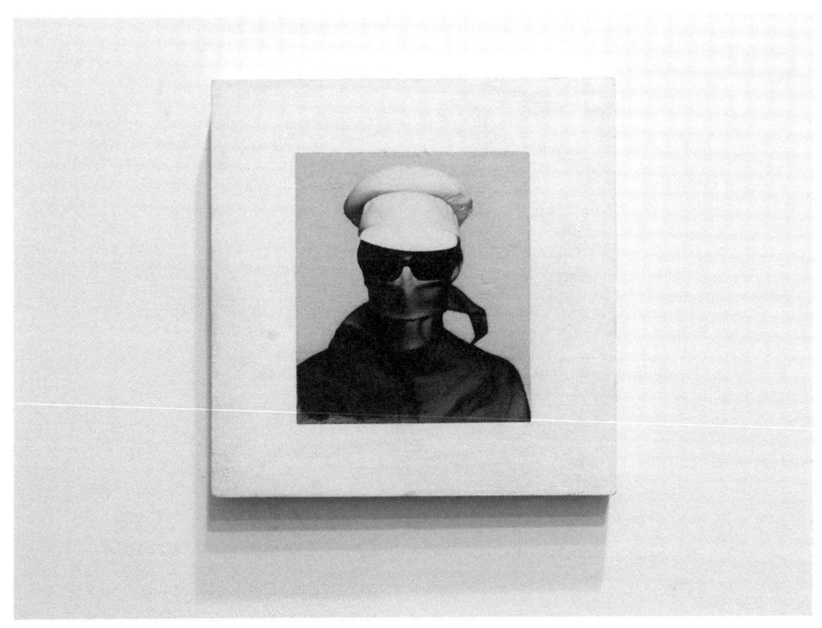

The Grey Woman, 2008
pittura a olio su tavola / oil paint on wood,
25 x 25 cm
collezione / collection My Private
Courtesy l'artista / Courtesy the artist e / and
Monitor, Roma
Photo: Studio Paltrinieri, Lugano

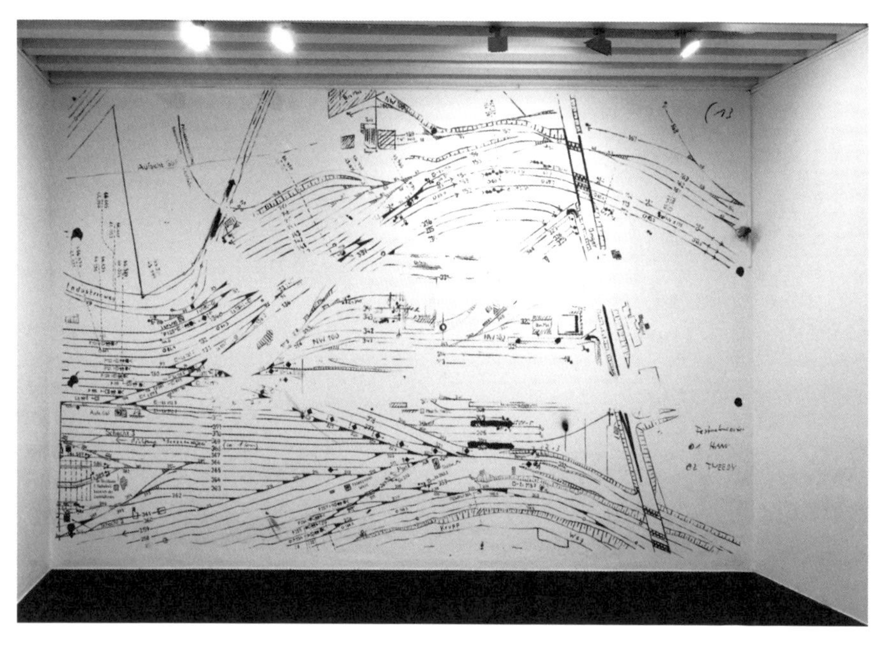

I'll Meet You at the Rendezvous, 2008
tempera e vernice spray su muro / tempera and spraypaint
on wall, 3,5 x 5,5 cm
collezione / collection My Private
Courtesy l'artista / Courtesy the artist e / and Studio Dabbeni, Lugano
Photo: Studio Paltrinieri, Lugano

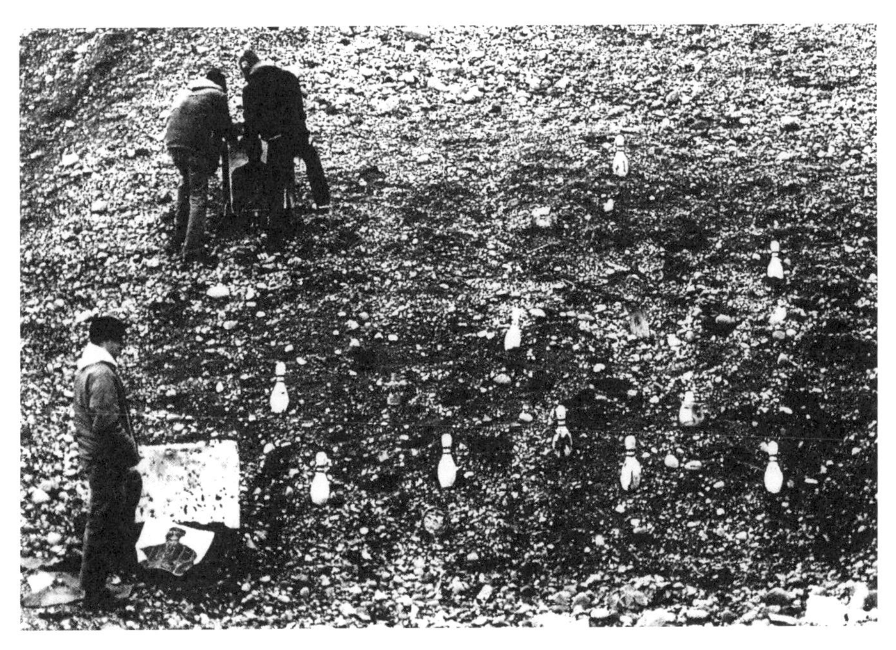

Olympia, WA, 2008
DVD/HD, 4'53"
collezione / collection My Private
Courtesy l'artista / Courtesy the artist e / and Studio Dabbeni, Lugano

Italian Area

Italian Area, progetto editoriale online dal 2002, documenta più di cento artisti rappresentativi della scena italiana dalla fine degli anni Ottanta a oggi con profili monografici, curriculum e bibliografia degli artisti e una ampia panoramica delle opere. Gli artisti sono selezionati tra quelli promossi dalle più importanti istituzioni italiane e internazionali, nonché tra coloro che hanno contribuito a determinare l'attuale scena artistica.

Il database permette di eseguire ricerche secondo diversi criteri, tra cui l'autore, la tecnica e i materiali, oppure una parola chiave. Il collegamento all'archivio Pressrelease di UnDo.net permette di avere informazioni aggiornate su tutte le mostre degli artisti; la sezione ArtSynToMi documenta istituzioni e gallerie di riferimento.

Italian Area è a cura di Viafarini nell'ambito delle attività del DOCVA documentation center for visual arts; il comitato scientifico è composto da Chiara Bertola, Milovan Farronato, Gabi Scardi e Angela Vettese.

Nell'ambito della collaborazione con il Premio FURLA, gli artisti finalisti di tutte le edizioni sono inclusi in Italian Area.

Oltre alla collaborazione con Fondazione FURLA e Fondazione Querini Stampalla, contribuiscono Fondazione Banna Spinola per l'Arte e Fondazione Bevilacqua la Masa.

Il progetto si avvale del contributo primario di Artegiovane, della Camera di Commercio di Milano e della Camera di Commercio di Torino.

Italian Area, a publishing project that has been online since 2002, documents over 100 artists representative of the Italian art scene from the 1980s to the present day; it includes their personal career profiles, curriculum vitae, bibliography, and a broad overview of their work. Featured artists are selected from among those promoted by the most important Italian and international institutions, as well as those who have contributed the most to shaping the contemporary art scene.

This database allows online visitors to carry out searches according to various criteria, including artist name, technique, medium, or keyword. It is also affiliated to the press release archive of UnDo.net through a link that grants researchers up-to-date information on all the artists' exhibitions; the section ArtSynToMi documents relevant institutions and galleries.

Italian Area is overseen by Viafarini, under the auspices of the DOCVA documentation center for visual arts; its advisory board includes Chiara Bertola, Milovan Farronato, Gabi Scardi, and Angela Vettese.

In relation to its collaboration with the Premio FURLA, information pertinent to all finalist artists of each year is posted on *Italian Area*.

In addition to its collaboration with the Fondazione FURLA and Fondazione Querini Stampalia, other contributors include the Fondazione Banna Spinola per l'arte and the Fondazione Bevilacqua la Masa.

This online project is also supported by significant contributions from Artegiovane, the Camera di Commercio di Milano, and the Camera di Commercio di Torino.

www.italianarea.it

Gasworks

Gasworks, un'organizzazione di arte contemporanea fondata nel 1994 con sede a South London, ospita dodici studi di artisti e offre un programma di mostre ed eventi, residenze per artisti, borse di studio internazionali e progetti educativi. Nove studi sono affittati ad artisti residenti a Londra e tre sono riservati a un Programma di Residenze Internazionali per artisti non residenti nel Regno Unito.

Gasworks ospita fino a dodici residenze l'anno, incoraggiando lo scambio di idee tra artisti internazionali e locali. Il tipo di residenza, non prescrittiva e basata su processo, consente agli artisti ospitati di sviluppare progetti in risposta al loro nuovo contesto o di condurre ricerche beneficiando delle risorse che offre la città di Londra. In genere i periodi di residenza si concludono con un Open Studio. Il programma di residenze è anche accompagnato da attività come conversazioni e seminari, aventi lo scopo di presentare al pubblico gli artisti internazionali e le loro attività.

Nello spazio espositivo sono ospitati ogni anno sei progetti principali e una serie di eventi di tono minore. Il programma comprende mostre personali e tematiche, un progetto di presentazione aperto annuale, screening, workshop, seminari e eventi curati dagli ospiti. Gasworks è concentrata sulle arti visive nel senso più ampio del termine: design, realizzazione di documentari e media art e altri settori di attività. Il comune denominatore è dato dall'impegno a rivalutare costantemente la posizione delle pratiche artistiche all'interno del loro più ampio contesto culturale, sociale e politico.

Le residenze e i programmi di mostre collaborano regolarmente, spesso per facilitare la ricerca e la produzione ad artisti internazionali invitati a sviluppare un progetto per il programma di mostre ed eventi.

Gasworks gestisce un programma educativo e di *outreach* che risponde alle residenze e alle mostre e opera indipendentemente da esse. Il programma mira a promuovere il dialogo e lo scambio attraverso l'arte e a lavorare con gruppi e organizzazioni locali per ampliare l'accesso all'arte contemporanea.

Gasworks fa parte del Triangle Arts Trust, una rete internazionale di artisti e organizzazioni creata nel 1982 le cui attività comprendono residenze e workshop. Il Trust fornisce a Gasworks collegamenti eccezionali con artisti e organizzazioni in oltre trenta paesi in tutto il mondo. Ogni anno, tramite il Programma di Borse di Studio per Artisti Internazionali dell'Arts Council England, Gasworks organizza residenze per sei/otto artisti residenti nel Regno Unito in una delle organizzazioni aderenti al Triangle in paesi come Cuba, Cina, Sudafrica, Kenya e India.

Established in 1994, Gasworks is a contemporary art organization based in South London, housing twelve artists' studios and offering a program of exhibitions and events, artists' residencies, international fellowships, and educational projects. Nine studios are rented to London-based artists and three are reserved for an International Residency Programme for non-UK based artists.

Gasworks hosts up to twelve residencies a year, encouraging the exchange of ideas between international and local practitioners. The non-prescriptive and process-based nature of the residencies allows visiting artists to develop projects in response to their new context, or to conduct research benefiting from London's resources. As a result, residencies generally culminate in an Open Studio. The residencies program is also accompanied by activities such as talks and seminars, aiming to introduce the general public to international artists and their practice.

The exhibition's space accommodates six main projects a year, as well as a series of small-scale events. The program includes solo and thematic exhibitions, a yearly open submission project, screenings, workshops, seminars, and guest-curated events. Gasworks focuses on visual arts practice in its broadest sense, including design, documentary filmmaking, and media art, among other areas of activity. These are all linked by a commitment to constantly reassess the position of artistic practices within their wider cultural, social, and political frameworks.

The residencies and exhibitions programs regularly cooperate, often to facilitate research and production for international artists invited to develop a project for the exhibitions and events program.

Gasworks runs an education and outreach program which responds, as well as operates, independently from the residencies and exhibitions. The program aims to instigate dialogue and exchange through art and to work with local groups and organizations to widen access to contemporary art.

Gasworks is part of Triangle Arts Trust, an international network of artists and organizations set up in 1982 whose activities include residencies and workshops. The Trust provides Gasworks with unique connections to artists and organizations in more than thirty countries around the world. Each year, through the Arts Council England's International Artists Fellowship Programme, Gasworks organizes residencies for six to eight UK-based artists in one of the Triangle partners' organizations, in countries including Cuba, China, South Africa, Kenya, and India.

Per saperne di più su Charta
ed essere sempre aggiornato sulle novità entra in

To find out more about Charta,
and to learn about our most recent publications, visit

www.chartaartbooks.it

Finito di stampare nel mese di gennaio 2009
da Tipografia Rumor, Vicenza
per conto di Edizioni Charta